1권

KB084651

2024년 상반기 기출복원 모의고사

www.sdedu.co.kr

〈쿠폰번호〉

도서 동형 온라인 기출복원 모의고사(2회 수록)	ASTH-00000-DB951
도서 동형 온라인 모의고사(4회 수록)	ASTD-00000-DE137

〈문항 수 및 시험시간〉

삼성 온라인 GSAT		
영역	문항 수	시험시간
수리	20문항	30분
추리	30문항	30분

제1영역 수리

01 영업부 5명의 직원이 지방으로 1박 2일 출장을 갔다. 이때 1, 2, 3인실 방에 배정되는 경우의 수는?(단, 각 방은 하나씩 있으며 1, 2, 3인실이 반드시 다 채워질 필요는 없다)

① 50가지
② 60가지
③ 70가지
④ 80가지
⑤ 90가지

02 한 학교의 올해 남학생과 여학생 수는 작년에 비해 남학생은 8% 증가, 여학생은 10% 감소했다. 작년의 전체 학생 수는 820명이고, 올해는 작년에 비해 10명이 감소하였다고 할 때, 작년의 여학생 수는?

① 400명
② 410명
③ 420명
④ 430명
⑤ 440명

03 다음은 수도권에서의 배, 귤, 사과 판매량에 대한 자료이다. 수도권 중 서울에서 판매된 배의 비율을 a, 경기도에서 판매된 귤의 비율을 b, 인천에서 판매된 사과의 비율을 c라고 할 때, $a+b+c$의 값은?(단, 수도권은 서울, 경기, 인천이다)

〈수도권 배, 귤, 사과 판매량〉

(단위 : 개)

구분	서울	경기	인천
배	800,000	1,500,000	200,000
귤	7,500,000	3,000,000	4,500,000
사과	300,000	450,000	750,000

① 0.9
② 0.94
③ 0.98
④ 1.02
⑤ 1.06

04 다음은 기업 집중도 현황에 대한 자료이다. 이에 대한 설명으로 옳지 않은 것은?

<table>
<thead>
<tr><th rowspan="2">구분</th><th rowspan="2">2021년</th><th rowspan="2">2022년</th><th colspan="2">2023년</th></tr>
<tr><th></th><th>전년 대비</th></tr>
</thead>
<tbody>
<tr><td>상위 10대 기업</td><td>25.0%</td><td>26.9%</td><td>25.6%</td><td>▽ 1.3%p</td></tr>
<tr><td>상위 50대 기업</td><td>42.2%</td><td>44.7%</td><td>44.7%</td><td>-</td></tr>
<tr><td>상위 100대 기업</td><td>48.7%</td><td>51.2%</td><td>51.0%</td><td>▽ 0.2%p</td></tr>
<tr><td>상위 200대 기업</td><td>54.5%</td><td>56.9%</td><td>56.7%</td><td>▽ 0.2%p</td></tr>
</tbody>
</table>

〈기업 집중도 현황〉

① 2023년의 상위 10내 기업의 점유율은 전년도에 비해 낮아졌다.
② 2021년 상위 101 ~ 200대 기업이 차지하고 있는 비율은 5% 미만이다.
③ 전년 대비 2023년에는 상위 50대 기업을 제외하고 모두 점유율이 감소했다.
④ 전년 대비 2023년의 상위 100대 기업이 차지하고 있는 점유율은 약간 하락했다.
⑤ 2022 ~ 2023년까지 상위 10대 기업의 등락률과 상위 200대 기업의 등락률은 같은 방향을 보인다.

05 다음은 A ~ D사의 2020년부터 2023년까지 DRAM 판매 수익에 대한 자료이다. 이에 대한 설명으로 옳지 않은 것은?

〈2020 ~ 2023년 DRAM 판매 수익〉

(단위 : 조 원)

구분	2020년	2021년	2022년	2023년
A사	20	18	9	22
B사	10	6	−2	8
C사	10	7	−6	−2
D사	−2	−5	−8	−4

※ 그해의 판매 수익이 음수라면 적자를 기록한 것임

① 2021 ~ 2023년 A ~ D사의 전년 대비 수익 증감 추이는 모두 같다.
② A ~ D사의 2022년 전체 판매 수익은 적자를 기록하였다.
③ 2022년 A ~ D사의 전년 대비 판매 수익 감소율은 모두 50% 이하이다.
④ B사와 D사의 2020년 대비 2023년의 판매 수익이 감소한 금액은 같다.
⑤ 2020년 대비 2023년의 판매 수익이 가장 크게 증가한 곳은 A사이다.

06 다음은 S기업의 재화 생산량에 따른 총 생산비용의 변화를 나타낸 자료이다. 기업의 생산 활동과 관련한 〈보기〉의 설명 중 옳은 것을 모두 고르면?(단, 재화 1개당 가격은 7만 원이다)

생산량(개)	0	1	2	3	4	5
총 생산비용(만 원)	5	9	12	17	24	33

―――――〈보기〉―――――

ㄱ. 2개와 5개를 생산할 때의 이윤은 동일하다.
ㄴ. 이윤을 극대화할 수 있는 최대 생산량은 4개이다.
ㄷ. 4개에서 5개로 생산량을 증가시킬 때 이윤은 증가한다.
ㄹ. 1개를 생산하는 것보다 생산하지 않는 것이 손해가 적다.

① ㄱ, ㄴ
② ㄱ, ㄷ
③ ㄴ, ㄷ
④ ㄴ, ㄹ
⑤ ㄷ, ㄹ

07 다음은 어느 국가의 A~C지역 가구 구성비를 나타낸 자료이다. 이에 대한 분석으로 옳은 것은?

〈A~C지역 가구 구성비〉

(단위 : %)

구분	부부 가구	2세대 가구		3세대 이상 가구	기타 가구	합계
		부모+미혼 자녀	부모+기혼 자녀			
A지역	5	65	16	2	12	100
B지역	16	55	10	6	13	100
C지역	12	40	25	20	3	100

※ 기타 가구 : 1인 가구, 형제 가구, 비친족 가구
※ 핵가족 : 부부 또는 (한)부모와 그들의 미혼 자녀로 이루어진 가족
※ 확대가족 : (한)부모와 그들의 기혼 자녀로 이루어진 2세대 이상의 가족

① 핵가족 가구의 비중이 가장 높은 지역은 A이다.
② 1인 가구의 비중이 가장 높은 지역은 B이다.
③ 확대가족 가구 수가 가장 많은 지역은 C이다.
④ A, B, C지역 모두 핵가족 가구 수가 확대가족 가구 수보다 많다.
⑤ 부부 가구의 구성비는 C지역이 가장 높다.

08 다음은 5월 22일 당일을 기준으로 하여 5월 15일부터 일주일간 수박 1개의 판매가이다. 이에 대한 설명으로 옳지 않은 것은?

〈5월 15일 ~ 5월 22일 수박 판매가〉

(단위 : 원/개)

구분		5/15	5/16	5/17	5/18	5/19	5/22(당일)
평균		18,200	17,400	16,800	17,000	17,200	17,400
최고값		20,000	20,000	20,000	20,000	20,000	18,000
최저값		16,000	15,000	15,000	15,000	16,000	16,000
등락률		−4.4%	0%	3.6%	2.4%	1.2%	−
지역별	서울	16,000	15,000	15,000	15,000	17,000	18,000
	부산	18,000	17,000	16,000	16,000	16,000	16,000
	대구	19,000	19,000	18,000	18,000	18,000	18,000
	광주	18,000	16,000	15,000	16,000	17,000	18,000

① 대구의 경우 5월 16일까지는 가격 변동이 없었지만, 5일 전인 5월 17일에 감소했다.
② 5월 17일부터 전체 수박의 평균 가격은 200원씩 일정하게 증가하고 있다.
③ 5월 16일부터 증가한 서울의 수박 가격은 최근 높아진 기온의 영향을 받은 것이다.
④ 5월 15 ~ 19일 서울의 수박 평균 가격은 동기간 부산의 수박 평균 가격보다 낮다.
⑤ 5월 16 ~ 19일 나흘간 광주의 수박 평균 가격은 16,000원이다.

09 다음은 2018년부터 2023년 1분기까지의 경제활동 참가율에 대한 자료이다. 이에 대한 설명으로 옳지 않은 것은?

〈경제활동 참가율〉

(단위 : %)

구분	2018년	2019년	2020년	2021년	2022년					2023년
					연간	1분기	2분기	3분기	4분기	1분기
경제활동 참가율	61.8	61.5	60.8	61.0	61.1	59.9	62.0	61.5	61.1	60.1
남성	74.0	73.5	73.1	73.0	73.1	72.2	73.8	73.3	73.2	72.3
여성	50.2	50.0	49.2	49.4	49.7	48.1	50.8	50.1	49.6	48.5

① 2023년 1분기 경제활동 참가율은 60.1%로 지난해 같은 기간보다 0.2%p 상승하였다.
② 2023년 1분기 여성 경제활동 참가율은 남성에 비해 낮은 수준이나, 지난해 같은 기간보다 0.4%p 상승하였다.
③ 남녀 경제활동 참가율의 합이 가장 높았던 때는 2022년 2분기이다.
④ 조사 기간 중 경제활동 참가율이 가장 낮았을 때는 여성 경제활동 참가율이 가장 낮았을 때와 같다.
⑤ 남녀 모두 경제활동 참가율이 가장 높았던 때와 가장 낮았던 때의 차이는 2%p 이하이다.

10 다음은 성별 국민연금 가입자 수에 대한 자료이다. 이에 대한 설명으로 옳은 것은?

〈성별 국민연금 가입자 수〉

(단위 : 천 명)

구분	사업장 가입자	지역 가입자	임의 가입자	임의계속 가입자	합계
남성	8,050	3,805	47	165	12,067
여성	5,800	3,397	313	363	9,873
합계	13,850	7,202	360	528	21,940

① 남성 사업장 가입자 수는 남성 지역 가입자 수의 2배 미만이다.
② 여성 사업장 가입자 수는 나머지 여성 가입자 수를 모두 합친 것보다 적다.
③ 전체 지역 가입자 수는 전체 사업장 가입자 수의 50% 미만이다.
④ 전체 가입자 중 여성 가입자 수의 비율은 40% 이상이다.
⑤ 가입자 수가 많은 순서대로 나열하면 '사업장 가입자 – 지역 가입자 – 임의 가입자 – 임의계속 가입자' 순서이다.

11 다음은 A ~ D기업의 자기자본과 주식 현황에 대한 자료이다. 이에 대한 〈보기〉의 설명 중 옳은 것을 모두 고르면?(단, 〈보기〉의 내용은 A ~ D기업의 예로 한정한다)

〈기업별 자기자본 및 주식 현황〉

(단위 : 천 원)

구분	A기업	B기업	C기업	D기업
자기자본	100,000	500,000	250,000	80,000
액면가	5	5	0.5	1
순이익	10,000	200,000	125,000	60,000
주식가격	10	15	8	12

※ (자기자본 순이익률)$=\dfrac{(순이익)}{(자기자본)}$, (주당 순이익)$=\dfrac{(순이익)}{(발행 주식 수)}$

※ (자기자본)=(발행 주식 수)×(액면가)

───〈보기〉───

ㄱ. 주당 순이익은 A기업이 가장 낮다.
ㄴ. 주당 순이익이 높을수록 주식가격이 높다.
ㄷ. D기업의 발행 주식 수는 A기업의 발행 주식 수의 4배이다.
ㄹ. 자기자본 순이익률은 C기업이 가장 높고, A기업이 가장 낮다.

① ㄱ
② ㄴ
③ ㄱ, ㄹ
④ ㄴ, ㄷ
⑤ ㄴ, ㄷ, ㄹ

12 다음은 S공장에서 근무하는 근로자들의 임금수준 분포를 나타낸 자료이다. 근로자 전체에게 지급된 임금(월 급여)의 총액이 2억 원일 때, 이에 대한 〈보기〉의 설명 중 옳은 것을 모두 고르면?

〈공장 근로자의 임금수준 분포〉

임금수준(만 원)	근로자 수(명)
월 300 이상	4
월 270 이상 ~ 300 미만	8
월 240 이상 ~ 270 미만	12
월 210 이상 ~ 240 미만	26
월 180 이상 ~ 210 미만	20
월 150 이상 ~ 180 미만	6
월 150 미만	4
합계	80

〈보기〉

ㄱ. 근로자당 평균 월 급여액은 250만 원이다.
ㄴ. 절반 이상의 근로자들이 월 210만 원 이상의 급여를 받고 있다.
ㄷ. 월 180만 원 미만의 급여를 받는 근로자의 비율은 12% 미만이다.
ㄹ. 적어도 15명 이상의 근로자가 월 250만 원 이상의 급여를 받고 있다.

① ㄱ, ㄴ   ② ㄱ, ㄷ
③ ㄷ, ㄹ   ④ ㄱ, ㄴ, ㄹ
⑤ ㄴ, ㄷ, ㄹ

13 한별이가 회사 근처로 이사를 하고 처음으로 수도세 고지서를 받은 결과, 한 달 동안 사용한 수도량의 요금이 17,000원이었다. 다음 수도 사용요금 요율표를 참고할 때, 한별이가 한 달 동안 사용한 수도량은 몇 m^3인가?(단, 구간 누적요금을 적용한다)

〈수도 사용요금 요율표〉

(단위 : 원)

구분	사용 구분(m^3)	m^3당 단가
수도	0 ~ 30 이하	300
	30 초과 ~ 50 이하	500
	50 초과	700
기본료		2,000

① 22m^3 ② 32m^3
③ 42m^3 ④ 52m^3
⑤ 62m^3

14 다음은 어느 회사의 연도별 매출액을 나타낸 그래프이다. 전년도에 비해 매출액 증가율이 가장 컸던 해는?

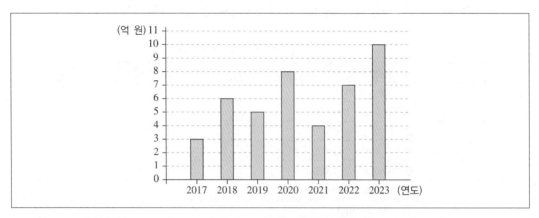

① 2018년   ② 2020년
③ 2022년   ④ 2023년
⑤ 2026년

15 다음은 남성과 여성의 희망 자녀 수에 대한 자료이다. 이에 대한 설명으로 옳은 것은?

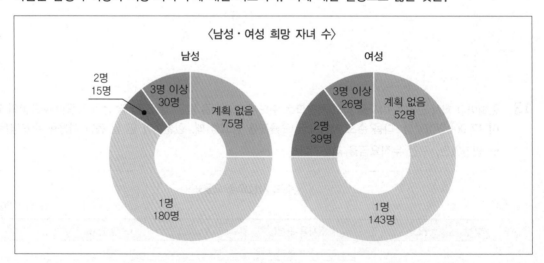

① 남성과 여성의 전체 조사 인원은 600명 이상이다.
② 희망 자녀 수가 1명인 여성 인원은 전체 여성 인원의 60%이다.
③ 희망 자녀 수가 2명인 여성 인원의 전체 여성 인원에 대한 비율은 응답이 같은 남성 인원의 전체 남성 인원에 대한 비율의 2배이다.
④ 자녀 계획이 없는 남성 인원의 전체 남성 인원에 대한 비율은 응답이 같은 여성 인원의 전체 여성 인원에 대한 비율보다 5%p 더 크다.
⑤ 각 성별의 각 항목을 인원수가 많은 순서대로 나열하면 모든 항목의 순위는 같다.

※ S사는 직원들의 명함을 다음의 명함 제작 기준에 따라 제작한다. 이어지는 질문에 답하시오. **[16~17]**

〈명함 제작 기준〉

(단위 : 원)

구분	100장	추가 50장
국문	10,000	3,000
영문	15,000	5,000

※ 고급 종이로 제작할 경우 정가의 10%가 추가됨

16 올해 신입사원이 입사해서 국문 명함을 만들었다. 명함은 1인당 150장씩 지급하며, 일반 종이로 만들어 제작비용은 총 195,000원이다. 신입사원은 총 몇 명인가?

① 12명 ② 13명
③ 14명 ④ 15명
⑤ 16명

17 이번 신입사원 중 해외영업부서로 배치받은 사원이 있다. 해외영업부 사원들에게는 고급 종이로 영문 명함을 200장씩 만들어 주려고 한다. 총인원이 8명일 때 총액은 얼마인가?

① 158,400원 ② 192,500원
③ 210,000원 ④ 220,000원
⑤ 247,500원

18 다음은 S국의 2013년도부터 2023년도까지 주식시장의 현황을 나타낸 자료이다. 이를 바탕으로 종목당 평균 주식 수를 바르게 작성한 그래프는?

구분	2013년	2014년	2015년	2016년	2017년	2018년	2019년	2020년	2021년	2022년	2023년
종목 수 (종목)	958	925	916	902	884	861	856	844	858	885	906
주식 수 (억 주)	90	114	193	196	196	265	237	234	232	250	282

〈주식시장 현황〉

※ (종목당 평균 주식 수) = $\dfrac{(주식 수)}{(종목 수)}$

① (백만 주)

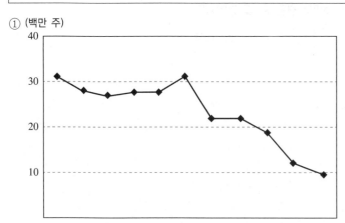

② (백만 주)

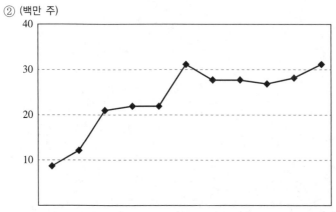

③ (백만 주)

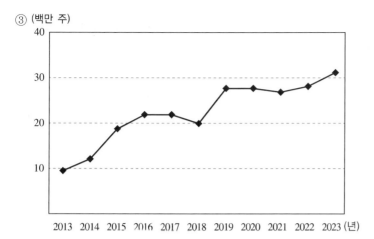

④ (백만 주)

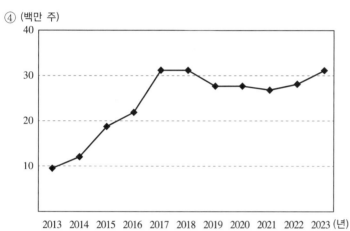

⑤ (백만 주)

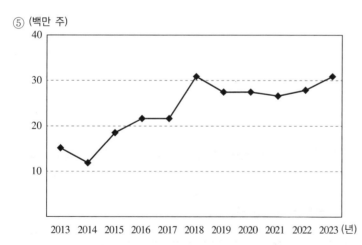

19 S시에서 운영하는 시립도서관에서 보유하고 있는 책의 수가 매월 다음과 같은 규칙을 보일 때, 2023년 5월에 보유하게 될 책의 수는?

〈S시 시립도서관 보유 책 현황〉

(단위 : 권)

연/월	2022년 6월	2022년 7월	2022년 8월	2022년 9월	2022년 10월
보유 중인 책의 수	500	525	550	575	600

① 700권   ② 725권

③ 750권   ④ 775권

⑤ 800권

20 S베이커리에서 제조되는 초콜릿의 개수가 다음과 같은 규칙을 보일 때, 2023년 11월에 제조될 초콜릿의 개수는?

〈S베이커리 제조되는 초콜릿 수 변화〉

(단위 : 개)

연/월	2023년 1월	2023년 2월	2023년 3월	2023년 4월	2023년 5월	2023년 6월
초콜릿의 개수	10	20	30	50	80	130

① 210개   ② 340개

③ 550개   ④ 890개

⑤ 1,440개

※ 제시된 명제가 모두 참일 때, 다음 중 빈칸에 들어갈 명제로 가장 적절한 것을 고르시오. **[1~3]**

01

- 전제1. 하루에 두 끼를 먹는 어떤 사람도 뚱뚱하지 않다.
- 전제2. 아침을 먹는 모든 사람은 하루에 두 끼를 먹는다.
- 결론. _____

① 하루에 세 끼를 먹는 사람이 있다.
② 아침을 먹는 모든 사람은 뚱뚱하지 않다.
③ 뚱뚱하지 않은 사람은 하루에 두 끼를 먹는다.
④ 하루에 한 끼를 먹는 사람은 뚱뚱하지 않다.
⑤ 아침을 먹는 어떤 사람은 뚱뚱하다.

02

- 전제1. 재고가 있다.
- 전제2. 설비투자를 늘리지 않는다면, 재고가 있지 않다.
- 전제3. 건설투자를 늘릴 때만, 설비투자를 늘린다.
- 결론. _____

① 설비투자를 늘린다.
② 건설투자를 늘리지 않는다.
③ 재고가 있거나 설비투자를 늘리지 않는다.
④ 건설투자를 늘린다면, 공장을 짓는다.
⑤ 설비투자를 늘리지 않을 때만, 공장을 짓는다.

03

- 전제1. 저녁에 일찍 자면 상쾌하게 일어날 수 있다.
- 전제2. _____
- 결론. 자기 전 휴대폰을 보면 저녁에 일찍 잘 수 없다.

① 저녁에 일찍 자면 자기 전 휴대폰을 본 것이다.
② 저녁에 일찍 잘 수 없으면 상쾌하게 일어나지 않은 것이다.
③ 자기 전 휴대폰을 보면 상쾌하게 일어날 수 없다.
④ 저녁에 일찍 자면 자기 전 휴대폰을 보지 않은 것이다.
⑤ 상쾌하게 일어나면 저녁에 일찍 잔 것이다.

04 8개의 좌석이 있는 원탁에 수민, 성찬, 진모, 성표, 영래, 현석 6명이 앉아 있다. 다음 〈조건〉에 따라 6명이 앉아 있을 때, 항상 옳은 것은?

─〈조건〉─
- 수민이와 현석이는 서로 옆자리이다.
- 성표의 맞은편에는 진모가, 현석이의 맞은편에는 영래가 앉아 있다.
- 영래와 수민이는 둘 다 한쪽 옆자리만 비어 있다.
- 진모의 양 옆자리에는 항상 누군가가 앉아 있다.

① 성표는 어떤 경우에도 빈자리 옆이 아니다.
② 성찬이는 어떤 경우에도 빈자리 옆이 아니다.
③ 영래의 오른쪽에는 성표가 앉는다.
④ 현석이의 왼쪽에는 항상 진모가 앉는다.
⑤ 진모와 수민이는 1명을 사이에 두고 앉는다.

05 신입사원인 지원, 수현, 지영이는 임의의 순서로 검은색·갈색·흰색 책상에 이웃하여 앉아 있고, 커피·주스·콜라 중 한 가지씩 좋아한다. 또한 기획·편집·디자인의 서로 다른 업무를 하고 있다. 알려진 정보가 〈조건〉과 같을 때, 항상 참인 것을 〈보기〉에서 모두 고르면?

─〈조건〉─
- 지영이는 갈색 책상에 앉아 있다.
- 기획 담당과 디자인 담당은 서로 이웃해 있지 않다.
- 지원이는 편집 담당과 이웃해 있다.
- 검은색 책상에 앉은 사람은 편집 업무를 담당한다.
- 디자인을 하는 사람은 커피를 좋아한다.
- 지원이는 주스를 좋아한다.

─〈보기〉─
ㄱ. 지영이는 커피를 좋아한다.
ㄴ. 수현이와 지영이는 이웃해 있다.
ㄷ. 지원이는 편집을 하지 않고, 수현이는 콜라를 좋아하지 않는다.
ㄹ. 수현이는 흰색 책상에 앉아 있다.
ㅁ. 지원이는 기획 담당이다.

① ㄱ, ㄴ
② ㄴ, ㄷ
③ ㄷ, ㄹ
④ ㄱ, ㄴ, ㅁ
⑤ ㄱ, ㄷ, ㅁ

06 S사는 직원 A ~ F 6명 중에서 임의로 선발하여 출장을 보내려고 한다. 다음 〈조건〉에 따라 출장 갈 인원을 결정할 때, A가 출장을 간다면 출장을 가는 최소 인원은 몇 명인가?

〈조건〉
- A가 출장을 가면 B와 C 둘 중 1명은 출장을 가지 않는다.
- C가 출장을 가면 D와 E 둘 중 적어도 1명은 출장을 가지 않는다.
- B가 출장을 가지 않으면 F는 출장을 간다.

① 1명   ② 2명
③ 3명   ④ 4명
⑤ 5명

07 A ~ F는 각각 뉴욕, 파리, 방콕, 시드니, 런던, 베를린 중 한 곳으로 여행을 가고자 한다. 다음 〈조건〉에 따라 여행지를 고를 때, 항상 참인 것은?

〈조건〉
- 여행지는 서로 다른 곳으로 선정한다.
- A는 뉴욕과 런던 중 한 곳을 고른다.
- B는 파리와 베를린 중 한 곳을 고른다.
- D는 방콕과 런던 중 한 곳을 고른다.
- A가 뉴욕을 고르면 B는 파리를 고른다.
- B가 베를린을 고르면 E는 뉴욕을 고른다.
- C는 시드니를 고른다.
- F는 A ~ E가 선정하지 않은 곳을 고른다.

① A가 뉴욕을 고를 경우, E는 런던을 고른다.
② B가 베를린을 고를 경우, F는 뉴욕을 고른다.
③ D가 런던을 고를 경우, B는 파리를 고른다.
④ E가 뉴욕을 고를 경우, D는 런던을 고른다.
⑤ F는 뉴욕을 고를 수 없다.

08 월요일부터 일요일까지 4형제가 돌아가면서 어머니 병간호를 하기로 했다. 주어진 〈조건〉이 항상 참일 때, 다음 중 항상 옳지 않은 것은?

─────────〈조건〉─────────

• 첫째, 둘째, 셋째는 이틀씩, 넷째는 하루 병간호하기로 했다.
• 어머니가 혼자 계시도록 두는 날은 없다.
• 첫째는 화요일과 목요일에 병간호할 수 없다.
• 둘째는 평일에 하루, 주말에 하루 병간호하기로 했다.
• 셋째는 일요일과 평일에 병간호하기로 했다.
• 넷째는 수요일에 병간호하기로 했다.

① 첫째는 월요일과 금요일에 병간호한다.
② 넷째는 수요일에 하루만 병간호한다.
③ 셋째는 화요일과 일요일에 병간호한다.
④ 둘째는 화요일에 병간호를 할 수도, 하지 않을 수도 있다.
⑤ 둘째는 토요일과 평일에 하루 병간호한다.

09 S사의 신입직원인 A ~ F는 네트워크사업부와 시스템사업부에 배치된다. 〈조건〉이 다음과 같을 때, 〈보기〉 중 옳은 것을 모두 고르면?

─────────〈조건〉─────────

• 각 사업부에는 2개의 팀이 있다.
• 네트워크사업부의 1개 팀에는 최소 2명이 배치된다.
• 각 부서에 반드시 1명 이상이 배치된다.
• B, C, F는 같은 네트워크사업부나 시스템사업부에 배치된다.
• D는 시스템사업부에 배치되지 않는다.
• E는 네트워크사업부에 배치되지 않는다.

─────────〈보기〉─────────

ㄱ. B는 시스템사업부에 배치된다.
ㄴ. A와 D는 같은 네트워크사업부나 시스템사업부에 배치된다.
ㄷ. A는 시스템사업부에 배치된다.

① ㄱ   ② ㄴ, ㄷ
③ ㄷ   ④ ㄱ, ㄴ
⑤ ㄱ, ㄴ, ㄷ

10 S대리는 다음 분기에 참여할 연수프로그램을 결정하고자 한다. 〈조건〉에 따라 프로그램을 결정할 때, 반드시 참인 것은?

〈조건〉
- 다음 분기 연수프로그램으로는 혁신역량강화, 조직문화, 전략적 결정, 일과 가정, 공사융합전략, 미래가치교육 6개가 있다.
- S대리는 혁신역량강화에 참여하면, 조직문화에 참여하지 않는다.
- S대리는 일과 가정에 참여하지 않으면, 미래가치교육에 참여한다.
- S대리는 혁신역량강화와 미래가치교육 중 한 가지만 참여한다.
- S대리는 조직문화, 전략적 결정, 조직융합전략 중 두 가지에 참여한다.
- S대리는 조직문화에 참여한다.

① S대리가 참여할 프로그램 수는 최대 4개이다.
② S대리가 전략적 결정에 참여할 경우, 일과 가정에는 참여하지 않는다.
③ S대리는 혁신역량강화에 참여하고, 일과 가정에 참여하지 않는다.
④ S대리는 전략적 결정과 조직융합전략에 모두 참여한다.
⑤ S대리는 최소 2개의 프로그램에 참여한다.

11 S사에서는 신입사원이 입사하면 서울 지역 내 5개 지점을 선정하여 순환근무를 하며 업무환경과 분위기를 익히도록 하고 있다. 입사동기인 A~E사원의 순환근무 〈조건〉이 다음과 같을 때, 항상 참인 것은?

〈조건〉
- 각 지점에는 한 번에 한 명의 신입사원만 근무할 수 있다.
- 5개의 지점은 강남, 구로, 마포, 잠실, 종로이며, 모든 지점에 한 번씩 배치된다.
- 지금은 세 번째 순환근무 기간이고 현재 근무하는 지점은 다음과 같다.
  [A – 잠실, B – 종로, C – 강남, D – 구로, E – 마포]
- C와 B는 구로에서 근무한 적이 있다.
- D의 다음 근무지는 강남이고, 종로에서 가장 마지막에 근무한다.
- E와 D는 잠실에서 근무한 적이 있다.
- 마포에서 아직 근무하지 않은 사람은 A와 B이다.
- B가 현재 근무하는 지점은 E의 첫 순환근무지이고, E가 현재 근무하는 지점은 A의 다음 순환근무지이다.

① E는 아직 구로에서 근무하지 않았다.
② C는 마포에서 아직 근무하지 않았다.
③ 다음 순환근무 기간에 잠실에서 근무하는 사람은 C이다.
④ 지금까지 강남에서 근무한 사람은 A, E, B이다.
⑤ 강남에서 가장 먼저 근무한 사람은 D이다.

12 S사의 A ~ C는 이번 신입사원 교육에서 각각 인사, 사업, 영업 교육을 맡게 되었다. 다음 〈조건〉을 참고할 때, 담당 교육과 시간이 바르게 연결된 것은?

─────────────〈조건〉─────────────
- 교육은 각각 2시간, 1시간 30분, 1시간 동안 진행된다.
- A, B, C 중 2명은 과장이며, 나머지 1명은 부장이다.
- 부장은 B보다 짧게 교육을 진행한다.
- A가 가장 오랜 시간 동안 사업 교육을 진행한다.
- 교육 시간은 인사 교육이 가장 짧다.
────────────────────────────────

	직원	담당 교육	교육 시간
①	B과장	인사 교육	1시간
②	B부장	영업 교육	1시간
③	C부장	인사 교육	1시간
④	C부장	인사 교육	1시간 30분
⑤	C과장	영업 교육	1시간 30분

13 H화학회는 매 계절에 학술상을 수여한다. 어느 해 같은 계절에 유기화학과 무기화학 분야에서 다음 〈조건〉과 같이 상을 수여할 때, 항상 거짓인 것은?

─────────────〈조건〉─────────────
- 매년 물리화학, 유기화학, 분석화학, 무기화학의 네 분야에 대해서만 수여한다.
- 봄, 여름, 가을, 겨울에 수여하며 매 계절 적어도 한 분야에 수여한다.
- 각각의 분야에 매년 적어도 한 번 상을 수여한다.
- 매년 최대 여섯 개까지 상을 수여한다.
- 한 계절에 같은 분야에 두 개 이상의 상을 수여하지 않는다.
- 두 계절 연속으로 같은 분야에 상을 수여하지 않는다.
- 물리화학 분야에는 매년 두 개의 상을 수여한다.
- 여름에 유기화학 분야에 상을 수여한다.
────────────────────────────────

① 봄에 분석화학 분야에 수여한다.
② 여름에 분석화학 분야에 수여한다.
③ 여름에 물리화학 분야에 수여한다.
④ 가을에 무기화학 분야에 수여한다.
⑤ 겨울에 유기화학 분야에 수여한다.

14 A ~ E 5명은 S카페에서 마실 것을 주문하고자 한다. 다음 〈조건〉에 따라 메뉴판에 있는 것을 주문했을 때, 항상 참인 것은?

〈S카페 메뉴판〉

커피류		음료류	
• 아메리카노	1,500원	• 핫초코	2,000원
• 에스프레소	1,500원	• 아이스티	2,000원
• 카페라테	2,000원	• 오렌지주스	2,000원
• 모카치노	2,500원	• 에이드	2,500원
• 카푸치노	2,500원	• 생과일주스	3,000원
• 캐러멜 마키아토	3,000원	• 허브티	3,500원
• 바닐라라테	3,500원		
• 아포가토	4,000원		

〈조건〉
- A ~ E는 서로 다른 것을 주문하였다.
- A와 B가 주문한 것의 가격은 같다.
- B는 커피를 마실 수 없어 음료류를 주문하였다.
- C는 B보다 가격이 비싼 음료류를 주문하였다.
- D는 S카페에서 가장 비싼 것을 주문하였다.
- E는 오렌지주스 또는 카페라테를 주문하였다.

① A는 최소 가격이 1,500원인 메뉴를 주문하였다.
② B는 허브티를 주문하였다.
③ C는 핫초코를 주문하였다.
④ D는 음료류를 주문하였다.
⑤ 5명이 주문한 금액의 합은 최대 15,500원이다.

15

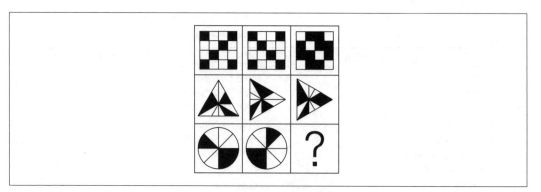

①

②

③

④

⑤

16

①

②

③

④

⑤

17

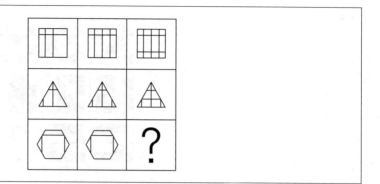

①

②

③

④

⑤

※ 다음 도식에서 기호들은 일정한 규칙에 따라 문자를 변화시킨다. 물음표에 들어갈 알맞은 문자를 고르시오 (단, 규칙은 가로와 세로 중 한 방향으로만 적용되며, 모음은 일반모음 10개를 기준으로 한다). [18~21]

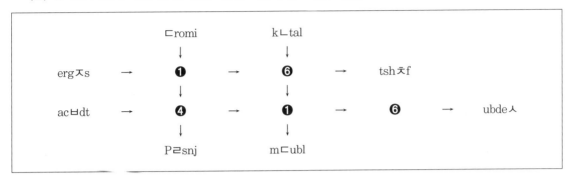

18

ㅏㅓㅋㅛㄷ → ❹ → ❶ → ?

① ㅌㅑㅕㅜㄹ
② ㅌㅣㅛㅕㄱ
③ ㅍㅡㅛㅓㄴ
④ ㅍㅣㅛㄴㅕ
⑤ ㅌㅣㅛㄱㅓ

19

4ㅑㄴdㅛ → ❻ → ❹ → ?

① ㄴㅛㅑd3
② ㄱㅕㅠd3
③ ㄱㅑㅛd4
④ ㄴㅜㅓd4
⑤ ㄴㅛㅑd4

20

ㅍㅇapㅓ → ❹ → ? → ❶ → cㄱㅊrㅗ

① ❶
② ❹
③ ❻
④ ❶ → ❹
⑤ ❹ → ❻

21

Uㅜㅎㅊㅍ → ❻ → ❹ → ? → Uㅍㅜㅊㅎ

① ❶
② ❹
③ ❻
④ ❶ → ❹
⑤ ❹ → ❻

2024년 상반기 기출복원 모의고사

22

(가) 이 전위차에 의해 전기장이 형성되어 전자가 이동하게 된다. 일반적으로 전자가 이동하더라도 얇은 산화물에 이동이 막힐 것으로 생각하기 쉽지만, 이의 경우 전자 터널링 현상이 발생하여 전자가 얇은 산화물을 통과하게 된다. 이 전자들은 플로팅 게이트로 전자가 모이게 되고, 이러한 과정을 거쳐 데이터가 저장되게 된다.

(나) 어떻게 NAND 플래시 메모리에 데이터가 저장될까? 플로팅 게이트에 전자가 없는 상태의 NAND 플래시 메모리의 컨트롤 게이트에 높은 전압을 가하면 수직 방향으로 컨트롤 게이트는 높은 전위, 기저 상태는 낮은 전위를 갖게 되어 전위차가 발생한다.

(다) 반대로 플로팅 게이트에 전자가 저장된 상태에서 컨트롤 게이트에 0V를 가하면 전위차가 반대로 발생하고, 전자 터널링 현상에 의해 플로팅 게이트에 저장된 전자가 얇은 산화물을 통과하여 기저상태로 되돌아간다. 이런 과정을 거쳐 데이터가 지워지게 된다.

(라) NAND 플래시 메모리는 MOSFET 구조 위에 얇은 산화물, 플로팅 게이트, 얇은 산화물, 컨트롤 게이트를 순서대로 쌓은 구조이며, 데이터의 입력 및 삭제를 반복하여 사용할 수 있는 비휘발성 메모리의 한 종류이다.

① (나) – (가) – (라) – (다)　　　　② (나) – (다) – (가) – (라)
③ (나) – (라) – (가) – (다)　　　　④ (라) – (가) – (다) – (나)
⑤ (라) – (나) – (가) – (다)

23

(가) 이러한 특징은 구엘 공원에 잘 나타나 있는데, 산의 원래 모양을 최대한 유지하기 위해 지면을 받치는 돌기둥을 만드는가 하면, 건축물에 식물을 심어 그 뿌리로 하여금 무너지지 않게 했다.

(나) 스페인을 대표하는 천재 건축가 가우디가 만든 건축물의 대표적인 특징을 꼽자면, 먼저 곡선을 들 수 있다. 그의 여러 건축물 중 곡선미가 가장 잘 나타나는 것은 바로 1984년 유네스코 세계문화유산으로 지정된 카사 밀라이다.

(다) 또 다른 특징으로는 자연과의 조화로, 그는 건축 역시 사람들이 살아가는 공간이자 자연의 일부라고 생각하여 가능한 자연을 훼손하지 않고 건축하는 것을 원칙으로 삼았다.

(라) 이 건축물의 겉 표면에는 일렁이는 파도를 연상시키는 곡선이 보이는데, 이는 당시 기존 건축양식과는 거리가 매우 멀어 처음엔 조롱거리가 되었다. 하지만 훗날 비평가들은 그의 창의성을 인정하게 됐고 현대 건축의 출발점으로 지금까지 평가되고 있다.

① (가) – (나) – (라) – (다)　　　　② (가) – (다) – (나) – (라)
③ (나) – (다) – (가) – (라)　　　　④ (나) – (라) – (가) – (다)
⑤ (나) – (라) – (다) – (가)

24 다음 중 글의 내용으로 적절하지 않은 것은?

인체의 면역 시스템은 면역 효과를 보이는 특별한 세포와 물질로 구성되어 있다. 면역 세포와 면역 물질들은 체내로 침입하는 이물질이나 세균 등의 반응으로 발생하는 염증 및 암세포를 억제한다. 대표적인 면역 세포로 항원을 직접 공격할 수 있는 항체를 분비하는 B세포와 이 B세포를 돕거나 종류에 따라 항원을 직접 공격하는 T세포가 있다.

하지만 암세포는 이런 몸의 면역 시스템을 회피할 수 있다. 면역 시스템은 암세포를 인지하고 직접 공격하여 암세포의 확산을 억제하지만, 몇몇 암세포는 이 면역 시스템을 피하여 성장하고 다른 부분으로 전이 및 확산하여 암 발병의 원인이 된다. 면역 항암제는 이러한 암세포의 면역 시스템 회피 작용을 억제하고 면역 세포가 암세포를 효과적으로 공격할 수 있도록 보조한다.

면역 항암제는 면역관문억제제, 치료용 항체, 항암백신 등이 있다. 면역관문억제제는 체내 과도한 면역반응을 억제하기 위한 T세포의 면역관문을 억제하고 T세포의 공격 기능을 활성화하여 암세포를 공격하도록 하는 방식이며, 치료용 항체는 암세포가 스스로 사멸되도록 암세포에 항체를 투여하는 방식이다. 또한 항암백신은 암세포의 특이적인 항원이나 체내 면역반응을 향상시킬 수 있는 항원을 투입하여 체내 면역 시스템을 활성화하는 방법이다.

현재 대표적인 면역 항암제로 CAR(Chimeric Antigen Receptors)-T세포 치료제가 있으며, 림프종 백혈병 치료의 한 방법으로 이용하고 있다. CAR-T세포 치료제는 먼저 환자의 T세포를 추출하여 CAR을 발현하도록 설계된 RNA 바이러스를 주입하여 증식시킨 후 재조합한다. 이후에 증식시킨 T세포를 환자에게 주입하여 환자에게 주입한 T세포가 환자의 체내 암세포를 제거하도록 하는 방법이다. 다시 말하면, 환자의 T세포를 추출하여 T세포의 암세포를 공격하는 기능을 강화한 후 재투여하여 환자의 체내 암세포를 더욱 효과적으로 제거할 수 있는 치료제이다. 이는 체내 면역기능을 활용한 새로운 암 치료 방법으로 주목받고 있다.

하지만 CAR-T세포 치료제 투여 시 부작용에 큰 주의를 기울여야 한다. CAR-T세포 치료제를 투여하면 T세포가 면역 활성물질을 과도하게 분비하여 신체 이상 증상이 발현될 가능성이 높으며, 심한 경우 환자에게 치명적인 사이토카인 폭풍을 일으키기도 한다.

① 면역 세포에는 T세포와 B세포가 있다.

② 면역 시스템이 암세포를 억제하기 힘들 때, 암이 발병할 수 있다.

③ 치료용 항체는 면역 세포가 암세포를 직접 공격할 수 있도록 돕는 항암제이다.

④ CAR-T세포 치료제는 T세포의 암세포 공격 기능을 적극 활용한 항암제이다.

⑤ 과다한 면역 활성물질은 도리어 신체에 해를 가할 수 있다.

25 다음 중 글의 내용으로 가장 적절한 것은?

레오나르도 다빈치, 라파엘로 산치오와 함께 르네상스 3대 거장으로 손꼽히는 미켈란젤로 부오나로티는 「시스티나 성당 천장화」, 「최후의 심판」 등을 그린 화가이자 「피에타」, 「다비드」상을 조각한 것으로도 유명한 조각가이다. 유년 시절 일찍이 어머니를 여읜 미켈란젤로는 어느 석공 집에서 자라게 되었다. 미켈란젤로 곁에는 늘 조각칼과 조각상이 있었고, 자연스레 미술에 흥미를 갖게 되었다. 하지만 미켈란젤로가 고위 관리직에 종사함으로써 가문을 일으켜 세우길 바란 아버지는 이러한 미켈란젤로의 태도에 반대하였으나, 아들의 의지를 꺾을 수는 없었다. 결국 그는 13세 때 피렌체로 거처를 옮기면서 「성 프란체스코전」으로 유명한 화가 도메니코 기를란다요의 제자로 들어갔고, 공방에서 그림을 배우게 되었다. 하지만 그로부터 1년 후 공방에서 나왔고, 14세에 메디치가(家)의 눈에 띄어 메디치가의 후원을 바탕으로 조각 학교에 입학하여 본격적으로 조각 공부에 전념할 수 있었다.

하지만 메디치가는 몰락하였고, 이후 1496년, 미켈란젤로는 로마로 가게 되었다. 일찍이 조각품에 대해 뛰어난 재능을 보인 미켈란젤로는 어느 날 「잠자는 큐피드」를 모작하였다. 이 모작품은 진품과 매우 흡사하였고, 미술거래상이 진품으로 속여 판매하는 사건이 벌어지기도 하였다. 머지않아 진품이 아닌 가품인 것으로 밝혀졌지만, 오히려 찬사를 받았다.

그가 24세가 되던 해에 로마에서 프랑스 출신 추기경의 의뢰를 받아 조각상을 제작하게 됐는데, 그것이 바로 미켈란젤로의 대표 작품 중 하나인 「피에타」이다. 피에타는 우리말로 '자비를 베푸소서.'라는 뜻으로 성모 마리아가 죽은 예수를 안고 있는 모습을 표현한 조각상이다. 이 조각상으로 확고한 명성을 다진 미켈란젤로는 훗날 피렌체로 돌아왔고, 피렌체 정부의 의뢰를 받아 대리석 작품을 조각하게 되었다. 높이 약 4m의 이 조각상은 미켈란젤로의 가장 유명한 작품인 「다비드」로, 미켈란젤로의 명성을 더욱 확고히 하고 널리 퍼뜨릴 수 있었다.

하지만 이런 미켈란젤로를 탐탁지 아니하던 당시 교황 율리우스 2세는 미켈란젤로에게 시스티나 성당의 천장화를 그려 달라고 요구하였다. 화가의 삶보다는 조각가의 삶을 살고 싶었던 미켈란젤로는 처음에는 거부하였으나, 교황의 끊임없는 요구에 못 이겨 몇 가지 조건을 요구하였고, 요구 조건과 함께 미켈란젤로는 시스티나 성당의 천장화를 그리게 되었다. 500m² 넓이의 천장에 그림을 그리는 작업은 매우 고된 일이었다. 미켈란젤로는 제자들과 함께 충분히 작업할 수 있었지만, 누구의 도움 없이 홀로 구약성서를 바탕으로 시스티나 성당 천장에 약 300명의 인물화를 그렸다.

작업하면서 천장에서 떨어지는 도료와 석회 가루 등이 얼굴로 떨어지면서, 시력은 떨어질 뿐만 아니라 그리는 내내 누워서 작업하느라 몸은 성한 구석이 없었지만, 작업에 따른 보수는 제때 이루어지지 않았었다. 그럼에도 약 4년 동안의 작업 끝에 시스티나 성당 천장에 그림을 모두 그렸고 이는 훗날 사람들은 「시스티나 성당 천장화」로서 미켈란젤로를 위대한 조각가이자 화가로 칭송할 수 있었다.

① 어렸을 때부터 미술에 흥미를 느낀 미켈란젤로는 아버지의 적극적인 지지를 받으며 성장하였다.
② 기를란다요의 공방에서 나온 후 독학으로 조각을 공부하였다.
③ 미켈란젤로의 「잠자는 큐피드」 모작은 볼품없어 값어치가 매우 떨어졌다.
④ 미켈란젤로는 홀로 시스티나 성당의 천장에 그림을 그렸다.
⑤ 미켈란젤로는 시스티나 성당의 천장에 그림을 그리는 작업의 보수를 제때 받았다.

26 다음 글에서 필자가 주장하는 핵심 내용으로 가장 적절한 것은?

현대 사회는 대중 매체의 영향을 많이 받는 사회이며, 그중에서도 텔레비전의 영향은 거의 절대적이다. 언어 또한 텔레비전의 영향을 많이 받는다. 그런데 텔레비전의 언어는 우리의 언어 습관을 부정적인 방향으로 흐르게 하고 있다.

텔레비전은 시청자들의 깊이 있는 사고보다는 감각적 자극에 호소하는 전달 방식을 사용하고 있다. 또 현대 자본주의 사회에서의 텔레비전 방송은 상업주의에 편승하여 대중을 붙잡기 위한 방편으로 쾌락과 흥미 위주의 언어를 무분별하게 사용한다. 결국 텔레비전은 대중의 이성적 사고 과정을 마비시켜 오염된 언어 습관을 무비판적으로 수용하게 한다. 그렇기 때문에 언어 사용을 통해 발전시킬 수 있는 상상적 사고를 기대하기 어렵게 하며, 창조적인 언어 습관보다는 단편적인 언어 습관을 갖게 만든다.

따라서 좋은 말 습관의 형성을 위해서는 또 다른 문화 매체가 필요하다. 이러한 문제의 대안으로 문학 작품의 독서를 제시하려고 한다. 문학은 작가적 현실을 언어를 매개로 형상화한 예술이다. 작가적 현실을 작품으로 형상화하기 위해서는 작가의 복잡한 사고 과정을 거치듯이, 작품을 바르게 이해·해석·평가하기 위해서는 독자의 상상적 사고를 거치게 된다. 또한 문학은 아름다움을 지향하는 언어 예술로서 정제된 언어를 사용하므로 문학 작품의 감상을 통해 습득된 언어 습관은 아름답고 건전하리라 믿는다.

① 쾌락과 흥미 위주의 언어 습관을 지양하고 사고 능력을 기를 수 있는 언어 습관을 길러야 한다.

② 사고 능력을 기르고 건전한 언어 습관을 들이기 위해서 문학 작품의 독서가 필요하다.

③ 바른 언어 습관의 형성과 건전하고 창의적인 사고를 위해 텔레비전을 멀리 해야 한다.

④ 언어는 자신의 사상을 표현하는 매체일 뿐만 아니라 그것을 사용하는 사람의 인격을 가늠하는 척도이므로 바른 언어 습관이 중요하다.

⑤ 대중 매체가 개인의 언어 습관과 사고 과정에 미치는 영향이 절대적이므로 대중 매체에서 문학 작품을 다뤄야 한다.

27 다음 글을 읽고 추론한 내용으로 옳은 것은?

지식의 본성을 다루는 학문인 인식론은 흔히 지식의 유형을 나누는 데에서 이야기를 시작한다. 지식의 유형은 '안다'는 말의 다양한 용례들이 보여주는 의미 차이를 통해서 드러나기도 한다. 예컨대 '그는 자전거를 탈 줄 안다.'와 '그는 이 사과가 둥글다는 것을 안다.'에서 '안다'가 바로 그런 경우이다. 전자의 '안다'는 능력의 소유를 의미하는 것으로 '절차적 지식'이라 부르고, 후자의 '안다'는 정보의 소유를 의미하는 것으로 '표상적 지식'이라고 부른다.

어떤 사람이 자전거에 대해서 많은 정보를 갖고 있다고 해서 자전거를 탈 수 있게 되는 것은 아니며, 자전거를 탈 줄 알기 위해서 반드시 자전거에 대해서 많은 정보를 갖고 있어야 하는 것도 아니다. 아무 정보 없이 그저 넘어지거나 다치거나 하는 과정을 거쳐 자전거를 탈 줄 알게 될 수도 있다. 자전거 타기와 같은 절차적 지식을 갖기 위해서는 훈련을 통하여 몸과 마음을 특정한 방식으로 조직화해야 한다. 그러나 정보를 마음에 떠올릴 필요는 없다.

반면, '이 사과는 둥글다.'는 것을 알기 위해서는 둥근 사과의 이미지가 되었건 '이 사과는 둥글다.'는 명제가 되었건 어떤 정보를 마음속에 떠올려야 한다. '마음속에 떠올린 정보'를 표상이라고 할 수 있으므로, 이러한 지식을 표상적 지식이라고 부른다. 그런데 어떤 표상적 지식을 새로 얻게 됨으로써 이전에 할 수 없었던 어떤 것을 하게 될지는 분명하지 않다. 이런 점에서 표상적 지식은 절차적 지식과 달리 특정한 일을 수행하는 능력과 직접 연결되어 있지 않다.

① 표상적 지식은 특정 능력의 습득에 전혀 도움을 주지 못한다.
② '이 사과는 둥글다.'라는 지식은 이미지 정보에만 해당한다.
③ 절차적 지식은 정보가 없어도 습득할 수 있다.
④ 인식론은 머릿속에서 처리되는 정보의 유형만을 다루는 학문이다.
⑤ 절차적 지식을 통해 표상적 지식을 얻는 것이 가능하다.

28 다음 글을 읽고 추론한 내용으로 옳지 않은 것은?

> 레이저 절단 가공은 고밀도, 고열원의 레이저를 절단하고자 하는 소재로 절단 부위를 쏘아 녹이고 증발시켜 소재를 절단하는 최첨단 기술이다. 레이저 절단 가공은 일반 가공법으로는 작업이 불가능한 절단면 및 복잡하고 정교한 절단 형상을 신속하고 정확하게 절단하여 가공할 수 있고, 절단하고자 하는 소재의 제약도 일반 가공법에 비해 자유롭다. 또한, 재료와 직접 접촉하지 않으므로 절단 소재의 물리적 변형이 적어 깨지기 쉬운 소재도 다루기 쉽고, 다른 열 절단 가공에 비해 열변형의 우려가 적다. 이런 장점으로 반도체 소자가 나날이 작아지고 더욱 정교해지면서 레이저 절단 가공은 반도체 산업에서는 이제 없어서는 안 될 필수적인 과정이 되었다.

① 레이저 절단 가공은 절단 부위를 녹이므로 열변형의 우려가 큰 가공법이다.
② 레이저 절단 가공 작업 중에는 기체가 발생한다.
③ 두께가 얇아 깨지기 쉬운 반도체 웨이퍼는 레이저 절단 가공으로 가공하여야 한다.
④ 과거 반도체 소자의 정교함은 현재 반도체 소자에 미치지 못하였을 것이다.
⑤ 현재 기술력으로는 다른 가공법을 사용하여 반도체 소자를 다루기 힘들 것이다.

29 다음 글의 주장을 반박하는 내용으로 적절하지 않은 것은?

> 윤리와 관련하여 가장 광범위하게 받아들여진 사실 가운데 하나는 옳은 것과 그른 것에 대한 광범위한 불일치가 과거부터 현재까지 항상 있었고, 아마도 앞으로도 계속 있을 것이라는 점이다. 가령 육식이 올바른지를 두고 한 문화에 속해 있는 사람들의 판단은 다른 문화에 속해 있는 사람들의 판단과 굉장히 다르다. 그뿐만 아니라 한 문화에 속한 사람들의 판단은 시대마다 아주 다르기도 하다. 심지어 우리는 동일한 문화와 시대 안에서도 하나의 행위에 대해 서로 다른 윤리적 판단을 하는 경우를 볼 수 있다.
> 이러한 사실이 의미하는 바는 사람들의 윤리적 기준이 시간과 장소 그리고 그들이 사는 상황에 따라 달라진다는 것이다. 그러므로 올바른 윤리적 기준은 그것을 적용하는 사람에 따라 상대적이다. 이것이 바로 윤리적 상대주의의 핵심 논지이다. 따라서 우리는 윤리적 상대주의가 참이라는 결론을 내려야 한다.

① 사람들의 윤리적 판단은 그들이 사는 지역에 따라 크게 다르지 않다.
② 윤리적 판단이 다르다고 해서 윤리적 기준도 반드시 달라지는 것은 아니다.
③ 윤리적 상대주의가 옳다고 해서 사람들의 윤리적 판단이 항상 서로 다른 것은 아니다.
④ 인류학자들에 따르면 문화에 따른 판단의 차이에도 불구하고 일부 윤리적 기준은 보편적으로 신봉되고 있다.
⑤ 서로 다른 윤리적 판단이 존재하는 경우에도 그중에 올바른 판단은 하나뿐이며, 그런 올바른 판단을 옳게 만들어 주는 객관적 기준이 존재한다.

오페라는 이른바 수준 있는 사람들이 즐기는 고상한 예술이라고 생각하는 사람들이 많다. 그런데 오페라 앞에 '거지'라든가 '서 푼짜리' 같은 단어를 붙인 '거지 오페라', '서 푼짜리 오페라'라는 것이 있다. 이렇게 어울리지 않는 단어들로 제목을 억지로 조합해 놓은 의도는 무엇일까?

영국 작가 존 게이는 당시 런던 오페라 무대를 점령했던 이탈리아 오페라에 반기를 들고, 1782년에 이와는 완전히 대조적인 성격의 거지 오페라를 만들었다. 그는 이탈리아 오페라가 일반인의 삶과 거리가 먼 신화나 왕, 귀족들의 이야기를 소재로 한 데다가 영국 관객들이 이해하지 못하는 이탈리아어로 불린다는 점에 불만을 품었다. 그는 등장인물의 신분을 과감히 낮추고 음악 형식도 당시의 민요와 유행가를 곁들여 사회의 부패상을 통렬하게 풍자하였다. 이렇게 만들어진 거지 오페라는 이탈리아 오페라에 대항하는 서민 오페라로 런던에서 선풍적인 인기를 끌었다.

1928년에 독일의 극작가 브레히트는 작곡가 쿠르트 바일과 손잡고 거지 오페라를 번안한 서 푼짜리 오페라를 만들었다. 그는 형식과 내용 면에서 훨씬 적극적이고 노골적으로 당시 사회를 비판한다. 이 극은 밑바닥 사람들의 삶을 통해 위정자들의 부패와 위선을 그려 계급적 갈등과 사회적 모순을 드러내고 있다. 브레히트는 감정이입과 동일시에 근거를 둔 종래의 연극에 반기를 들고 낯선 기법의 서사극을 만들었다. 등장인물이 극에서 빠져나와 갑자기 해설자의 역할을 하게 함으로써 관객들이 극에 몰입하지 않고 지금 연극을 보고 있다는 사실을 자각하도록 한 것이다.

이처럼 존 게이와 브레히트는 종전의 극과는 다른 형식과 내용의 극을 지향했다. 제목을 서로 어울리지 않는 단어들로 조합하고 새로운 형식을 도입한 이유는 기존의 관점을 뒤집어 보게 하려는 의도였다. 그 이면에는 사회의 부조리를 풍자하고자 하는 의도가 깔려 있었다.

〈보기〉

아리스토텔레스는 예술을 통한 관객과 극 중 인물과의 감정 교류와 공감을 강조했다. 그는 관객들이 연극을 통해 타인의 경험과 감정, 상황을 받아들이고 나아가 극에 이입하고 몰두함으로써 쌓여 있던 감정을 분출하며 느끼는, 이른바 카타르시스를 경험하게 된다고 주장하였다.

① 극과 거리를 두고 보아야 오히려 카타르시스를 경험할 수 있지 않나요?
② 관객이 몰입하게 되면 사건을 객관적으로 바라보기 어려운 것 아닌가요?
③ 해설자 역할을 하는 인물이 있어야 관객의 몰입을 유도할 수 있지 않나요?
④ 낯선 기법을 쓰면 관객들이 극 중 인물과 더 쉽게 공감할 수 있지 않을까요?
⑤ 동일시를 통해야만 풍자하고 있는 사회의 모습을 더 잘 알 수 있지 않을까요?

2권

2023년 하반기
기출복원 모의고사

www.sdedu.co.kr

〈문항 수 및 시험시간〉

삼성 온라인 GSAT		
영역	문항 수	시험시간
수리	20문항	30분
추리	30문항	30분

<table>
<tr><td>삼성 온라인 GSAT</td><td rowspan="2"></td></tr>
<tr><td>2023년 하반기 기출복원 모의고사</td></tr>
</table>

삼성 온라인 GSAT	
2023년 하반기 기출복원 모의고사	문항 수 : 50문항 시험시간 : 60분

제1영역 수리

01 2020년에 전교생이 200명인 어느 고등학교는 매년 2020년 전체 인원의 5%씩 감소한다고 한다. 5년 후 전교생의 수는 1년 후 전교생의 수보다 얼마나 줄어들겠는가?

① 20명 ② 30명

③ 40명 ④ 50명

⑤ 60명

02 A~H 8명의 후보 선수 중 4명을 뽑을 때, 다음 중 A, B, C를 포함하여 뽑을 확률은?

① $\dfrac{1}{14}$ ② $\dfrac{1}{5}$

③ $\dfrac{3}{8}$ ④ $\dfrac{1}{2}$

⑤ $\dfrac{3}{5}$

03 다음은 2020 ~ 2022년 S사의 데스크탑 PC와 노트북 판매량에 대한 자료이다. 전년 대비 2022년의 판매량 증감률을 바르게 짝지은 것은?

〈2020 ~ 2022년 데스크탑 PC 및 노트북 판매량〉

(단위 : 천 대)

구분	2020년	2021년	2022년
데스크탑 PC	5,500	5,000	4,700
노트북	1,800	2,000	2,400

	데스크탑 PC	노트북
①	6%	20%
②	6%	10%
③	−6%	20%
④	−6%	10%
⑤	−6%	5%

04 다음은 S전자 공장에서 만든 부품의 수와 불량품의 수를 기록한 표이다. 전년 대비 부품 수의 차이와 불량품 수의 차이 사이에 일정한 비례관계가 성립할 때, A와 B에 들어갈 수치를 바르게 나열한 것은?

〈연도별 부품 수 및 불량품 수〉

(단위 : 개)

구분	2017년	2018년	2019년	2020년	2021년	2022년
부품 수	120	170	270	420	620	(A)
불량품 수	10	30	70	(B)	210	310

	(A)	(B)
①	800	90
②	830	110
③	850	120
④	870	130
⑤	900	150

05 어느 도서관에서 일정 기간 도서 대여 횟수를 작성한 자료이다. 이에 대한 설명으로 옳지 않은 것은?

〈도서 대여 횟수〉

(단위 : 회)

구분	비소설		소설	
	남자	여자	남자	여자
40세 미만	20	10	40	50
40세 이상	30	20	20	30

① 소설을 대여한 전체 횟수가 비소설을 대여한 전체 횟수보다 많다.

② 40세 미만보다 40세 이상의 전체 대여 횟수가 더 적다.

③ 남자가 소설을 대여한 횟수는 여자가 소설을 대여한 횟수의 70% 이하이다.

④ 40세 미만의 전체 대여 횟수에서 비소설 대여 횟수가 차지하는 비율은 20%를 넘는다.

⑤ 40세 이상의 전체 대여 횟수에서 소설 대여 횟수가 차지하는 비율은 40% 이상이다.

06 다음은 주중과 주말 예상 교통상황에 대한 자료이다. 이에 대한 〈보기〉의 설명 중 옳은 것을 모두 고르면?

〈주중·주말 예상 교통량〉

(단위 : 만 대)

구분	전국	수도권 → 지방	지방 → 수도권
주중 예상 교통량	40	4	2
주말 예상 교통량	60	5	3

〈대도시 간 최대 예상 소요시간〉

구분	서울 – 대전	서울 – 부산	서울 – 광주	서울 – 강릉	남양주 – 양양
주중	1시간	4시간	3시간	2시간	1시간
주말	2시간	5시간	4시간	3시간	2시간

─────〈보기〉─────

ㄱ. 대도시 간 최대 예상 소요시간은 모든 구간에서 주중이 주말보다 적게 걸린다.
ㄴ. 주중 전국 예상 교통량 중 수도권에서 지방으로 가는 예상 교통량의 비율은 10%이다.
ㄷ. 지방에서 수도권으로 가는 주말 예상 교통량은 주중 예상 교통량의 2배이다.
ㄹ. 서울 – 광주 구간 주중 최대 예상 소요시간은 서울 – 강릉 구간 주말 최대 예상 소요시간과 같다.

① ㄱ, ㄴ
② ㄴ, ㄷ
③ ㄷ, ㄹ
④ ㄱ, ㄴ, ㄹ
⑤ ㄴ, ㄷ, ㄹ

07 다음은 자동차 판매현황에 대한 자료이다. 이에 대한 〈보기〉의 설명 중 옳은 것을 모두 고르면?

〈자동차 판매현황〉

(단위 : 천 대)

구분	2020년	2021년	2022년
소형	30	50	40
준중형	200	150	180
중형	400	200	250
대형	200	150	100
SUV	300	400	200

〈보기〉

ㄱ. 2020 ~ 2022년 동안 판매량이 지속적으로 감소하는 차종은 2종류이다.

ㄴ. 2021년 대형 자동차 판매량은 전년 대비 30% 미만 감소했다.

ㄷ. 2020 ~ 2022년 동안 SUV 자동차의 총판매량은 대형 자동차 총판매량의 2배이다.

ㄹ. 2021년 대비 2022년에 판매량이 증가한 차종 중 증가율이 가장 높은 차종은 준중형이다.

① ㄱ, ㄷ   ② ㄴ, ㄷ

③ ㄴ, ㄹ   ④ ㄱ, ㄴ, ㄹ

⑤ ㄱ, ㄷ, ㄹ

08 다음은 2019 ~ 2023년 주류별 출고량을 나타낸 자료이다. 이에 대한 설명으로 옳지 않은 것은?

〈주류별 출고량〉

(단위 : 천kL)

구분	2019년	2020년	2021년	2022년	2023년
맥주	1,571	1,574	1,529	1,711	1,702
소주	684	717	741	781	770
탁주	481	414	317	295	265
청주	44	50	48	49	47
위스키	30	35	40	46	49
기타	32	29	23	22	20
합계	2,842	2,819	2,698	2,904	2,853

① 2019년 맥주 출고량은 맥주 이외의 모든 주류의 출고량을 합한 것보다 많다.

② 2019 ~ 2023년 동안 기타를 제외한 각 주류의 출고량 순위는 매년 동일하다.

③ 2019년 대비 2023년에 출고량 증가율이 가장 높은 주류는 위스키이다.

④ 2020 ~ 2023년 동안 맥주와 청주의 전년 대비 출고량의 증감추이는 동일하다.

⑤ 2019년 이후 소주의 출고량은 맥주의 출고량의 절반을 넘긴 적이 없다.

09 다음은 S사의 사내 전화 평균 통화 시간을 조사한 자료이다. 평균 통화 시간이 6 ~ 9분인 여성의 수는 12분 초과인 남성의 수의 몇 배인가?

평균 통화 시간	남성	여성
3분 미만	33%	26%
3 ~ 6분	25%	21%
6 ~ 9분	18%	18%
9 ~ 12분	14%	16%
12분 초과	10%	19%
대상 인원수	600명	400명

① 1.1배   ② 1.2배

③ 1.3배   ④ 1.4배

⑤ 1.5배

10 다음은 연도별 투약 일당 약품비에 대한 자료이다. 2022년의 총투약 일수가 120일, 2023년의 총투약 일수가 150일인 경우, 2023년 상급종합병원의 총약품비와 2022년 종합병원의 총약품비의 합은?

〈투약 일당 약품비〉

(단위 : 원)

구분	상급종합병원	종합병원	병원	의원
2019년	2,704	2,211	1,828	1,405
2020년	2,551	2,084	1,704	1,336
2021년	2,482	2,048	1,720	1,352
2022년	2,547	2,025	1,693	1,345
2023년	2,686	2,074	1,704	1,362

※ 투약 1일당 평균적으로 소요되는 약품비를 나타내는 지표임
※ (투약일당 약품비)＝(총약품비)÷(총투약일수)

① 630,900원
② 635,900원
③ 640,900원
④ 645,900원
⑤ 658,000원

11 다음은 도로 종류에 따른 월별 교통사고를 분석한 자료이다. 이에 대한 설명으로 옳지 않은 것은?

〈도로 종류별 월별 교통사고〉

(단위 : 건, 명)

구분	2023년 2월			2023년 3월			2023년 4월		
	발생 건수	사망자 수	부상자 수	발생 건수	사망자 수	부상자 수	발생 건수	사망자 수	부상자 수
일반국도	1,054	53	1,964	1,308	64	2,228	1,369	72	2,387
지방도	1,274	39	2,106	1,568	50	2,543	1,702	44	2,712
특별·광역시도	5,990	77	8,902	7,437	86	10,920	7,653	79	11,195
시도	4,941	86	7,374	6,131	117	9,042	6,346	103	9,666
군도	513	14	756	601	28	852	646	26	959
고속국도	256	16	746	316	20	765	335	15	859
기타	911	11	1,151	1,255	13	1,571	1,335	15	1,653

① 해당 시기 동안 특별·광역시도의 교통사고 발생 건수는 지속적으로 증가했다.
② 2023년 3월에 가장 많은 사고가 발생한 도로 종류에서 당월 가장 많은 사망자가 발생했다.
③ 부상자 수는 해당 기간 동안 모든 도로 종류에서 지속적으로 증가하는 추세를 보인다.
④ 한 달 동안 교통사고 사망자 수가 100명이 넘는 도로 종류는 시도가 유일하다.
⑤ 2023년 2월부터 4월까지 매월 부상자 수가 가장 적은 도로의 종류는 모두 고속국도이다.

※ S는 인터넷 쇼핑몰에서 회원가입을 하고 무선 이어폰을 구매하려고 한다. 다음은 구매하고자 하는 모델에 대하여 인터넷 쇼핑몰 세 곳의 가격과 조건을 조사한 자료이다. 이어지는 질문에 답하시오. [12~13]

〈A ~ C쇼핑몰 무선 이어폰 가격 및 조건〉

구분	정상가격	회원혜택	할인쿠폰	중복할인	배송비
A쇼핑몰	129,000원	7,000원 할인	5%	불가	2,000원
B쇼핑몰	131,000원	3,500원 할인	3%	가능	무료
C쇼핑몰	130,000원	7% 할인	5,000원	불가	2,500원

※ 중복할인이 가능할 때는 할인쿠폰을 우선 적용함

12 자료에 있는 모든 혜택을 적용하여 최저가로 구매하고자 할 때, 무선 이어폰의 배송비를 포함한 실제 구매 가격을 가격이 낮은 순으로 나열한 것은?

① A – B – C
② A – C – B
③ B – C – A
④ C – A – B
⑤ C – B – A

13 중복할인이 불가능한 경우 회원혜택만 적용하여 구매하고자 할 때, 무선 이어폰의 배송비를 포함한 실제 구매 가격이 가장 비싼 쇼핑몰과 가장 싼 쇼핑몰 간의 가격 차이는?

① 500원
② 550원
③ 600원
④ 650원
⑤ 700원

※ 다음은 A ~ E 5개국에 2022년 방문한 관광객 수와 관광객들이 그 국가에서 여행한 평균 여행 일수를 나타낸 그래프이다. 이어지는 질문에 답하시오. **[14~15]**

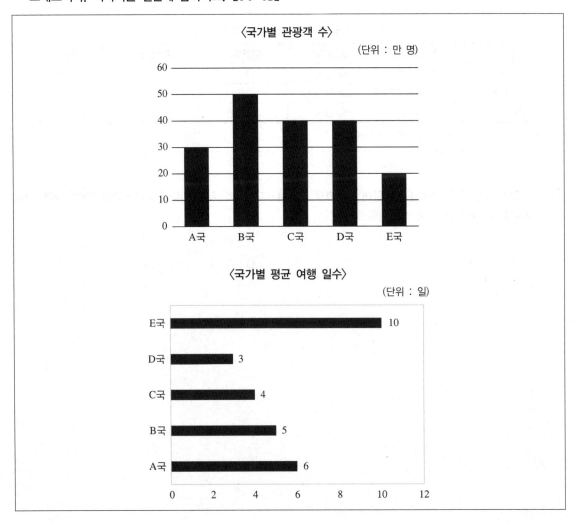

〈국가별 관광객 수〉

(단위 : 만 명)

〈국가별 평균 여행 일수〉

(단위 : 일)

14 다섯 국가 중 2022년에 방문한 관광객 수가 가장 많은 국가와 가장 적은 국가의 관광객 수의 차이는?

① 35만 명   ② 30만 명

③ 25만 명   ④ 20만 명

⑤ 15만 명

15 A~E국 중 2022년 동안 관광객 수가 같은 국가들의 평균 여행 일수 합은?

① 13일   ② 11일

③ 9일   ④ 7일

⑤ 5일

※ 다음은 2018 ~ 2022년 연도별 해양사고 발생 현황에 대한 그래프이다. 이어지는 질문에 답하시오. **[16~17]**

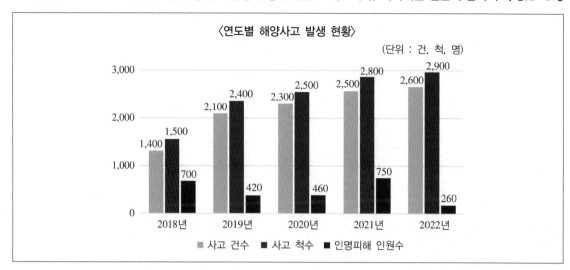

〈연도별 해양사고 발생 현황〉

(단위 : 건, 척, 명)

■ 사고 건수 ■ 사고 척수 ■ 인명피해 인원수

16 다음 중 2018년 대비 2019년 사고 척수의 증가율과 사고 건수의 증가율이 순서대로 나열된 것은?

① 40%, 45%
② 45%, 50%
③ 60%, 50%
④ 60%, 55%
⑤ 60%, 65%

17 다음 중 사고 건수당 인명피해의 인원수가 가장 많은 연도는?

① 2018년
② 2019년
③ 2020년
④ 2021년
⑤ 2022년

18 다음은 우리나라 연도별 적설량에 대한 자료이다. 이를 그래프로 나타냈을 때 가장 적절한 것은?

〈우리나라 연도별 적설량〉

(단위 : cm)

구분	2018년	2019년	2020년	2021년
서울	25.3	12.9	10.3	28.6
수원	12.2	21.4	12.5	26.8
강릉	280.2	25.9	94.7	55.3

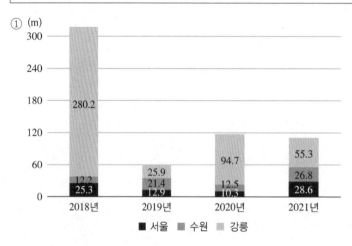

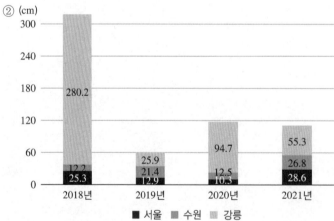

③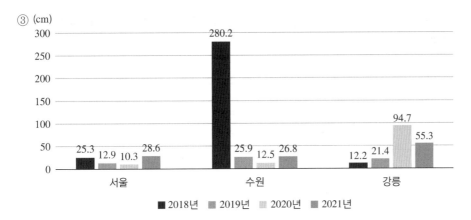

④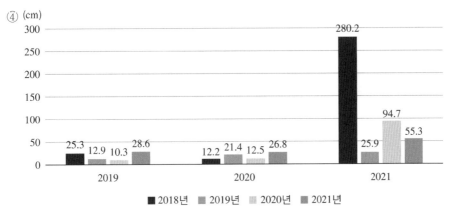

⑤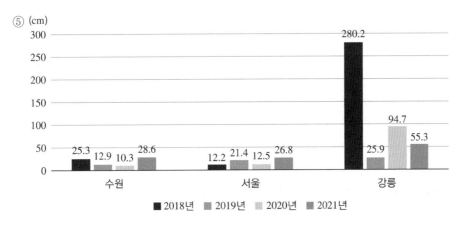

19 S공장에서 A제품을 n개 이어 붙이는 데 필요한 시간이 다음과 같은 규칙을 보일 때, 8개 이어 붙이는데 필요한 시간은?

〈A제품 접합 소요 시간〉

(단위 : 분)

개수	1	2	3	4	5
소요 시간	1	3	8	19	42

① 315분   ② 330분

③ 345분   ④ 360분

⑤ 375분

20 일정한 수를 다음과 같은 규칙으로 나열할 때, 빈칸에 들어갈 a와 b의 총합이 처음으로 800억 원이 넘는 b의 값은?

(단위 : 억 원)

규칙	1	2	3	4	5	6	…
A	50	70	95	125	160	200	(a)
B	150	180	210	240	270	300	(b)

① 330   ② 350

③ 360   ④ 390

⑤ 420

※ 제시된 명제가 모두 참일 때, 다음 중 빈칸에 들어갈 명제로 가장 적절한 것을 고르시오. [1~3]

01

- 전제1. 눈을 자주 깜빡이지 않으면 눈이 건조해진다.
- 전제2. 스마트폰을 이용할 때는 눈을 자주 깜빡이지 않는다.
- 결론. _____

① 눈이 건조해지면 눈을 자주 깜빡이지 않는다.

② 눈이 건조해지지 않으면 눈을 자주 깜빡이지 않는다.

③ 눈을 자주 깜빡이지 않으면 스마트폰을 이용하는 때이다.

④ 스마트폰을 이용할 때는 눈이 건조해진다.

⑤ 눈이 건조해지면 눈을 자주 깜빡인 것이다.

02

- 전제1. 밤에 잠을 잘 못자면 낮에 피곤하다.
- 전제2. _____
- 전제3. 업무효율이 떨어지면 성과급을 받지 못한다.
- 결론. 밤에 잠을 잘 못자면 성과급을 받지 못한다.

① 업무효율이 떨어지면 밤에 잠을 잘 못 잔다.

② 낮에 피곤하면 업무효율이 떨어진다.

③ 성과급을 받으면 밤에 잠을 잘 못 잔다.

④ 밤에 잠을 잘 자면 성과급을 받는다.

⑤ 성과급을 받지 못하면 낮에 피곤하다.

03

- 전제1. 모든 금속은 전기가 통한다.
- 전제2. 광택이 있는 물질 중에는 금속이 아닌 것도 있다.
- 결론. _____

① 광택이 있는 물질은 모두 금속이다.

② 금속은 모두 광택이 있다.

③ 전기가 통하는 물질 중 광택이 있는 것은 없다.

④ 전기가 통하지 않으면서 광택이 있는 물질이 있다.

⑤ 전기가 통하지 않으면 광택이 없는 물질이다.

04 A ~ E 5명이 기말고사를 봤는데, 이 중 2명은 부정행위를 하였다. 부정행위를 한 2명은 거짓을 말하고 부정행위를 하지 않은 3명은 진실을 말할 때, 다음 진술을 보고 부정행위를 한 사람끼리 짝지은 것으로 옳은 것은?

> • A : D는 거짓말을 하고 있어.
> • B : A는 부정행위를 하지 않았어.
> • C : B가 부정행위를 했어.
> • D : 나는 부정행위를 하지 않았어.
> • E : C가 거짓말을 하고 있어.

① A, B ② B, C
③ C, D ④ C, E
⑤ D, E

05 체육 수업으로 인해 한 학급의 학생들이 모두 교실을 비운 사이 도난 사고가 발생했다. 담임 선생님은 체육 수업에 참여하지 않은 A ~ E 5명과 상담을 진행하였고, 이들은 다음과 같이 진술하였다. 이 중 2명의 학생은 거짓말을 하고 있으며, 거짓말을 하는 한 명의 학생이 범인일 때, 범인은?

> • A : 저는 그 시간에 교실에 간 적이 없어요. 저는 머리가 아파 양호실에 누워있었어요.
> • B : A의 말은 사실이에요. 제가 넘어져서 양호실에 갔었는데, A가 누워있는 것을 봤어요.
> • C : 저는 정말 범인이 아니에요. A가 범인이에요.
> • D : B의 말은 모두 거짓이에요. B는 양호실에 가지 않았어요.
> • E : 사실 저는 C가 다른 학생의 가방을 열어 물건을 훔치는 것을 봤어요.

① A ② B
③ C ④ D
⑤ E

06 S사는 제품 하나를 생산하는 데 원료 분류, 제품 성형, 제품 색칠, 포장의 단계를 거친다. 어느 날 제품에 문제가 발생해 직원들을 불러 책임을 물었다. 직원 중 한 사람은 거짓을 말하고 세 사람은 참을 말할 때, 거짓을 말한 직원과 실수가 발생한 단계를 바르게 짝지은 것은?(단, A는 원료 분류, B는 제품 성형, C는 제품 색칠, D는 포장 단계에서 일하며, 실수는 한 곳에서만 발생했다)

> • A직원 : 나는 실수하지 않았다.
> • B직원 : 포장 단계에서 실수가 일어났다.
> • C직원 : 제품 색칠에선 절대로 실수가 일어날 수 없다.
> • D직원 : 원료 분류 과정에서 실수가 있었다.

① A – 원료 분류   ② A – 포장
③ B – 포장   ④ D – 원료 분류
⑤ D – 포장

07 어느 편의점에서 도난 사건이 발생했다. CCTV 확인을 통해 그 시각 편의점을 들렀던 A ~ F 여섯 명의 용의자가 검거됐다. 이들 중 범인인 두 사람이 거짓말을 하고 있다면, 거짓말을 한 사람은?

> • A : F가 성급한 모습으로 편의점을 나가는 것을 봤어요.
> • B : C가 가방 속에 무언가 넣는 모습을 봤어요.
> • C : 나는 범인이 아닙니다.
> • D : B 혹은 A가 훔치는 것을 봤어요.
> • E : F가 범인인 게 확실해요. CCTV를 자꾸 신경 쓰고 있었거든요.
> • F : 얼핏 봤는데, 제가 본 도둑은 C 아니면 E예요.

① A, C   ② B, C
③ B, F   ④ D, E
⑤ E, F

08 A ~ E사원이 강남, 여의도, 상암, 잠실, 광화문 다섯 지역에 각각 출장을 간다. 다음 대화에서 A ~ E 중 한 명은 거짓말을 하고 나머지 네 명은 진실을 말하고 있을 때, 항상 거짓인 것은?

> • A : B는 상암으로 출장을 가지 않는다.
> • B : D는 강남으로 출장을 간다.
> • C : B는 진실을 말하고 있다.
> • D : C는 거짓말을 하고 있다.
> • E : C는 여의도, A는 잠실로 출장을 간다.

① A는 광화문으로 출장을 가지 않는다.
② B는 여의도로 출장을 가지 않는다.
③ C는 강남으로 출장을 가지 않는다.
④ D는 잠실로 출장을 가지 않는다.
⑤ E는 상암으로 출장을 가지 않는다.

09 어느 호텔 라운지에 둔 화분이 투숙자 중의 1명에 의하여 깨진 사건이 발생했다. 이 호텔에는 갑, 을, 병, 정, 무 5명의 투숙자가 있었으며, 각 투숙자는 다음과 같이 진술하였다. 5명의 투숙자 중 4명은 진실을 말하고 1명이 거짓말을 하고 있다면, 거짓말을 하고 있는 사람은?

> • 갑 : '을'은 화분을 깨뜨리지 않았어.
> • 을 : 화분을 깨뜨린 사람은 '정'이야.
> • 병 : 내가 화분을 깨뜨렸어.
> • 정 : '을'의 말은 거짓말이야.
> • 무 : 나는 화분을 깨뜨리지 않았어.

① 갑   ② 을
③ 병   ④ 정
⑤ 무

10 S부서는 회식 메뉴를 선정하려고 한다. 제시된 〈조건〉에 따라 주문할 메뉴를 선택한다고 할 때, 다음 중 반드시 주문할 메뉴를 모두 고르면?

> ─────〈조건〉─────
> • 삼선짬뽕은 반드시 주문한다.
> • 양장피와 탕수육 중 하나는 반드시 주문하여야 한다.
> • 자장면을 주문하는 경우, 탕수육은 주문하지 않는다.
> • 자장면을 주문하지 않는 경우에만 만두를 주문한다.
> • 양장피를 주문하지 않으면, 팔보채를 주문하지 않는다.
> • 팔보채를 주문하지 않으면, 삼선짬뽕을 주문하지 않는다.

① 삼선짬뽕, 자장면, 양장피
② 삼선짬뽕, 탕수육, 양장피
③ 삼선짬뽕, 팔보채, 양장피
④ 삼선짬뽕, 탕수육, 만두
⑤ 삼선짬뽕, 탕수육, 양장피, 자장면

11 원형 테이블에 번호 순서대로 앉아 있는 다섯 명의 여자 1 ~ 5 사이에 다섯 명의 남자 A ~ E가 한 명씩 앉아야 한다. 다음 〈조건〉을 따르면서 자리를 배치할 때 적절하지 않은 것은?

> ─────〈조건〉─────
> • A는 짝수 번호의 여자 옆에 앉아야 하고, 5 옆에는 앉을 수 없다.
> • B는 짝수 번호의 여자 옆에 앉을 수 없다.
> • C가 3 옆에 앉으면 D는 1 옆에 앉는다.
> • E는 3 옆에 앉을 수 없다.

① A는 1과 2 사이에 앉을 수 없다.
② C가 2와 3 사이에 앉으면 A는 반드시 3과 4 사이에 앉는다.
③ D는 4와 5 사이에 앉을 수 없다.
④ E가 1과 2 사이에 앉으면 C는 반드시 4와 5 사이에 앉는다.
⑤ E가 4와 5 사이에 앉으면 A는 반드시 2와 3 사이에 앉는다.

12 다음은 〈조건〉에 따라 2에서 10까지의 서로 다른 자연수의 관계를 나타낸 것이다. 이때 A, B, C에 해당하는 수의 합은?

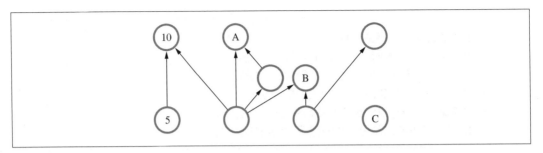

〈조건〉

- 2에서 10까지의 자연수는 ◯ 안에 한 개씩만 사용되고, 사용되지 않는 자연수는 없다.
- 2에서 10까지의 서로 다른 임의의 자연수 3개를 x, y, z라고 할 때,
  - $(x) \longrightarrow (y)$ 는 y가 x의 배수임을 나타낸다.
  - 화살표로 연결되지 않은 (z) 는 z가 x, y와 약수나 배수 관계가 없음을 나타낸다.

① 20
③ 22
⑤ 24
② 21
④ 23

13 남학생 A ~ D와 여학생 W ~ Z 총 8명이 있다. 입사 시험을 본 뒤 이 8명의 득점을 알아보았더니, 남녀 모두 1명씩 짝을 이루어 동점을 받았다. 다음 〈조건〉을 모두 만족할 때, 도출할 수 있는 결론으로 가장 적절한 것은?

〈조건〉

- 여학생 X는 남학생 B 또는 C와 동점이다.
- 여학생 Y는 남학생 A 또는 B와 동점이다.
- 여학생 Z는 남학생 A 또는 C와 동점이다.
- 남학생 B는 여학생 W 또는 Y와 동점이다.

① 여학생 W는 남학생 C와 동점이다.
③ 여학생 Z와 남학생 C는 동점이다.
⑤ 남학생 D와 여학생 W는 동점이다.
② 여학생 X와 남학생 B가 동점이다.
④ 여학생 Y는 남학생 A와 동점이다.

14 S사에 근무 중인 A ~ E는 다음 사내 교육 프로그램 일정에 따라 요일별로 하나의 프로그램에 참가한다. 제시된 〈조건〉이 모두 참일 때, 다음 중 항상 참이 되는 것은?

월	화	수	목	금
필수1	필수2	선택1	선택2	선택3

〈조건〉
- A는 선택 프로그램에 참가한다.
- C는 필수 프로그램에 참가한다.
- D는 C보다 나중에 프로그램에 참가한다.
- E는 A보다 나중에 프로그램에 참가한다.

① D는 반드시 필수 프로그램에 참가한다.
② B가 필수 프로그램에 참가하면 C는 화요일 프로그램에 참가한다.
③ C가 화요일 프로그램에 참가하면 E는 선택2 프로그램에 참가한다.
④ A가 목요일 프로그램에 참가하면 E는 선택3 프로그램에 참가한다.
⑤ E는 반드시 목요일 프로그램에 참가한다.

15 S는 전국을 일주하고자 한다. 제시된 〈조건〉에 따라 방문할 도시들을 결정한다고 할 때, 다음 중 S가 반드시 방문하는 도시가 아닌 것은?

〈조건〉
- 대구를 방문하면, 경주는 방문하지 않는다.
- 광주와 전주 중 한 도시만 방문한다.
- S는 익산을 반드시 방문한다.
- 대구를 방문하지 않으면, 익산을 방문하지 않는다.
- 경주를 방문하지 않으면, 대전과 전주를 방문한다.

① 전주   ② 대구
③ 대전   ④ 경주
⑤ 익산

16

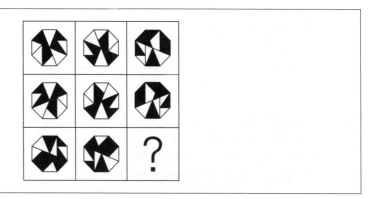

①

②

③

④

⑤

17

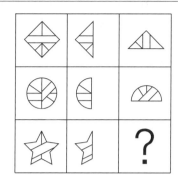

①

②

③

④

⑤

18

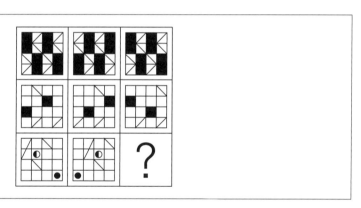

①

②

③

④

⑤

2023년 하반기 기출복원 모의고사

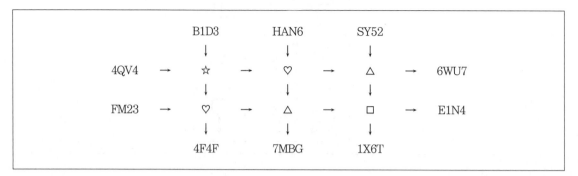

19

US24 → □ → ☆ → ?	

① 4S2U
③ 4V8V
⑤ 48VV

② 2US4
④ 8V4V

20

KB52 → ☆ → ♡ → ?	

① 37KE
③ E37K
⑤ E37O

② 37EO
④ EO52

21

$$? \rightarrow \triangle \rightarrow \heartsuit \rightarrow \triangle \rightarrow 9381$$

① 1839   ② 3819

③ 2748   ④ 4827

⑤ 8472

22

$$? \rightarrow \square \rightarrow \triangle \rightarrow 96 \text{II}$$

① 96HJ   ② 9HJ6

③ 87HJ   ④ 8H7J

⑤ J7H8

23

(가) 동아시아의 문명 형성에 가장 큰 영향력을 끼친 책을 꼽을 때, 그 중에 『논어』가 빠질 수 없다. 『논어』는 공자(B.C 551 ~ 479)가 제자와 정치인 등을 만나서 나눈 이야기를 담고 있다. 공자의 활동기간으로 따져보면 『논어』는 지금으로부터 대략 2,500년 전에 쓰인 것이다. 지금의 우리는 한나절에 지구 반대편으로 날아다니고, 여름에 겨울 과일을 먹는 그야말로 공자는 상상할 수도 없는 세상에 살고 있다.

(나) 2,500년 전의 공자와 그가 대화한 사람 역시 우리와 마찬가지로 '호모사피엔스'이기 때문이다. 2,500년 전의 사람도 배고프면 먹고, 졸리면 자고, 좋은 일이 있으면 기뻐하고, 나쁜 일이 있으면 화를 내는 오늘날의 사람과 다름없었다. 불의를 보면 공분하고, 전쟁보다 평화가 지속되기를 바라고, 예술을 보고 들으며 즐거워했는데, 오늘날의 사람도 마찬가지이다.

(다) 물론 2,500년의 시간으로 인해 달라진 점도 많고 시대와 문화에 따라 '사람다움이 무엇인가?'에 대한 답은 다를 수 있지만, 사람은 돌도 아니고 개도 아니고 사자도 아니라 여전히 사람일 뿐인 것이다. 즉 현재의 인간이 과거보다 자연의 힘에 두려워하지 않고 자연을 합리적으로 설명할 수는 있지만, 인간적 약점을 극복하고 신적인 존재가 될 수는 없는 그저 인간일 뿐인 것이다.

(라) 『논어』의 일부는 여성과 아동, 이민족에 대한 당시의 편견을 드러내고 있어 이처럼 달라진 시대의 흐름에 따라 폐기될 수밖에 없지만, 이를 제외한 부분은 '오래된 미래'로서 읽을 가치가 있는 것이다.

(마) 이론의 생명 주기가 짧은 학문의 경우, 2,500년 전의 책은 역사적 가치가 있을지언정 이론으로서는 폐기 처분이 당연시된다. 그런데 왜 21세기의 우리가 2,500년 전의 『논어』를 지금까지도 읽고, 또 읽어야 할 책으로 간주하고 있는 것일까?

① (가) – (다) – (나) – (라) – (마)
② (가) – (라) – (다) – (나) – (마)
③ (가) – (마) – (나) – (다) – (라)
④ (라) – (다) – (가) – (마) – (나)
⑤ (마) – (가) – (나) – (다) – (라)

24

(가) '인력이 필요해서 노동력을 불렀더니 사람이 왔더라.'라는 말이 있다. 인간을 경제적 요소로만 단순하게 생각했으나, 이에 따른 인권문제, 복지문제, 내국인과 이민자와의 갈등 등이 수반된다는 말이다. 프랑스처럼 우선 급하다고 이민자를 선별하지 않고 받으면 인종 갈등과 이민자의 빈곤화 등 많은 사회비용이 발생한다.

(나) 이제 다문화정책의 패러다임을 전환해야 한다. 한국에 들어온 다문화가족을 적극적으로 지원해야 한다. 다문화 가족과 더불어 살면서 다양성과 개방성을 바탕으로 상생의 발전을 도모해야 한다. 그리고 결혼이민자만 다문화가족으로 볼 것이 아니라 외국인 근로자와 유학생, 북한이탈 주민까지 큰 틀에서 함께 보는 것도 필요하다.

(다) 다문화정책의 핵심은 두 가지이다. 첫째, 새로운 사회에 적응하려는 의지가 강해서 언어 배우기, 일자리, 문화 이해에 매우 적극적인 태도를 지닌 좋은 인력을 선별해서 입국하도록 하는 것이다. 둘째, 이민자가 새로운 사회에 질 정착할 수 있도록 사회통합에 주력해야 하는 것이다. 해외 인구 유입 초기부터 사회 비용을 절약할 수 있는 사람들을 들어오게 하는 것이 중요하기 때문이다.

(라) 또한 이미 들어온 이민자에게는 적극적인 지원을 해야 한다. 언어와 문화, 환경이 모두 낯선 이민자에게는 이민 초기에 세심한 배려가 필요하다. 특히 중요한 것은 다문화 가족이 그들이 가지고 있는 강점을 활용하여 취약 계층이 아닌 주류층으로 설 수 있도록 지원해야 한다. 뿐만 아니라 이민자에 대한 지원 시기를 놓치거나 차별과 편견으로 내국인에게 증오감을 갖게 해서는 안 된다.

① (가) – (나) – (다) – (라)
② (다) – (나) – (라) – (가)
③ (가) – (다) – (나) – (라)
④ (다) – (가) – (라) – (나)
⑤ (가) – (다) – (라) – (나)

과거에는 공공서비스가 경합성과 배제성이 모두 약한 사회기반시설 공급을 중심으로 제공되었다. 이런 경우 서비스 제공에 드는 비용은 주로 세금을 비롯한 공적 재원으로 충당을 한다. 하지만 복지와 같은 개인 단위 공공서비스에 대한 사회적 요구가 증가함에 따라 관련 공공서비스의 다양화와 양적 확대가 이루어지고 있다. 이로 인해 정부의 관련 조직이 늘어나고 행정업무의 전문성 및 효율성이 떨어지는 문제점이 나타나기도 한다. 이 경우 정부는 정부 조직의 규모를 확대하지 않으면서 서비스의 전문성을 강화할 수 있는 민간 위탁 제도를 도입할 수 있다. 민간 위탁이란 공익성을 유지하기 위해 서비스의 대상이나 범위에 대한 결정권과 서비스 관리의 책임을 정부가 갖되, 서비스 생산은 민간업체에게 맡기는 것이다.

민간 위탁은 주로 다음과 같은 몇 가지 방식으로 운용되고 있다. 가장 일반적인 것은 '경쟁 입찰방식'이다. 이는 일정한 기준을 충족하는 민간 업체 간 경쟁 입찰을 거쳐 서비스 생산자를 선정, 계약하는 방식이다. 공원과 같은 공공 시설물 관리 서비스가 이에 해당한다. 이 경우 정부가 직접 공공서비스를 제공할 때보다 서비스의 생산비용이 절감될 수 있고 정부의 재정 부담도 경감될 수 있다. 다음으로는 '면허 발급 방식'이 있다. 이는 서비스 제공을 위한 기술과 시설이 기준을 충족하는 민간 업체에게 정부가 면허를 발급하는 방식이다. 자동차운전면허 시험, 산업폐기물처리 서비스 등이 이에 해당한다. 이 경우 공공서비스가 갖춰야 할 최소한의 수준은 유지하면서도 공급을 민간의 자율에 맡겨 공공서비스의 수요와 공급이 탄력적으로 조절되는 효과를 얻을 수 있다. 또한 '보조금 지급 방식'이 있는데, 이는 민간이 운영하는 종합복지관과 같이 안정적인 공공서비스 제공이 필요한 기관에 보조금을 주어 재정적으로 지원하는 것이다.

① 과거 공공서비스는 주로 공적 재원에 의해 운영됐다.
② 공공서비스의 양적 확대에 따라 행정업무 전문성이 떨어지는 부작용이 나타난다.
③ 서비스 생산을 민간업체에게 맡김으로써 공공서비스의 전문성을 강화할 수 있다.
④ 경쟁 입찰방식은 정부의 재정 부담을 줄여준다.
⑤ 정부로부터 면허를 받은 민간업체는 보조금을 지급받을 수 있다.

26 다음 중 밑줄 친 ㉠~㉢에 대한 설명으로 적절하지 않은 것은?

> 국내 연구팀이 반도체 집적회로에 일종의 ㉠ '고속도로'를 깔아 신호의 전송 속도를 높이는 신개념 반도체
> 소재 기술을 개발했다. 탄소 원자를 얇은 막 형태로 합성한 2차원 신소재인 그래핀을 반도체 회로에 깔아
> 기존 금속 선로보다 많은 양의 전자를 빠르게 운송하는 것이다.
> 최근 반도체 내에 많은 소자가 집적되면서 소자 사이의 신호를 전송하는 ㉡ '도로'인 금속 재질의 선로에 저항
> 이 기하급수적으로 증가하는 문제가 발생했다. 이러한 집적화의 한계를 극복하기 위해 연구팀은 금속 재질
> 대신 그래핀을 신호 전송용 길로 활용했다.
> 그래핀은 탄소 원자가 육각형으로 결합한, 두께 0.3나노미터의 얇은 2차원 물질로 전선에 널리 쓰이는 구리
> 보다 전기 전달 능력이 뛰어나며 전자 이동속도도 100배 이상 빨라 이상적인 반도체용 물질로 꼽힌다. 그러
> 나 너무 얇다 보니 전류나 신호를 전달하는 데 방해가 되는 저항이 높고, 전하 농도가 낮아 효율이 떨어진다
> 는 단점이 있었다.
> 연구팀은 이런 단점을 해결하고자 그래핀에 불순물을 얇게 덮는 방법을 생각했다. 그래핀 표면에 비정질 탄
> 소를 흡착시켜 일종의 ㉢ '코팅'처럼 둘러싼 것이다. 연구 결과 이 과정에서 신호 전달을 방해하던 저항은
> 기존 그래핀 선로보다 60% 감소했고, 신호 손실은 약 절반 정도로 줄어들었으며, 전달할 수 있는 전하의 농
> 도는 20배 이상 증가했다. 이를 통해 연구팀은 금속 선로의 수백분의 1 크기로 작으면서도 효율성은 그대로
> 인 고효율, 고속 신호 전송선로를 완성하였다.

① 연구팀은 ㉡을 ㉠으로 바꾸었다.

② 반도체 내에 많은 소자가 집적될수록 ㉡에 저항이 증가한다.

③ ㉠은 구리보다 전기 전달 능력과 전자 이동속도가 뛰어나다.

④ 연구팀은 전자의 이동속도를 높이기 위해 ㉠에 ㉢을 하였다.

⑤ ㉠은 그래핀, ㉡은 금속 재질, ㉢은 비정질 탄소를 의미한다.

27 다음 글의 밑줄 친 ㉠에 대한 반박으로 가장 적절한 것은?

인간은 사회 속에서만 자신을 더 나은 존재로 느낄 수 있기 때문에 자신을 사회화하고자 한다. 인간은 사회 속에서만 자신의 자연적 소질을 실현할 수 있는 것이다. 그러나 인간은 자신을 개별화하거나 고립시키려는 강한 성향도 있다. 이는 자신의 의도에 따라서만 행동하려는 반사회적인 특성을 의미한다. 그리고 저항하려는 성향이 자신뿐만 아니라 다른 사람에게도 있다는 사실을 알기 때문에, 그 자신도 곳곳에서 저항에 부딪히게 되리라 예상한다.

이러한 저항을 통하여 인간은 모든 능력을 일깨우고, 나태해지려는 성향을 극복하며, 명예욕이나 지배욕·소유욕 등에 따라 행동하게 된다. 그리하여 동시대인들 가운데에서 자신의 위치를 확보하게 된다. 이렇게 하여 인간은 야만의 상태에서 벗어나 문화를 이룩하기 위한 진정한 진보의 첫걸음을 내딛게 된다. 이때부터 모든 능력이 점차 계발되고 아름다움을 판정하는 능력도 형성된다. 나아가 자연적 소질에 의해 도덕성을 어렴풋하게 느끼기만 하던 상태에서 벗어나, 지속적인 계몽을 통하여 구체적인 실천 원리를 명료하게 인식할 수 있는 성숙한 단계로 접어든다. 그 결과 자연적인 감정을 기반으로 결합된 사회를 도덕적인 전체로 바꿀 수 있는 사유 방식이 확립된다.

㉠ 인간에게 이러한 반사회성이 없다면, 인간의 모든 재능은 꽃피지 못하고 만족감과 사랑으로 가득 찬 목가적인 삶 속에서 영원히 묻혀 버리고 말 것이다. 그리고 양처럼 선량한 기질의 사람들은 가축 이상의 가치를 자신의 삶에 부여하기 힘들 것이다. 자연 상태에 머물지 않고 스스로의 목적을 성취하기 위해 자연적 소질을 계발하여 창조의 공백을 메울 때, 인간의 가치는 상승되기 때문이다.

불화와 시기와 경쟁을 일삼는 허영심, 막힐 줄 모르는 소유욕과 지배욕을 있게 한 자연에 감사하라! 인간은 조화를 원한다. 그러나 자연은 불화를 원한다. 자연은 무엇이 인간을 위해 좋은 것인지를 더 잘 알고 있기 때문이다. 인간은 안락하고 만족스럽게 살고자 한다. 그러나 자연은 인간이 나태와 수동적인 만족감으로부터 벗어나 노동과 고난 속으로 돌진하기를 원한다. 그렇게 함으로써 자연은 인간이 노동과 고난으로부터 현명하게 벗어날 수 있는 방법을 발견하게 한다.

– 칸트, 『세계 시민의 관점에서 본 보편사의 이념』

① 인간의 본성은 변할 수 없다.
② 동물도 사회성을 키울 수 있다.
③ 사회성만으로도 재능이 계발될 수 있다.
④ 반사회성만으로도 재능이 계발될 수 있다.
⑤ 목가적인 삶 속에서도 반사회성이 생겨날 수 있다.

28 다음 글의 주장에 대한 비판으로 적절하지 않은 것은?

> 동물실험이란 교육, 시험, 연구 및 생물학적 제제의 생산 등 과학적 목적을 위해 동물을 대상으로 실시하는 실험 또는 그 과학적 절차를 말한다. 전 세계적으로 매년 약 6억 마리의 동물들이 실험에 쓰이고 있다고 추정되며, 대부분의 동물들은 실험이 끝난 뒤 안락사를 시킨다.
>
> 동물실험은 대개 인체실험의 전 단계로 이루어지는데, 검증되지 않은 물질을 바로 사람에게 주입하여 발생하는 위험을 줄일 수 있다는 점에서 필수적인 실험이라고 말할 수 있다. 물론 살아있는 생물을 대상으로 하는 실험이기 때문에 대체(Replacement), 감소(Reduction), 개선(Refinement)으로 요약되는 3R 원칙에 입각하여 실험하는 것이 당연하다. 굳이 다른 방법이 있다면 그 방법을 채택할 것이며, 희생이 되는 동물의 수를 최대한 줄이고, 필수적인 실험 조건 외에는 자극을 주지 않아야 한다.
>
> 하지만 그럼에도 보다 안전한 결과를 도출해 내기 위한 동물실험은 필요악이며, 이러한 필수적인 의약 실험조차 금지하려 한다는 것은 기술 발전 속도를 늦춰 약이 필요한 누군가의 고통을 감수하자는 이기적인 주장과 같다고 할 수 있다.

① 3R 원칙과 같은 윤리적 강령이 법적인 통제력을 지니지 않은 이상 실제로 얼마나 엄격하게 지켜질 것인지는 알 수 없다.

② 화장품 업체들의 동물실험과 같은 사례를 통해, 생명과 큰 연관이 없는 실험은 필요악이라고 주장할 수 없다.

③ 아무리 엄격하게 통제된 실험이라고 해도 동물 입장에서 바라본 실험이 비윤리적이며 생명체의 존엄성을 훼손하는 행위라는 사실을 벗어날 수는 없다.

④ 과거와 달리 현대에서는 인공 조직을 배양하여 실험의 대상으로 삼을 수 있으므로 동물실험 자체를 대체하는 것이 가능하다.

⑤ 동물실험에서 안전성을 검증받은 이후 인체에 피해를 준 약물의 사례가 존재한다.

반도체 및 디스플레이 제조공정에서 사용되는 방법인 포토리소그래피(Photo-lithography)는 그 이름처럼 사진 인쇄 기술과 비슷하게 빛을 이용하여 복잡한 회로 패턴을 제조하는 공정이다. 포토리소그래피는 디스플레이에서는 TFT(Thin Film Transistor, 박막 트랜지스터) 공정에 사용되는데, 먼저 세정된 기판(Substrate) 위에 TFT 구성에 필요한 증착 물질과 이를 덮을 PR(Photo Resist, 감광액) 코팅을 올리고, 빛과 마스크, 그리고 현상액과 식각 과정으로 PR 코팅과 증착 물질을 원하는 모양대로 깎아 내린 다음, 다시 그 위에 층을 쌓는 것을 반복하여 원하는 형태를 패터닝하는 것이다.

한편 포토리소그래피 공정에 사용되는 PR 물질은 빛의 반응에 따라 포지티브와 네거티브 두 가지 방식으로 분류되는데, 포지티브 방식은 마스크에 의해 빛에 노출된 부분이 현상액에 녹기 쉽게 화학구조가 변하는 것으로, 노광(Exposure) 과정에서 빛을 받은 부분을 제거한다. 반대로 네거티브 방식은 빛에 노출된 부분이 더욱 단단해지는 것으로 빛을 받지 못한 부분을 현상액으로 제거한다. 이후 원하는 패턴만 남은 PR층은 식각(Etching) 과정을 거쳐 PR이 덮여 있지 않은 부분의 증착 물질을 제거하고, 이후 남은 증착 물질이 원하는 모양으로 패터닝 되면 그 위의 도포되어 있던 PR층을 마저 제거하여 증착 물질만 남도록 하는 것이다.

――〈보기〉――

창우와 광수는 각각 포토리소그래피 공정을 통해 디스플레이 회로 패턴을 완성시키기로 하였다. 창우는 포지티브 방식을, 광수는 네거티브 방식을 사용하기로 하였는데, 광수는 실수로 포지티브 방식의 PR 코팅을 사용해 공정을 진행했음을 깨달았다.

① 창우의 디스플레이 회로는 증착, PR 코팅, 노광, 현상, 식각까지의 과정을 반복하여 완성되었을 것이다.

② 광수가 포토리소그래피의 매 공정을 검토했을 경우 최소 식각 과정을 확인하면서 자신의 실수를 알아차렸을 것이다.

③ 포토리소그래피 공정 중 현상 과정에서 문제가 발생했다면 창우의 디스플레이 기판에는 PR층과 증착 물질이 남아있지 않을 것이다.

④ 원래 의도대로라면 노광 과정 이후 창우가 사용한 감광액은 용해도가 높아지고, 광수가 사용한 감광액은 용해도가 매우 낮아졌을 것이다.

⑤ 광수가 원래 의도대로 디스플레이 회로를 완성시키기 위해서는 최소한 노광 과정까지는 공정을 되돌릴 필요가 있다.

30 다음 글에서 설명한 '즉흥성'과 관련 있는 내용을 〈보기〉에서 모두 고르면?

우리나라의 전통 음악은 대체로 크게 정악과 속악으로 나뉜다. 정악은 왕실이나 귀족들이 즐기던 음악이고, 속악은 일반 민중들이 가까이 하던 음악이다. 개성을 중시하고 자유분방한 감정을 표출하는 한국인의 예술 정신은 정악보다는 속악에 잘 드러나 있다. 우리 속악의 특징은 한 마디로 즉흥성이라는 개념으로 집약될 수 있다. 판소리나 산조에 '유파(流派)'가 자꾸 형성되는 것은 모두 즉흥성이 강하기 때문이다. 즉흥으로 나왔던 것이 정형화되면 그 사람의 대표 가락이 되는 것이고, 그것이 독특한 것이면 새로운 유파가 형성되기도 하는 것이다.

물론 즉흥이라고 해서 음악가가 제멋대로 하는 것은 아니다. 곡의 일정한 틀은 유지하면서 그 안에서 변화를 주는 것이 즉흥 음악의 특색이다. 판소리 명창이 무대에 나가기 전에 "오늘 공연은 몇 분으로 할까요?"하고 묻는 것이 그런 예다. 이때 창자는 상황에 맞추어 얼마든지 곡의 길이를 조절할 수 있는 것이다. 이것은 서양 음악에서는 어림없는 일이다. 그나마 서양 음악에서 융통성을 발휘할 수 있다면 4악장 가운데 한 악장만 연주하는 것 정도이지 각 악장에서 조금씩 뽑아 한 곡을 만들어 연주할 수는 없다. 그러나 한국 음악에서는, 특히 속악에서는 연주 장소나 주문자의 요구 혹은 연주자의 상태에 따라 악기도 하나면 하나로만, 둘이면 둘로 연주해도 별문제가 없다. 거문고나 대금 하나만으로도 얼마든지 연주할 수 있다. 전혀 이상하지도 않다. 그렇지만 베토벤의 운명 교향곡을 바이올린이나 피아노만으로 연주하는 경우는 거의 없을 뿐만 아니라, 연주를 하더라도 어색하게 들릴 수밖에 없다.

즉흥과 개성을 중시하는 한국의 속악 가운데 대표적인 것이 시나위다. 현재의 시나위는 19세기말에 완성되었으나 원형은 19세기 훨씬 이전부터 연주되었을 것으로 추정된다. 시나위의 가장 큰 특징은 악보 없는 즉흥곡이라는 것이다. 연주자들이 모여 아무 사전 약속도 없이 "시작해 볼까"하고 연주하기 시작한다. 그러니 처음에는 서로가 맞지 않는다. 불협음 일색이다. 그렇게 진행되다가 중간에 호흡이 맞아 떨어지면 협음을 낸다. 그러다가 또 각각 제 갈 길로 가서 혼자인 것처럼 연주한다. 이게 시나위의 묘미다. 불협음과 협음이 오묘하게 서로 들어맞는 것이다.

그런데 이런 음악은 아무나 하는 게 아니다. 즉흥곡이라고 하지만 '초보자(初步者)'들은 꿈도 못 꾸는 음악이다. 기량이 뛰어난 경지에 이르러야 가능한 음악이다. 그래서 요즈음은 시나위를 잘 할 수 있는 사람들이 별로 없다고 한다. 요즘에는 악보로 정리된 시나위를 연주하는 경우가 대부분인데, 이것은 시나위 본래의 취지에 어긋난다. 악보로 연주하면 박제된 음악이 되기 때문이다.

요즘 음악인들은 시나위 가락을 보통 '허튼 가락'이라고 한다. 이 말은 말 그대로 '즉흥 음악'으로 이해된다. 미리 짜 놓은 일정한 형식이 없이 주어진 장단과 연주 분위기에 몰입해 그때그때의 감흥을 자신의 음악성과 기량을 발휘해 연주하는 것이다. 이럴 때 즉흥이 튀어 나온다. 시나위는 이렇듯 즉흥적으로 흐드러져야 맛이 난다. 능청거림, 이것이 시나위의 음악적 모습이다.

─────────〈보기〉─────────

ㄱ. 주어진 상황에 따라 임의로 곡의 길이를 조절하여 연주한다.
ㄴ. 장단과 연주 분위기에 몰입해 새로운 가락으로 연주한다.
ㄷ. 연주자들 간에 사전 약속 없이 연주하지만 악보의 지시는 따른다.
ㄹ. 감흥을 자유롭게 표현하기 위해 일정한 틀을 철저히 무시한 채 연주한다.

① ㄱ, ㄴ   ② ㄱ, ㄷ

③ ㄴ, ㄷ   ④ ㄴ, ㄹ

⑤ ㄷ, ㄹ

제1회
삼성 온라인 GSAT

〈문항 수 및 시험시간〉

삼성 온라인 GSAT		
영역	문항 수	시험시간
수리	20문항	30분
추리	30문항	30분

제1회 모의고사	문항 수 : 50문항 시험시간 : 60분

제1영역 수리

01 S사는 작년 사원 수가 500명이었고, 올해 남자 사원이 작년보다 10% 감소하고, 여자 사원은 40% 증가하였다. 전체 사원 수는 작년보다 8%가 늘어났을 때, 작년 남자 사원 수는 몇 명인가?

① 280명 ② 300명
③ 315명 ④ 320명
⑤ 325명

02 10명의 학생들이 모여 줄넘기 대회를 진행하려고 한다. 경기 방식을 리그전과 토너먼트 방식 두 가지로 진행하려고 할 때, 우승자가 나올 때까지 진행해야 하는 리그전과 토너먼트 전의 경기 수의 차는?(단, 동점자는 없고, 반드시 승패가 가려진다)

① 30회 ② 32회
③ 36회 ④ 40회
⑤ 45회

03 다음은 지역별 가구의 PC 보유율에 대한 자료이다. 이에 대한 설명으로 옳지 않은 것은?

〈지역별 가구의 PC 보유율〉

(단위 : %)

구분	2018년	2019년	2020년	2021년	2022년
서울	88.7	89.0	86.9	83.7	82.5
부산	84.7	84.5	81.6	79.0	76.4
대구	81.6	81.5	81.1	76.9	76.0
인천	86.9	86.4	83.6	84.7	81.8
광주	84.4	85.2	82.8	83.2	80.0
대전	85.4	86.1	83.7	82.5	79.9
울산	87.7	88.0	87.1	85.6	88.3
경기	86.2	86.5	86.6	85.4	84.6
강원	77.2	78.2	67.0	64.3	62.5
충청	72.9	74.3	73.3	69.1	66.7
전라	69.3	71.3	67.8	65.6	65.7
경상	70.2	71.7	71.4	67.8	67.7
제주	77.4	79.1	78.3	76.2	74.9

① 대구 지역의 PC 보유율은 2018년 이래 지속 감소하고 있다.

② 광주 지역의 PC 보유율은 2018년 이래 증가와 감소가 반복되고 있다.

③ 전 기간 중 가장 낮은 PC 보유율을 기록한 지역은 강원 지역이다.

④ 충청·전라 지역의 PC 보유율 변화 양상은 동일하다.

⑤ 2019년 두 번째로 낮은 PC 보유율을 보인 지역은 경상 지역이다.

04 다음은 반도체 항목별 EBSI 현황이며, 분기마다 직전분기를 기준(100)으로 계산한 EBSI 표이다. 이에 대한 설명으로 옳은 것은?

> EBSI(수출산업경기전망지수)란 수출산업의 경기동향과 관련있는 수출상담, 계약, 수출단가, 수출채산성 등 15개 항목에 대해 설문조사를 실시해 수출업계의 체감경기를 파악하는 경기지표이다. 지수가 100을 상회하면 기업들이 향후 수출여건이 지금보다 개선될 것으로 전망한다는 뜻이다.

〈분기별 반도체 항목별 EBSI 현황〉

구분	2021년 1분기	2021년 2분기	2021년 3분기	2021년 4분기	2022년 1분기
수출상담	95.7	92.3	101.0	98.4	113.5
수출계약	95.7	96.7	100.9	95.1	138.7
수출상품제조원가	99.6	104.4	99.3	89.9	100.1
수출단가	98.8	103.8	99.3	81.6	74.2
수출채산성	99.2	103.3	99.6	76.5	126.9
수출국경기	95.4	89.5	100.9	97.0	111.6
국제수급상황	95.0	85.9	99.4	73.9	137.8
수입규제,통상마찰	143.0	100.9	98.8	55.2	140.8
설비가동률	99.8	114.6	101.5	92.3	150.6
자금사정	98.7	111.4	101.0	83.0	112.7

① 기업들은 2021년 3분기까지 국제수급상황이 개선되다가 2021년 4분기에 악화될 것이라고 전망한다.
② 기업들은 2021년 4분기 대비 2022년 1분기의 자금사정이 악화될 것이라고 생각한다.
③ 기업들은 2021년 1분기부터 2022년 1분기까지 수출단가가 계속해서 악화될 것이라고 생각한다.
④ 기업들은 2021년 1분기부터 2022년 1분기까지 전분기 대비 수출채산성이 매분기 악화와 개선을 반복할 것이라고 전망한다.
⑤ 기업들은 2020년 4분기 대비 2021년 2분기의 수출국경기가 더 안 좋아질 것이라고 전망한다.

05 다음은 10개국의 국가별 주요 지표에 대한 자료이다. 이에 대한 설명으로 옳은 것은?

〈국가별 주요 지표〉

(단위 : %)

구분	인간개발지수	최근 국회의원 선거 투표율	GDP 대비 공교육비 비율	인터넷 사용률	1인당 GDP(달러)
벨기에	0.896	92.5	6.4	85	41,138
불가리아	0.794	54.1	3.5	57	16,956
칠레	0.847	49.3	4.6	64	22,145
도미니카공화국	0.722	69.6	2.1	52	13,375
이탈리아	0.887	75.2	4.1	66	33,587
대한민국	0.901	58.0	4.6	90	34,387
라트비아	0.830	58.9	4.9	79	22,628
멕시코	0.762	47.7	5.2	57	16,502
노르웨이	0.949	78.2	7.4	97	64,451
러시아	0.804	60.1	4.2	73	23,895

① 인터넷 사용률이 60% 미만인 나라의 수와 최근 국회의원 선거 투표율이 50% 이하인 나라의 수는 같다.
② GDP 대비 공교육비 비율이 가장 낮은 나라는 최근 국회의원 선거 투표율도 가장 낮다.
③ 대한민국은 GDP 대비 공교육비 비율 하위 3개국 중 하나이다.
④ 1인당 GDP가 가장 높은 국가는 인간개발지수도 가장 높다.
⑤ GDP 대비 공교육비 비율과 인터넷 사용률이 높은 국가 순위에서 각 1~3위는 같다.

06 다음은 청소년의 경제의식에 대한 설문조사 결과를 정리한 자료이다. 이에 대한 설명으로 옳은 것은?(단, 복수응답과 무응답은 없다)

<경제의식에 대한 설문조사 결과>

(단위 : %)

설문 내용	구분	전체	성별		학교별	
			남	여	중학교	고등학교
용돈을 받는지 여부	예	84	83	86	88	80
	아니요	16	17	14	12	20
월간 용돈 금액	5만 원 미만	75	74	76	90	60
	5만 원 이상	25	26	24	10	40
금전출납부 기록 여부	기록한다	30	23	36	31	28
	기록 안 한다	70	77	64	69	72

① 용돈을 받는 남학생의 비율이 용돈을 받는 여학생의 비율보다 높다.

② 월간 용돈을 5만 원 미만으로 받는 비율은 중학생이 고등학생보다 높다.

③ 고등학생 전체 인원을 100명이라고 한다면, 월간 용돈을 5만 원 이상 받는 학생은 40명이다.

④ 금전출납부는 기록하는 비율이 기록 안 하는 비율보다 높다.

⑤ 용돈을 받지 않는 중학생 비율이 용돈을 받지 않는 고등학생 비율보다 높다.

07 다음은 S사의 제품 한 개당 들어가는 재료비를 연도별로 나타낸 그래프이다. 다음 중 전년도에 비해 비용 감소액이 가장 큰 해는?

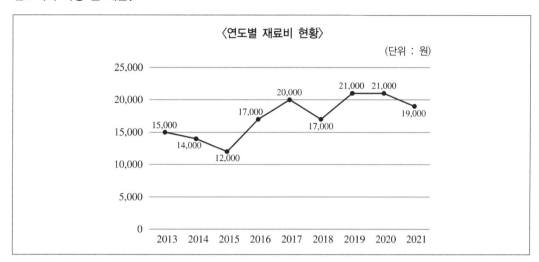

① 2014년   ② 2015년

③ 2018년   ④ 2020년

⑤ 2021년

08 다음은 OECD 회원국의 고용률을 조사한 자료이다. 이에 대한 설명으로 옳지 않은 것은?

〈OECD 회원국 고용률 추이〉

(단위 : %)

구분	2019년	2020년	2021년	2022년				2023년	
				1분기	2분기	3분기	4분기	1분기	2분기
OECD 전체	65.0	65.0	66.5	66.5	65.0	66.0	66.5	67.0	66.3
미국	67.5	67.5	68.7	68.5	68.7	68.7	69.0	69.3	69.0
일본	70.6	72.0	73.3	73.0	73.5	73.5	73.7	73.5	74.5
영국	70.0	70.5	73.0	72.5	72.5	72.7	73.5	73.7	74.0
독일	73.0	73.5	74.0	74.0	73.0	74.0	74.5	74.0	74.5
프랑스	64.0	64.5	63.5	64.5	63.0	63.0	64.5	64.0	64.0
한국	64.5	64.5	65.7	65.7	64.6	65.0	66.0	66.0	66.0

① 2019년부터 2023년 2분기까지 프랑스와 한국의 고용률은 OECD 전체 고용률을 넘은 적이 한 번도 없었다.

② 2019년부터 영국의 고용률은 계속 증가하고 있다.

③ 2023년 1분기 6개 국가의 고용률 중 가장 높은 국가와 가장 낮은 국가의 고용률 차이는 10%p이다.

④ 2023년 1분기와 2분기에서 고용률이 변하지 않은 국가는 프랑스와 한국이다.

⑤ 2023년 2분기 OECD 전체 고용률은 전년 동분기 대비 2% 증가하였다.

09 다음은 우리나라 건강보험 재정 현황에 대한 자료이다. 이에 대한 설명으로 옳지 않은 것은?

<건강보험 재정 현황>

(단위 : 조 원)

구분		2016년	2017년	2018년	2019년	2020년	2021년	2022년	2023년
수입		32.0	37.0	42.0	45.0	48.5	55.0	55.5	56.0
	보험료 등	27.5	32.0	36.5	39.4	42.2	44.0	44.5	48.0
	정부지원	4.5	5.0	5.5	5.6	6.3	11.0	11.0	8.0
지출		35.0	36.0	40.0	42.0	44.0	51.0	53.5	56.0
	보험급여비	33.5	34.2	37.2	37.8	40.5	47.3	50.0	52.3
	관리운영비 등	1.5	1.8	2.8	3.2	3.5	3.7	3.5	3.7
수지율(%)		109	97	95	93	91	93	96	100

※ 수지율(%) = $\dfrac{(지출)}{(수입)} \times 100$

① 2016년 대비 2023년 건강보험 수입의 증가율과 건강보험 지출의 증가율의 차이는 15%p이다.

② 2017년부터 건강보험 수지율이 전년 대비 감소하는 해에는 정부지원 수입이 전년 대비 증가하였다.

③ 2021년 보험료 등이 건강보험 수입에서 차지하는 비율은 75% 이상이다.

④ 건강보험 수입과 지출의 전년 대비 증감 추이는 2017년부터 2023년까지 같다.

⑤ 건강보험 지출 중 보험급여비가 차지하는 비중은 2018년과 2019년 모두 95% 이상이다.

10 다음은 농산물 수입 실적을 나타낸 자료이다. 이에 대한 설명으로 옳지 않은 것은?

<농산물 수입 실적>

(단위 : 만 톤, 천만 달러)

구분		2018년	2019년	2020년	2021년	2022년	2023년
농산물 전체	물량	2,450	2,510	2,595	3,160	3,250	3,430
	금액	620	810	1,175	1,870	1,930	1,790
곡류	물량	1,350	1,270	1,175	1,450	1,480	1,520
	금액	175	215	305	475	440	380
과실류	물량	65	75	65	105	95	130
	금액	50	90	85	150	145	175
채소류	물량	40	75	65	95	90	110
	금액	30	50	45	85	80	90

① 2023년 농산물 전체 수입 물량은 2018년 대비 40% 증가하였다.

② 곡류의 수입 물량은 지속적으로 줄어들었지만, 수입 금액은 지속적으로 증가하였다.

③ 2023년 과실류의 수입 금액은 2018년 대비 250% 급증하였다.

④ 곡류, 과실류, 채소류 중 2018년 대비 2023년에 수입 물량이 가장 많이 증가한 것은 곡류이다.

⑤ 2019 ~ 2023년 동안 과실류와 채소류 수입 금액의 전년 대비 증감 추이는 같다.

11 다음은 2024년 6월 기준 지역별 공사 완료 후 미분양된 민간부분 주택 현황에 대한 자료이다. 이에 대한 〈보기〉의 설명 중 옳은 것을 모두 고르면?

〈지역별 공사 완료 후 미분양된 민간부문 주택 현황〉

(단위 : 가구)

구분	면적별 주택유형			합계
	$60m^2$ 미만	$60 \sim 85m^2$	$85m^2$ 초과	
전국	3,438	11,297	1,855	16,590
서울	0	16	4	20
부산	70	161	119	350
대구	0	112	1	113
인천	5	164	340	509
광주	16	28	0	44
대전	148	125	0	273
울산	36	54	14	104
세종	0	0	0	0
경기	232	604	1,129	1,965
기타 지역	2,931	10,033	248	13,212

〈보기〉

ㄱ. 면적이 넓은 유형의 주택일수록 공사 완료 후 미분양된 민간부문 주택이 많은 지역은 두 곳뿐이다.

ㄴ. 부산의 공사 완료 후 미분양된 민간부문 주택 중 면적이 $60 \sim 85m^2$에 해당하는 주택이 차지하는 비중은 면적이 $85m^2$를 초과하는 주택이 차지하는 비중보다 10%p 이상 높다.

ㄷ. 면적이 $60m^2$ 미만인 공사 완료 후 미분양된 민간부문 주택 수 대비 면적이 $60 \sim 85m^2$에 해당하는 공사 완료 후 미분양된 민간부문 주택 수의 비율은 광주가 울산보다 높다.

① ㄱ

② ㄴ

③ ㄱ, ㄷ

④ ㄴ, ㄷ

⑤ ㄱ, ㄴ, ㄷ

12 다음은 지역별 1인 가구 현황에 대한 자료이다. 이에 대한 설명으로 옳지 않은 것은?

<지역별 1인 가구 현황>

(단위 : 만 가구)

구분	2021년		2022년		2023년	
	전체 가구	1인 가구	전체 가구	1인 가구	전체 가구	1인 가구
전국	1,907	513	1,933	528	1,970	532
서울특별시	377	109	378	110	380	133
부산광역시	133	32	135	33	135	38
대구광역시	92	21	93	22	95	25
인천광역시	105	25	105	25	107	26
대전광역시	58	16	60	18	60	19
울산광역시	42	10	42	10	43	11
기타 지역	1,100	300	1,120	310	1,150	280

① 2021 ~ 2023년 동안 해마다 1인 가구 수는 전국적으로 증가하고 있다.

② 2021년과 2023년 모두 부산광역시 1인 가구 수는 대전광역시 1인 가구 수의 2배이다.

③ 2023년 서울특별시 전체 가구 수 중에서 1인 가구 수가 차지하는 비중은 30% 이상이다.

④ 연도별로 대전광역시와 울산광역시의 1인 가구 수의 합은 인천광역시의 1인 가구 수보다 항상 많다.

⑤ 2023년 서울특별시의 1인 가구 수는 전국의 1인 가구 수의 20% 미만이다.

※ 다음은 주요 국가별 연평균독서량을 조사한 자료이다. 이어지는 질문에 답하시오. [13~14]

<국가별 연평균독서량>

(단위 : 권)

국가	월평균독서량		
	남성	여성	전체
아시아	13	18	15
한국	10	14	13
일본	15	5	7
중국	15	21	17
인도	20	25	23
싱가포르	7	10	8
유럽	18	21	20
독일	16	20	18
러시아	20	25	23
스페인	19	25	21
영국	14	21	18
프랑스	19	17	18
아메리카	12	18	14
멕시코	12	5	7
캐나다	5	19	12
미국	10	18	12
브라질	19	16	17

<대륙별 응답자 수>

(단위 : 명)

구분	아시아	유럽	아메리카	전체
응답자 수	4,000	3,300	2,700	10,000

※ (전체 월평균독서량)$= \dfrac{(\text{남성 월평균독서량}) \times (\text{남성 인원수}) + (\text{여성 월평균독서량}) \times (\text{여성 인원수})}{(\text{전체 인원수})}$

13 다음 중 자료에 대한 설명으로 옳지 않은 것은?

① 유럽에서 유럽 전체의 월평균독서량보다 많은 국가는 두 곳이다.

② 아시아, 유럽, 아메리카의 남성 월평균독서량은 각각의 전체 월평균독서량보다 적다.

③ 남성이 여성보다 월평균독서량이 많은 국가는 각 대륙별 한 곳뿐이다.

④ 유럽의 여성 응답자 수는 남성 응답자 수의 2배이다.

⑤ 남성과 여성의 월평균독서량 차이가 가장 큰 국가는 캐나다이다.

14 다음 자료에 대한 〈보기〉의 설명 중 옳은 것을 모두 고르면?

〈보기〉

ㄱ. 아시아와 아메리카에서는 남성 응답자가 여성 응답자보다 많고, 유럽에서는 그 반대이다.

ㄴ. 중국의 월평균독서량은 한국보다는 많고 인도보다는 적다.

ㄷ. 아메리카 내에서 캐나다의 남성 월평균독서량은 가장 적지만 여성 월평균독서량은 가장 많다.

ㄹ. 대륙별로 남성 응답자 수가 많은 순서와 여성 응답자 수가 많은 순서는 반대이다.

① ㄱ, ㄴ, ㄷ   ② ㄱ, ㄴ, ㄹ

③ ㄱ, ㄷ, ㄹ   ④ ㄴ, ㄷ, ㄹ

⑤ ㄱ, ㄴ, ㄷ, ㄹ

15 다음 그림은 한·중·일의 평판 TV 시장점유율 추이를 나타낸 자료이다. 이에 대한 설명으로 옳지 않은 것은?

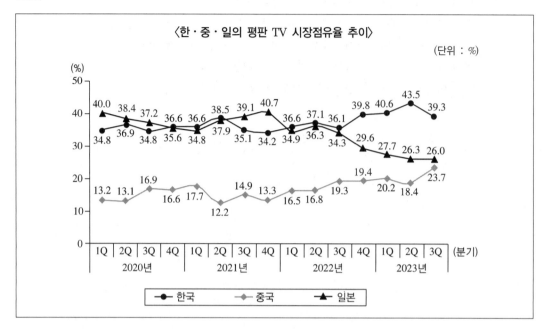

〈한·중·일의 평판 TV 시장점유율 추이〉

① 15분기 동안 한국이 10번, 일본이 5번 시장점유율 1위를 차지하였다.
② 2022년 4분기의 한국과 일본, 일본과 중국의 점유율 차이는 같다.
③ 한국과 중국의 점유율 차이는 매분기 15%p 이상이다.
④ 2020년 2분기에 중국과 일본의 점유율 차이는 2023년 3분기의 10배 이상이다.
⑤ 중국과 일본의 점유율 차이는 2022년부터 계속 줄어들고 있다.

〈1차·2차·3차 병원 의료기관 현황〉

구분		1차 병원 (의원·보건소)	2차 병원 (종합병원)	3차 병원 (대학부속병원·상급종합병원)
평균 진료과목(개)		1	8	12
평균 병상 수(개)		15	84	750
평균 인원 (명)	의료종사자	7.2	40.7	3,125
	간호사	0.9	7.4	350
	의사	1.5	5.5	125
월평균 급여 (만 원)	의료종사자	180	240	300
	간호사	225	312	405
	의사	810	1,200	1,650
평균 일 근무시간 (시)	의료종사자	8	7	5
	간호사	6	7	9
	의사	10	9	5

※ 의료종사자 : 의사, 간호사, 임상병리사, 방사선사 등

16 다음 중 자료에 대한 설명으로 옳지 않은 것은?

① 3차 병원의 평균 진료과목 수는 2차 병원의 1.5배이다.
② 2차 병원의 평균 의사 수는 3차 병원의 5% 미만이다.
③ 1차 병원을 제외하고 평균 간호사 수는 의사 수보다 많다.
④ 1차 병원 의료종사자의 월평균 급여는 2차 병원의 80%, 3차 병원의 65% 수준이다.
⑤ 1차에서 3차 병원으로 갈 때, 의사와 간호사의 평균 근무시간의 증감추이는 반대이다.

17 다음 자료에 대한 〈보기〉의 설명 중 옳지 않은 것을 모두 고르면?

─〈보기〉─
ㄱ. 2차 병원과 3차 병원의 평균 진료과목당 평균 병상 수의 차이는 50개이다.
ㄴ. 3차 병원의 의사 수는 평균 의료종사자 수의 4%이다.
ㄷ. 3차 병원에서 간호사·의사를 제외한 의료종사자의 급여로 지급되는 비용은 평균 58억 원 이상이다.

① ㄱ   ② ㄴ
③ ㄷ   ④ ㄱ, ㄴ
⑤ ㄱ, ㄷ

18 다음은 우리나라의 대일본 수출액과 수입액에 대한 자료이다. 이를 바르게 나타낸 그래프는?

〈대일본 연도별 수출액 및 수입액〉

(단위 : 억 달러, %)

구분	2014년	2015년	2016년	2017년	2018년	2019년	2020년	2021년	2022년	2023년
수출액	281	396	388	346	321	255	243	268	305	284
수출액 전년 대비 증감률	29	40.9	-2.0	-10.8	-7.2	-20.6	-4.7	10.3	13.8	-6.9
수입액	643	683	643	600	537	358	474	551	546	475
수입액 전년 대비 증감률	30	6.2	-5.9	-6.7	-10.5	-33.3	32.4	16.2	-0.9	-13.0

① (억 달러)

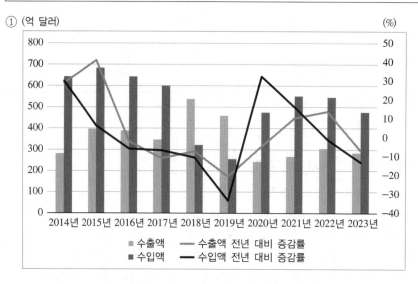

② (억 달러)

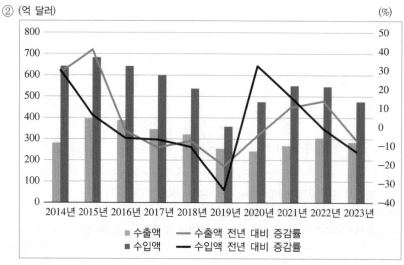

③ (억 달러)

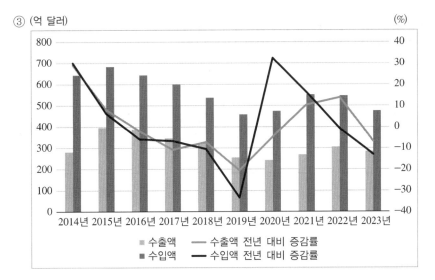

④ (억 달러)

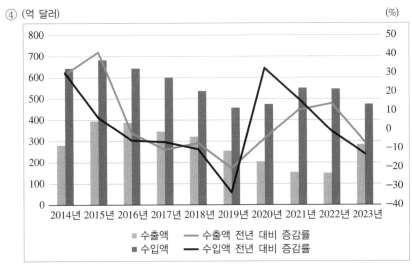

⑤ (억 달러)

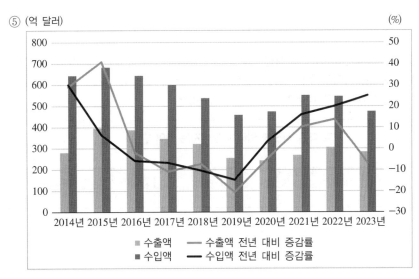

제1회 모의고사

19 다음은 과일의 종류별 무게에 따른 가격표이다. 종류별 무게를 가중치로 적용하여 가격에 대한 가중평균을 구하면 42만 원이다. 이때 빈칸에 들어갈 가격으로 옳은 것은?

〈과일 종류별 가격 및 무게〉

(단위 : 만 원, kg)

구분	가	나	다	라
가격	25	40	60	
무게	40	15	25	20

① 40만 원   ② 45만 원
③ 50만 원   ④ 55만 원
⑤ 60만 원

20 무한한 평면 위에서 n개의 직선이 어느 두 직선도 평행하지 않고($n \geq 2$) 어느 세 직선도 한 점에서 만나지 않을 때($n \geq 3$) 나누어지는 영역의 수는 다음과 같다고 한다. 이와 같은 규칙으로 영역이 나누어진다고 할 때, 서로 다른 직선 7개에 의해 나누어지는 영역의 개수는?

〈서로 다른 직선에 의해 나누어지는 영역의 수〉

(단위 : 개)

직선의 수	1	2	3	4	5
영역의 수	2	4	7	11	16

① 25개   ② 26개
③ 27개   ④ 28개
⑤ 29개

※ 제시된 명제가 모두 참일 때, 다음 중 빈칸에 들어갈 명제로 가장 적절한 것을 고르시오. **[1~3]**

01

> • 전제1. 제시간에 퇴근을 했다면 오늘의 업무를 끝마친 것이다.
> • 전제2. _____
> • 결론. 그러므로 업무를 끝마치지 못하면 저녁에 회사식당에 간다.

① 저녁에 회사식당에 가지 않으면 오늘의 업무를 끝마치지 못한 것이다.

② 저녁에 회사식당에 가지 않으면 제시간에 퇴근을 한다.

③ 제시간에 퇴근하지 않으면 저녁에 회사식당에 가지 않는다.

④ 오늘의 업무를 끝마치면 저녁에 회사식당에 간다.

⑤ 저녁에 회사식당에 가면 오늘의 업무를 끝마친다.

02

> • 전제1. 회의에 가지 않았다면 결론이 나지 않은 것이다.
> • 전제2. _____
> • 결론. 프로젝트를 진행하면 회의에 간다.

① 결론이 나지 않으면 프로젝트를 진행하지 않는다.

② 회의에 가지 않았다면 프로젝트를 진행한다.

③ 회의에 가면 결론이 나지 않은 것이다.

④ 회의에 가면 프로젝트를 진행한다.

⑤ 결론이 나면 프로젝트를 진행하지 않는다.

03

> • 전제1. 모든 A업체는 B업체 제조물품을 사용하지 않는다.
> • 전제2. 어떤 A업체는 B업체 제조물품 사용 반대 시위에 참여한다.
> • 결론. _____

① 모든 A업체는 B업체 제조물품 사용 반대 시위에 참여한다.

② B업체 제조물품 사용 반대 시위에 참여하는 단체는 A업체에 속해 있다.

③ B업체 제조물품을 사용하지 않는 어떤 단체는 B업체 제조물품 사용 반대 시위에 참여한다.

④ B업체 제조물품을 사용하지 않는 모든 단체는 B업체 제조물품 사용 반대 시위에 참여한다.

⑤ B업체 제조물품을 사용하는 모든 단체는 B업체 제조물품 사용 반대 시위에 참여하지 않는다.

04 갑 ~ 정 네 나라에 대한 다음의 〈조건〉으로부터 추론할 수 있는 것은?

〈조건〉

- 이들 나라는 시대 순으로 연이어 존재했다.
- 네 나라의 수도는 각각 달랐는데 관주, 금주, 평주, 한주 중 어느 하나였다.
- 한주가 수도인 나라는 평주가 수도인 나라의 바로 전 시기에 있었다.
- 금주가 수도인 나라는 관주가 수도인 나라의 바로 다음 시기에 있었으나 정보다는 이전 시기에 있었다.
- 병은 가장 먼저 있었던 나라는 아니지만 갑보다는 이전 시기에 있었다.
- 병과 정은 시대순으로 볼 때 연이어 존재하지 않았다.

---

① 금주는 갑의 수도이다.
② 평주는 정의 수도이다.
③ 을은 갑의 다음 시기에 존재하였다.
④ 한주가 수도인 나라가 가장 오래되었다.
⑤ 관주는 병의 수도이다.

05 다음은 형사가 혐의자 P ~ T를 심문한 후 보고한 내용이다. 이 결과로부터 검사는 누가 유죄라고 판단할 수 있는가?

- 유죄는 반드시 두 명이다.
- Q와 R은 함께 유죄이거나 무죄일 것이다.
- P가 무죄라면 Q와 T도 무죄이다.
- S가 유죄라면 T도 유죄이다.
- S가 무죄라면 R도 무죄이다.

---

① P, T 　　　　　　　　　② P, S
③ Q, R 　　　　　　　　　④ R, S
⑤ R, T

06 S씨는 진찰을 받기 위해 병원에 갔다. 진찰 대기자는 S씨를 포함하여 총 5명이 있다. 이들의 순서가 다음과 같다면, S씨는 몇 번째로 진찰을 받을 수 있는가?

- A는 B의 바로 앞에 이웃하여 있다.
- A는 C보다 뒤에 있다.
- S는 A보다 앞에 있다.
- S와 D 사이에는 2명이 있다.

① 첫 번째   ② 두 번째

③ 세 번째   ④ 네 번째

⑤ 다섯 번째

07 A ~ F 6명이 달리기 시합을 하고 난 뒤 나눈 대화이다. 다음 중 항상 참이 아닌 것은?

- A : C와 F가 내 앞에서 결승선에 들어가는 걸 봤어.
- B : D는 간발의 차로 바로 내 앞에서 결승선에 들어갔어.
- C : 나는 D보다는 빨랐는데, 1등은 아니야.
- D : C의 말이 맞아. 정확히 기억은 안 나는데 나는 3등 아니면 4등이었어.
- E : 내가 결승선에 들어오고, 나중에 D가 들어왔어.
- F : 나는 1등은 아니지만 꼴등도 아니었어.

① 제일 먼저 결승선에 들어온 사람은 E이다.

② 제일 나중에 결승선에 들어온 사람은 A이다.

③ C는 F보다 순위가 높다.

④ B는 C보다 순위가 낮다.

⑤ D가 3등이면 F는 5등이다.

08 S사는 A ~ E제품을 대상으로 내구성, 효율성, 실용성 3개 영역에 대해 1 ~ 3등급을 기준에 따라 평가하였다. A ~ E제품에 대한 평가 결과가 다음과 같을 때, 반드시 참이 되지 않는 것은?

- 모든 영역에서 3등급을 받은 제품이 있다.
- 모든 제품이 3등급을 받은 영역이 있다.
- A제품은 내구성 영역에서만 3등급을 받았다.
- B제품만 실용성 영역에서 3등급을 받았다.
- C, D제품만 효율성 영역에서 2등급을 받았다.
- E제품은 1개의 영역에서만 2등급을 받았다.
- A와 C제품이 3개의 영역에서 받은 등급의 총합은 서로 같다.

① A제품은 효율성 영역에서 1등급을 받았다.
② B제품은 내구성 영역에서 3등급을 받았다.
③ C제품은 내구성 영역에서 3등급을 받았다.
④ D제품은 실용성 영역에서 2등급을 받았다.
⑤ E제품은 실용성 영역에서 2등급을 받았다.

09 취업준비생 A ~ E가 지원한 회사는 가 ~ 마 회사 중 한 곳이며, 다섯 회사는 서로 다른 곳에 위치하고 있다. 다섯 사람은 모두 서류에 합격해 직무적성검사를 보러 가는데, 이때 지하철, 버스, 택시 중 한 가지를 타고 가려고 한다. 다음 중 옳지 않은 것은?(단, 한 가지 교통수단은 최대 두 명까지 이용할 수 있으며, 한 사람도 이용하지 않은 교통수단은 없다)

- 택시를 타면 가, 나, 마 회사에 갈 수 있다.
- A는 다 회사를 지원했다.
- E는 어떤 교통수단을 선택해도 지원한 회사에 갈 수 있다.
- 지하철에는 D를 포함한 두 사람이 타며, 둘 중 한 사람은 라 회사에 지원했다.
- B가 탈 수 있는 교통수단은 지하철뿐이다.
- 버스와 택시로 갈 수 있는 회사는 가 회사를 제외하면 서로 겹치지 않는다.

① B와 D는 함께 지하철을 이용한다.
② C는 택시를 이용한다.
③ A는 버스를 이용한다.
④ E는 라 회사에 지원했다.
⑤ C는 나 또는 마 회사에 지원했다.

10 S사에 근무하는 직원 네 명은 함께 5인승 택시를 타고 대리점으로 가고 있다. 다음 〈조건〉을 참고할 때, 항상 참인 것은?

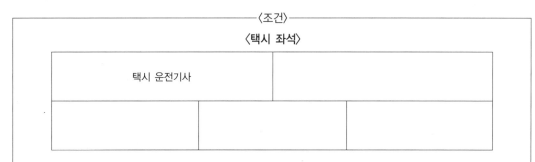

〈조건〉

〈택시 좌석〉

택시 운전기사	

- 직원은 각각 부장, 과장, 대리, 사원의 직책을 갖고 있음
- 직원은 각각 흰색, 검은색, 노란색, 연두색 신발을 신었음
- 직원은 각각 기획팀, 연구팀, 디자인팀, 홍보팀 소속임
- 대리와 사원은 옆으로 붙어 앉지 않음
- 과장 옆에는 직원이 앉지 않음
- 부장은 홍보팀이고 검은색 신발을 신음
- 디자인팀 직원은 조수석에 앉았고 노란색 신발을 신음
- 사원은 기획팀 소속임

① 택시 운전기사 바로 뒤에는 사원이 앉는다.
② 부장은 조수석에 앉는다.
③ 과장은 노란색 신발을 신었다.
④ 부장 옆에는 과장이 앉는다.
⑤ 사원은 흰색 신발을 신었다.

11 다음과 같은 〈조건〉의 서로 다른 무게의 공 5개가 있다. 무거운 순서대로 나열한 것은?

〈조건〉
- 파란공은 가장 무겁지도 않고, 세 번째로 무겁지도 않다.
- 빨간공은 가장 무겁지도 않고, 두 번째로 무겁지도 않다.
- 흰공은 세 번째로 무겁지도 않고, 네 번째로 무겁지도 않다.
- 검은공은 파란공과 빨간공보다는 가볍다.
- 노란공은 파란공보다 무겁고, 흰공보다는 가볍다.

① 흰공 – 빨간공 – 노란공 – 파란공 – 검은공
② 흰공 – 노란공 – 빨간공 – 검은공 – 파란공
③ 흰공 – 노란공 – 검은공 – 빨간공 – 파란공
④ 흰공 – 노란공 – 빨간공 – 파란공 – 검은공
⑤ 흰공 – 빨간공 – 노란공 – 검은공 – 파란공

12 다음 〈조건〉을 바탕으로 했을 때, 5층에 있는 부서로 옳은 것은?(단, 한 층에 한 부서씩 있다)

〈조건〉
- 기획조정실의 층수에서 경영지원실의 층수를 빼면 3이다.
- 보험급여실은 경영지원실 바로 위층에 있다.
- 급여관리실은 빅데이터운영실보다는 아래층에 있다.
- 빅데이터운영실과 보험급여실 사이에는 두 층이 있다.
- 경영지원실은 가장 아래층이다.

① 빅데이터운영실   ② 보험급여실
③ 경영지원실   ④ 기획조정실
⑤ 급여관리실

13 환경부의 인사실무 담당자는 환경정책과 관련된 특별위원회를 구성하는 과정에서 외부 환경전문가를 위촉하려 한다. 현재 거론되고 있는 외부 전문가는 A ~ F 6명으로, 인사실무 담당자는 다음 〈조건〉에 따라 외부 환경전문가를 위촉해야 한다. 만약 B가 위촉되지 않는다면, 총 몇 명의 환경전문가가 위촉되는가?

〈조건〉
- 만약 A가 위촉되면, B와 C도 위촉되어야 한다.
- 만약 A가 위촉되지 않는다면, D가 위촉되어야 한다.
- 만약 B가 위촉되지 않는다면, C나 E가 위촉되어야 한다.
- 만약 C와 E가 위촉되면, D는 위촉되지 않는다.
- 만약 D나 E가 위촉되면, F도 위촉되어야 한다.

① 1명　　　　　　　　　　　　② 2명
③ 3명　　　　　　　　　　　　④ 4명
⑤ 5명

14 S사에서는 직원들을 해외로 파견하고자 한다. 제시된 파견 조건이 항상 참일 때, 다음 〈보기〉의 설명 중 반드시 참인 것을 모두 고르면?

〈파견 조건〉
- A대리가 인도네시아로 파견되지 않는다면, E주임은 몽골로 파견되지 않는다.
- D주임이 뉴질랜드로 파견된다면, B대리는 우즈베키스탄으로 파견된다.
- C주임은 아일랜드로 파견된다.
- E주임이 몽골로 파견되거나, C주임이 아일랜드로 파견되지 않는다.
- A대리가 인도네시아로 파견되지 않거나, B대리가 우즈베키스탄으로 파견되지 않는다.

〈보기〉
ㄱ. B대리는 우즈베키스탄으로 파견되지 않는다.
ㄴ. D주임은 뉴질랜드로 파견되지 않는다.
ㄷ. A대리는 인도네시아로 파견되고, E주임은 몽골로 파견되지 않는다.
ㄹ. C주임과 E주임은 같은 국가로 파견된다.

① ㄱ, ㄴ　　　　　　　　　　② ㄱ, ㄷ
③ ㄴ, ㄷ　　　　　　　　　　④ ㄴ, ㄹ
⑤ ㄷ, ㄹ

15

①

②

③

④

⑤

16

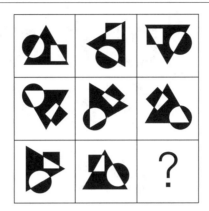

①

②

③

④

⑤

17

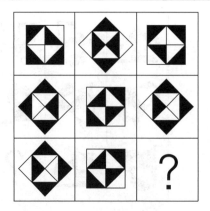

※ 다음 도식에서 기호들은 일정한 규칙에 따라 문자를 변화시킨다. 물음표에 들어갈 알맞은 문자를 고르시오
(단, 규칙은 가로와 세로 중 한 방향으로만 적용된다). [18~21]

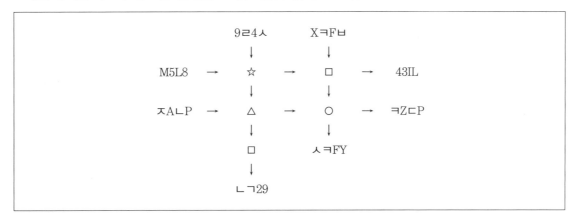

18

LIKE → ○ → □ → ?	

① MHLD   ② MIKF
③ NHLE   ④ FIKM
⑤ DHLM

19

7288 → □ → ☆ → ?	

① 7053   ② 9288
③ 8287   ④ 7278
⑤ 7055

20

MJㅊㅍ → ☆ → ○ → ?	

① ㅎJㅊN   ② MGㅋㅇ
③ MHㅅㅊ   ④ OIㅋㅎ
⑤ NJㅊㅎ

21

ㅂㄷ53 → □ → △ → ?	

① 3ㄷ6ㅁ   ② 4ㄴ6ㅁ
③ 2ㅎ5ㄷ   ④ 4ㄴ7ㅂ
⑤ ㄹ3ㅌ2

22

> (가) 좋은 체력은 하루 이틀 사이에 이루어지지 않으며 이를 위해서는 공부, 식사, 수면, 운동의 개인별 특성에 맞는 규칙적인 생활관리와 알맞은 영양공급이 필수적이다. 또 이 시기는 신체적으로도 급격한 성장과 성숙이 이루어지는 중요한 시기로 좋은 영양상태를 유지하는 것은 수험을 위한 체력의 기반을 다지는 것뿐만 아니라 건강하고 활기찬 장래를 위한 준비가 된다는 점을 간과해서는 안 된다.
>
> (나) 우리나라의 중·고교생들은 많은 수가 입시전쟁을 치러야 하는 입장에 있다. 입시 준비 기간이라는 어려운 기간을 잘 이겨내어 각자가 지닌 목표를 달성하려면 꾸준한 노력과 총명한 두뇌가 중요하지만 마지막 승부수는 체력일 것이다.
>
> (다) 그러나 학생들은 많은 학습량, 수험으로 인한 스트레스, 밤새우기 등 불규칙한 생활을 하기도 하고, 식생활에 있어서도 아침을 거르고, 제한된 도시락 반찬으로 인한 불충분한 영양소 섭취, 잦은 야식, 미용을 위하여 무리하게 식사를 거르거나 절식을 하여 건강을 해치기도 한다. 또한 집 밖에서 보내는 시간이 많아 주로 패스트푸드, 편의식품점, 자동판매기를 통해 식사를 대체하고 있다.

① (가) – (나) – (다)　　　　　② (가) – (다) – (나)
③ (나) – (가) – (다)　　　　　④ (나) – (다) – (가)
⑤ (다) – (가) – (나)

23

> (가) 고창 갯벌은 서해안에 발달한 갯벌로서 다양한 해양 생물의 산란중·서식지이며, 어업인들의 삶의 터전으로 많은 혜택을 주었다. 그러나 최근 축제식 양식과 육상에서부터 오염원 유입 등으로 인한 환경 변화로 체계적인 이용·관리 방안이 지속적으로 요구됐다.
>
> (나) 정부는 전라북도 고창 갯벌 약 $11.8km^2$를 '습지보전법'에 의한 '습지보호지역'으로 지정하며 고시한다고 밝혔다. 우리나라에서 일곱 번째로 지정되는 고창 갯벌은 칠면초·나문재와 같은 다양한 식물이 자생하고, 천연기념물인 황조롱이와 멸종 위기종을 포함한 46종의 바닷새가 서식하는, 생물 다양성이 풍부하며 보호 가치가 큰 지역으로 나타났다.
>
> (다) 정부는 이번 습지보호지역으로 지정된 고창 갯벌을 람사르 습지로 등록할 계획이며, 제2차 연안습지 기초조사를 실시하여 보전 가치가 높은 갯벌뿐만 아니라 훼손된 갯벌에 대한 관리도 강화해 나갈 계획이다.
>
> (라) 습지보호지역으로 지정되면 이 지역에서 공유수면 매립, 골재 채취 등의 갯벌 훼손 행위는 금지되나, 지역 주민이 해오던 어업 활동이나 갯벌 이용 행위에는 특별한 제한이 없다.

① (가) – (나) – (다) – (라)
② (가) – (라) – (나) – (다)
③ (나) – (가) – (라) – (다)
④ (다) – (가) – (나) – (라)
⑤ (라) – (나) – (가) – (다)

※ 다음 글의 내용이 참일 때 항상 참인 것을 고르시오. [24~25]

24

모듈러 주택이란 기본 골조와 전기 배선, 온돌, 현관문, 욕실 등 집의 70~80퍼센트를 공장에서 미리 만들고 주택이 들어설 부지에서는 '레고 블록'을 맞추듯 조립만 하는 방식으로 짓는 주택이다. 일반 철근콘크리트 주택에 비해 상대적으로 빨리 지을 수 있고, 철거가 쉽다는 게 모듈러 주택의 장점이다.

예컨대 5층짜리 소형 임대 주택을 철근콘크리트 제작 방식으로 지으면 공사 기간이 6개월가량 걸리지만 모듈러 공법을 적용할 경우 30~40일이면 조립과 마감이 가능하다. 주요 자재의 최대 80~90퍼센트 가량을 재활용할 수 있다는 것도 장점이다. 도시형 생활 주택뿐 아니라 대형 숙박 시설, 소규모 비즈니스호텔, 오피스텔 등도 모듈러 공법으로 건축이 가능하다.

한국에 모듈러 주택이 처음 등장한 것은 2003년으로 이는 모듈러 주택 시장이 활성화되어 있는 해외에 비하면 늦은 편이다. 도입은 늦었지만 모듈러 주택의 설계 방식이 표준화되고 대규모 양산 체제가 갖추어지면 비용이 적게 들기 때문에 모듈러 주택 시장이 급속하게 팽창할 것으로 예측이 많다.

하지만 모듈러 주택 시장 전망이 불확실하다는 전망도 있다. 목재나 철골 등이 주로 사용되는 조립식 주택의 특성상 콘크리트 건물보다 소음이나 진동, 화재에 약해 소비자들이 심리적으로 거부감을 가질 수 있다는 게 이유다. 아파트 생활에 길들여진 한국인들의 의식도 모듈러 주택이 넘어야 할 난관으로 거론된다. 소득 수준이 높아지고 '탈 아파트' 바람이 일면서 성냥갑 같은 아파트보다는 개성 있는 단독주택에서 살고 싶다는 욕구를 가진 사람들이 증가하고 있다지만 아파트가 주는 편안한 생활을 포기할 사람이 많지 않을 것이라는 분석인 셈이다.

① 일반 콘크리트 주택 건설비용은 모듈러 주택의 3배 이상이다.
② 모듈러 주택제작에 조립과 마감에 소요되는 기간은 6개월이다.
③ 일반 철근콘크리트 주택은 재활용이 불가하다.
④ 모듈러 주택이 처음 한국에 등장한 시기는 해외대비 늦지만, 이에 소요되는 비용은 해외대비 적다.
⑤ 모듈러 공법으로 주택뿐만 아니라 다양한 형태의 건축이 가능하다.

25

NASA 보고에 따르면 지구 주변 우주 쓰레기는 약 3만여 개에 달한다고 한다. 이러한 우주 쓰레기는 노후한 인공위성이나 우주인이 놓친 연장 가방에서 나온 파편, 역할을 다한 로켓 부스터 등인데, 때로는 이것들이 서로 충돌하면서 작은 조각으로 부서지기도 한다.

이러한 우주 쓰레기가 심각한 이유는 연간 3 ~ 4개의 우주 시설이 이와 같은 우주 쓰레기 탓에 파괴되고 있는 탓이다. 이대로라면 GPS를 포함한 우주 기술사용이 불가능해질 수도 있다는 전망이다. 또 아주 큰 우주 쓰레기가 지상에 떨어지는 경우가 있어 각국에서는 잇따른 피해가 계속 보고되고 있다.

이에 우주 쓰레기를 치우기 위한 논의가 각국에서 지속되고 있으며, 2007년 유엔에서는 '우주 쓰레기 경감 가이드라인'을 만들기에 이르렀고, 유럽우주국은 2025년에 우주 쓰레기 수거 로봇을 발사할 계획임을 밝혔다. 이 우주 쓰레기 수거 로봇은 스위스에서 개발한 것으로 4개의 팔을 뻗어 지구 위 800km에 있는 소형 위성 폐기물을 감싸 쥐고 대기권으로 진입하는 방식으로 우주 쓰레기를 수거하는데, 이 때 진입하는 과정에서 마찰열에 의해 우주선과 쓰레기가 함께 소각되어지게 된다.

이 외에도 고열을 이용해 우주 쓰레기를 태우는 방법, 자석으로 쓰레기를 끌어들여 궤도로 떨어뜨리는 방법, 쓰레기에 레이저를 발사해 경로를 바꾼 뒤 지구로 떨어뜨리는 방법, 위성 제작 시 수명이 다 하면 분해에 가깝게 자체 파괴되도록 제작하는 방법 등이 있다.

실제로 2018년 영국에서 작살과 그물을 이용해 우주 쓰레기를 수거하는 실험에 성공한 적이 있다. 하지만, 한 번에 100kg 정도의 쓰레기밖에 처치하지 못해 여러 번 발사해야 한다는 점, 비용이 많이 든다는 점, 자칫 쓰레기 폭발을 유도해 파편 숫자만 늘어난다는 점 등이 단점이었다.

이러한 우주 쓰레기 처리는 전 국가의 과제이지만, 천문학적 세금이 투입되는 사업이라 누구도 선뜻 나서지 못하는 것이 현 상황이다. 하루 빨리 우주개발 국가 공동의 기금을 마련해 대책을 마련하지 않는다면, 인류의 꿈은 이러한 우주 쓰레기에 발목 잡힌다 해도 과언이 아닐 것이다.

① 우주 쓰레기들이 서로 충돌하게 되면 우주쓰레기의 개수는 더 적어질 것이다.
② 우주 쓰레기는 우주에서 떠돌아 지구 내에는 피해가 없다.
③ 우주 쓰레기 수거 로봇은 유럽에서 개발되었으며 성공적인 결과를 얻었다.
④ 우주 쓰레기를 청소하는 방법은 여러 가지가 있지만 성공한 사례는 아직까지 없다.
⑤ 우주 쓰레기 청소는 저소득 국가에서는 하기 힘든 사업이다.

26 甲과 乙의 주장을 도출할 수 있는 질문으로 가장 적절한 것은?

> 甲 : 미적 속성 p에 관한 진술인 미적 판단 J가 객관적으로 참일 때, 미적 속성 p는 실재한다. 즉, '베토벤의 운명 교향곡이 웅장하다.'는 판단이 객관적 참이라면, '웅장함'이라는 미적 속성은 실재하는 것이다. 이 경우 '웅장하다'는 미적 판단은 '웅장함'이라는 객관적으로 실재하는 미적 속성에 대한 기술이다. 동일한 미적 대상에 대한 감상자들 간의 판단이 일치하지 않는 것은 그 미적 판단 간에 옳고 그름이 존재한다는 것이며, 그 옳고 그름의 여부는 실재하는 미적 속성에 대한 확인을 통해 밝힐 수 있다.
>
> 乙 : 미적 판단에는 이미 주관적 평가가 개입된 경우가 많다. 미적 판단은 감상자의 주관적 반응에 의존하는 것으로, '웅장함'이라는 미적 속성은 '웅장하다'는 미적 판단을 내리는 감상자에 의해 발견되는 것이다. 즉, 미적 판단의 주관성과 경험성에 주목해야 한다. 따라서 미적 판단의 불일치란 굳이 해소해야 하는 문제적 현상이라기보다는 개인의 다양한 경험, 취미와 감수성의 차이에 따라 발생하는 자연스러운 현상이다.

① 감상자들이 가장 중요하게 여기는 것은 무엇인가?
② 감상자들 간의 미적 판단이 일치하지 않는 이유는 무엇인가?
③ 감상자들 간의 미적 판단 불일치를 해소할 수 있는가?
④ 대상에 대해 다양한 경험을 할수록 미적 판단이 더 정확해지는가?
⑤ 올바른 미적 판단을 하기 위해 감상자에게 필요한 자질은 무엇인가?

27 다음 글의 주장에 대한 비판으로 가장 적절한 것은?

> 전통적인 경제학에 따른 통화 정책에서는 정책 금리를 활용하여 물가를 안정시키고 경제 안정을 도모하는 것을 목표로 한다. 중앙은행은 경기가 과열되었을 때 정책 금리 인상을 통해 경기를 진정시키고자 한다. 정책 금리 인상으로 시장 금리도 높아지면 가계 및 기업에 대한 대출 감소로 신용 공급이 축소된다. 신용 공급의 축소는 경제 내 수요를 줄여 물가를 안정시키고 경기를 진정시킨다. 반면 경기가 침체되었을 때는 반대의 과정을 통해 경기를 부양시키고자 한다.
> 금융을 통화 정책의 전달 경로로만 보는 전통적인 경제학에서는 금융감독 정책이 개별 금융 회사의 건전성 확보를 통해 금융 안정을 달성하고자 하는 미시 건전성 정책에 집중해야 한다고 보았다. 이러한 관점은 금융이 직접적인 생산 수단이 아니므로 단기적일 때와는 달리 장기적으로는 경제 성장에 영향을 미치지 못한다는 인식과 자산 시장에서는 가격이 본질적 가치를 초과하여 폭등하는 버블이 존재하지 않는다는 효율적 시장 가설에 기인한다. 미시 건전성 정책은 개별 금융 회사의 건전성에 대한 예방적 규제 성격을 가진 정책 수단을 활용하는데, 그 예로는 향후 손실에 대비하여 금융 회사의 자기자본 하한을 설정하는 최저 자기자본 규제를 들 수 있다.

① 중앙은행의 정책이 자산 가격 버블에 따른 금융 불안을 야기하여 경제 안정이 훼손될 수 있다.
② 시장의 물가가 지나치게 상승할 경우 국가는 적극적으로 개입하여 물가를 안정시켜야 한다.
③ 경기가 침체된 상황에서는 처방적 규제보다 예방적 규제에 힘써야 한다.
④ 금융은 단기적일 때와 달리 장기적으로는 경제 성장에 별다른 영향을 미치지 못한다.
⑤ 금융 회사에 대한 최저 자기자본 규제를 통해 금융 회사의 건전성을 확보할 수 있다.

28 다음 글의 내용은 어떤 주장을 비판하는 논거로 가장 적절한가?

'모래언덕'이나 '바람' 같은 개념은 매우 모호해 보인다. 작은 모래 무더기가 모래언덕이라고 불리려면 얼마나 높이 쌓여야 하는가? 바람이 되려면 공기는 얼마나 빨리 움직여야 하는가?

그러나 지질학자들이 관심이 있는 대부분의 문제 상황에서 이런 개념들은 아무 문제 없이 작동한다. 더 높은 수준의 세분화가 요구될 만한 맥락에서는 그때마다 '30m에서 40m 사이의 높이를 가진 모래언덕'이나 '시속 20km와 시속 40km 사이의 바람'처럼 수식어구가 달린 표현이 과학적 용어의 객관적인 사용을 뒷받침한다. 물리학 같은 정밀과학에서도 사정은 비슷하다. 물리학의 한 연구 분야인 저온물리학은 저온현상, 즉 초전도 현상을 비롯하여 절대온도 0도인 −273.16℃ 부근의 저온에서 나타나는 흥미로운 현상들을 연구한다. 그렇다면 정확히 몇 도부터 저온인가? 물리학자들은 이 문제를 놓고 다투지 않는다. 때로는 이 말이 헬륨의 끓는점(−268.6℃) 같은 극저온 근방을 가리키는가 하면, 질소의 끓는점(−195.8℃)이 기준이 되기도 한다. 과학자들은 모호한 것을 싫어한다. 모호성은 과학의 정밀성을 훼손할 뿐만 아니라 궁극적으로 과학의 객관성을 약화하기 때문이다. 그러나 모호성에 대응하는 길은 모든 측정의 오차를 0으로 만드는 데 있는 것이 아니라 대화를 통해 그 상황에 적절한 합의를 하는 데 있다.

① 과학의 정확성은 측정기술의 정확성에 달려 있다.
② 물리학 같은 정밀과학에서도 오차는 발생하기 마련이다.
③ 과학의 발달은 과학적 용어체계의 변화를 유발할 수 있다.
④ 과학적 언어의 객관성은 그 언어가 사용되는 맥락 속에서 확보된다.
⑤ 과학적 언어의 객관성은 용어의 엄밀하고 보편적인 정의에 의해서만 보장된다.

29 다음 글의 주제로 가장 적절한 것은?

정부는 탈원전·탈석탄 공약에 발맞춰 2030년까지 전체 국가 발전량의 20%를 신재생에너지로 채운다는 정책 목표를 수립하였다. 목표를 달성하기 위해 신재생에너지에 대한 송·변전 계획을 제8차 전력수급기본계획에 처음으로 수립하겠다는 게 정부의 방침이다.

정부는 기존의 수급계획이 수급안정과 경제성을 중점적으로 수립된 것에 반해, 8차 계획은 환경성과 안전성을 중점으로 하였다고 밝히고 있으며, 신규 발전설비는 원전, 석탄화력발전에서 친환경, 분산형 재생에너지와 LNG 발전을 우선시하는 방향으로 수요관리를 통합하여 합리적 목표수용 결정에 주안점을 두었다고 밝혔다. 그동안 많은 NGO 단체에서 에너지 분산에 대한 다양한 제안을 해왔지만 정부 차원에서 고려하거나 논의가 활발히 진행된 적은 거의 없었으며 명목상으로 포함하는 수준이었다. 그러나 이번 정부에서는 탈원전·탈석탄 공약을 제시하는 등 중앙집중형 에너지 생산시스템에서 분산형 에너지 생산시스템으로 정책의 방향을 전환하고자 한다. 이 기조에 발맞춰 분산형 에너지 생산시스템은 2018년도 지방선거에서도 해당 지역에 대한 다양한 선거공약으로 제시될 가능성이 높다.

중앙집중형 에너지 생산시스템은 환경오염, 송전선 문제, 지역 에너지 불균형 문제 등 다양한 사회적인 문제를 야기하였다. 하지만 그동안은 값싼 전기인 기저전력을 편리하게 사용할 수 있는 환경을 조성하고자 하는 기존 에너지계획과 전력수급계획에 밀려 중앙집중형 발전원 확대가 꾸준히 진행되었다. 그러나 현재 대통령은 중앙집중형 에너지 정책에서 분산형 에너지정책으로 전환되어야 한다는 것을 대선 공약사항으로 밝혀 왔으며, 현재 분산형 에너지정책으로 전환을 모색하기 위한 다각도의 노력을 하고 있다. 이러한 정부의 정책변화와 아울러 석탄화력발전소가 국내 미세먼지에 주는 영향과 일본 후쿠시마 원자력 발전소 문제, 국내 경주 대지진 및 최근 포항 지진 문제 등으로 인한 원자력에 대한 의구심 또한 커지고 있다.

제8차 전력수급계획(안)에 의하면, 우리나라의 에너지 정책은 격변기를 맞고 있다. 우리나라는 현재 중앙집중형 에너지 생산시스템이 대부분이며, 분산형 전원 시스템은 그 설비용량이 극히 적은 상태이다. 또한 우리나라의 발전설비는 2016년 말 105GW이며, 2014년도 최대 전력치를 보면 80GW 수준이므로 25GW 정도의 여유가 있는 상태이다. 25GW라는 여유는 원자력발전소 약 25기 정도의 전력생산 설비가 여유가 있는 상황이라고 볼 수 있다. 또한 제7차 전력수급기본계획의 2015 ~ 2016년 전기수요 증가율을 4.3 ~ 4.7%라고 예상하였으나 실제 증가율은 1.3 ~ 2.8% 수준에 그쳤다는 점은 우리나라의 전력 소비량 증가량이 둔화하고 있는 상태라는 것을 나타내고 있다.

① 중앙집중형 에너지 생산시스템의 발전 과정
② 전력수급기본계획의 내용과 수정 방안 모색
③ 전력 소비량과 에너지 공급량의 문제점
④ 중앙집중형 에너지 정책의 한계점
⑤ 에너지 분권의 필요성과 방향

30 다음 글에서 추론할 수 있는 것을 〈보기〉에서 모두 고르면?

> '독재형' 어머니는 아이가 실제로 어떠한 욕망을 지니고 있는지에 무관심하며, 자신의 욕망을 아이에게 공격적으로 강요한다. 독재형 어머니는 자신의 규칙과 지시에 아이가 순응하기를 기대하며, 그것을 따르지 않을 경우 폭력을 행사하는 경우가 많다. 독재형 어머니 밑에서 자란 아이들은 공격적 성향과 파괴적 성향을 많이 보이는 것이 특징이다. 또한, 어린 시절 받은 학대로 인해 상상이나 판타지 속에 머무르는 시간이 많고, 이것은 심각한 망상으로 나타나기도 한다.
>
> '허용형' 어머니는 오로지 아이의 욕망에만 관심을 지니면서, '아이의 욕망을 내가 채워 주고 싶다.'는 식으로 자기 욕망을 형성한다. 허용형 어머니는 자녀가 요구하는 것은 무엇이든 해주기 때문에 이런 어머니 밑에서 양육된 아이들은 자아 통제가 부족하기 쉽다. 따라서 이 아이들은 충동적이고 즉흥적인 성향이 강하며, 도덕적 책임 의식이 결여된 경우가 많다.
>
> 한편, '방임형' 어머니의 경우 아이와 정서적으로 차단되어 있기 때문에 아이의 욕망에 무관심할 뿐만 아니라, 아이 입장에서도 어머니의 욕망을 전혀 파악할 수 없다. 방치된 아이들은 자신의 욕망도 모르고 어머니의 욕망도 파악하지 못하기 때문에, 어떤 방식으로든 오직 어머니의 관심을 끄는 것만이 아이의 유일한 욕망이 된다. 이 아이들은 "엄마, 제발 나를 봐주세요.", "엄마, 내가 나쁜 짓을 해야 나를 볼 것인가요?", "엄마, 내가 정말 잔인한 짓을 할지도 몰라요."라면서 어머니의 관심을 끊임없이 요구한다.

〈보기〉
ㄱ. 허용형 어머니는 방임형 어머니에 비해 아이의 욕망에 높은 관심을 갖는다.
ㄴ. 허용형 어머니의 아이는 독재형 어머니의 아이보다 도덕적 의식이 높은 경우가 많다.
ㄷ. 방임형 어머니의 아이는 독재형 어머니의 아이보다 어머니의 욕망을 더 잘 파악한다.

① ㄱ
② ㄴ
③ ㄱ, ㄷ
④ ㄴ, ㄷ
⑤ ㄱ, ㄴ, ㄷ

제2회
삼성 온라인 GSAT

〈문항 수 및 시험시간〉

삼성 온라인 GSAT		
영역	문항 수	시험시간
수리	20문항	30분
추리	30문항	30분

<table>
<tr><td colspan="2" align="center">삼성 온라인 GSAT</td></tr>
</table>

제2회 모의고사	문항 수 : 50문항 시험시간 : 60분

제 1 영역 수리

01 지난달 A대리의 휴대폰 요금과 B과장의 휴대폰 요금을 합한 금액은 14만 원이었다. 이번 달의 휴대폰 요금은 지난달과 비교해 A대리는 10% 감소하고, B과장은 20% 증가하여 두 사람의 휴대폰 요금은 같아졌다. 이번 달 B과장의 휴대폰 요금은?

① 65,000원   ② 72,000원

③ 75,000원   ④ 81,000원

⑤ 83,000원

02 다음과 같은 도로가 있고 P지점에서 R지점까지 이동하려고 한다. Q저짐과 S지점을 반드시 거쳐야 할 때, 최단거리로 가능한 경우의 수는?

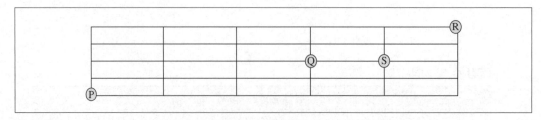

① 18가지   ② 30가지

③ 32가지   ④ 44가지

⑤ 48가지

03 다음은 연도별 아동의 비만율에 대한 자료이다. 이에 대한 〈보기〉의 설명 중 옳은 것을 모두 고르면?

<표>
〈연도별 아동 비만율〉					
구분	2019년	2020년	2021년	2022년	2023년
유아(만 6세 미만)	11%	10.8%	10.2%	7.4%	5.8%
어린이(만 6세 이상 만 13세 미만)	9.8%	11.9%	14.5%	18.2%	19.7%
청소년(만 13세 이상 만 19세 미만)	18%	19.2%	21.5%	24.7%	26.1%

〈보기〉
ㄱ. 모든 아동의 비만율은 전년 대비 증가하고 있다.
ㄴ. 어린이 비만율은 유아 비만율보다 크고, 청소년 비만율보다 작다.
ㄷ. 2019년 대비 2023년 청소년 비만율의 증가율은 45%이다.
ㄹ. 2023년과 2021년의 비만율 차이가 가장 큰 아동은 어린이이다.

① ㄱ, ㄷ
② ㄱ, ㄹ
③ ㄴ, ㄷ
④ ㄴ, ㄹ
⑤ ㄷ, ㄹ

04 다음은 자동차 생산·내수·수출 현황에 대한 자료이다. 이에 대한 설명으로 옳지 않은 것은?

〈자동차 생산·내수·수출 현황〉

(단위 : 대, %)

구분		2019년	2020년	2021년	2022년	2023년
생산	차량 대수	4,086,308	3,826,682	3,512,926	4,271,741	4,657,094
	증감률	(6.4)	(▽6.4)	(▽8.2)	(21.6)	(9.0)
내수	차량 대수	1,219,335	1,154,483	1,394,000	1,465,426	1,474,637
	증감률	(4.7)	(▽5.3)	(20.7)	(5.1)	(0.6)
수출	차량 대수	2,847,138	2,683,965	2,148,862	2,772,107	3,151,708
	증감률	(7.5)	(▽5.7)	(▽19.9)	(29.0)	(13.7)

① 2019년에는 전년 대비 생산, 내수, 수출이 모두 증가했다.
② 내수가 가장 큰 폭으로 증가한 해에는 생산과 수출이 모두 감소했다.
③ 수출이 증가했던 해는 생산과 내수 모두 증가했다.
④ 내수는 증가했지만 생산과 수출이 모두 감소한 해도 있다.
⑤ 생산이 증가했지만 내수나 수출이 감소한 해가 있다.

05 다음은 가구의 자녀 수 및 민영생명보험 가입 여부에 따른 가입 보험 비율에 대한 자료이다. 이에 대한 설명으로 옳지 않은 것은?

〈가구의 자녀 수 및 민영생명보험 가입 여부에 따른 가입 보험 비율〉

(단위 : %)

구분		상해 / 재해 보장보험	질병보장 보험	연금 보험	저축성 보험	사망보장 보험	변액 보험	실손의료 보험	기타 보험
전체		46.6	84	24.3	8.6	21	8.4	56.8	4.8
자녀 수	0명	37.7	77.9	16.7	4.1	12.2	4.8	49.2	3.3
	1명	52	84.8	28	7.9	18.5	9.5	56.5	5.8
	2명	49.6	83	28.9	12.2	27.2	10.9	62.1	4.8
	3명 이상	64.2	86	24.7	20.6	26.1	10.1	80.3	11.9
민영생명 보험	가입	47.4	82.7	24.8	8.8	20.5	8.8	56	4.8
	비가입	27.5	60.2	13.1	3.6	3.6	0	28	4.5

※ '전체'에 해당하는 비율은 전체 가구 수에서 각 보험에 가입한 비율임
※ 민영생명보험 가입에 해당하는 비율은 민영생명보험에 가입한 가구 중 보험에 가입한 가구의 비율임(비가입 비율도 동일함)

① 전체 가구 중 질병보장보험에 가입한 가구 수는 사망보장보험에 가입한 가구 수의 4배이다.
② 자녀 수가 1명인 가구 중에는 3개 이상의 보험에 중복 가입한 가구가 있다.
③ 민영생명보험에 가입한 가구 중 실손의료보험에 가입한 가구의 비율은 민영생명보험에 가입하지 않은 가구 중 실손의료보험에 가입한 가구 비율의 2배이다.
④ 자녀 수가 2명 이상인 가구 중 변액보험에 가입한 가구의 수는 10% 이상이다.
⑤ 자녀가 없는 가구 중 상해 / 재해보장보험에 가입한 가구 수는 자녀가 2명인 가구 중 연금보험에 가입한 가구 수보다 많다.

06 다음은 전력사용에 대한 절약 노력 설문조사 결과를 정리한 자료이다. 이에 대한 설명으로 옳은 것은?(단, 복수응답과 무응답은 없다)

〈전력사용 절약 노력 설문조사 결과〉

(단위 : %)

구분	2022년				2023년			
	노력 안 함	조금 노력함	노력함	매우 노력함	노력 안 함	조금 노력함	노력함	매우 노력함
남성	2.5	38.0	43.5	15.5	3.5	32.5	42.0	22.0
여성	3.5	35.5	45.0	16.0	4.0	35.0	41.0	20.0
10대	12.5	48.0	22.5	17.0	13.0	43.3	25.7	18.0
20대	10.5	39.5	27.0	23.0	10.0	37.5	29.0	23.5
30대	11.5	26.5	38.5	23.5	10.7	21.3	44.0	24.0
40대	11.5	25.0	42.0	21.5	9.5	24.0	44.0	22.5
50대	10.0	28.0	40.5	21.5	10.0	30.0	39.0	21.0
60대 이상	10.5	30.0	33.2	26.3	10.3	29.7	34.0	26.0

① 2023년에 '노력함'을 선택한 인원은 남성과 여성 모두 전년 대비 증가하였다.

② 2022년과 2023년 모든 연령대에서 '노력 안 함'을 선택한 비율은 50대가 가장 낮다.

③ 여성 조사인구가 매년 500명일 때, '매우 노력함'을 선택한 인원은 2023년도에 전년 대비 15명 이상 증가하였다.

④ 2023년에 60대 이상에서 '조금 노력함'을 선택한 비율은 전년 대비 2% 이상의 감소율을 보인다.

⑤ '매우 노력함'을 선택한 비율은 2022년 대비 2023년에 모든 연령대에서 증가하였다.

07 다음은 사교육의 과목별 동향에 대한 자료이다. 이에 대한 〈보기〉의 설명 중 옳은 것을 모두 고르면?

〈과목별 동향〉

(단위 : 명, 만 원)

구분		2018년	2019년	2020년	2021년	2022년	2023년
국·영·수	월 최대 수강자 수	350	385	379	366	360	378
	월 평균 수강자 수	312	369	371	343	341	366
	월 평균 수업료	55	65	70	70	70	75
탐구	월 최대 수강자 수	241	229	281	315	332	301
	월 평균 수강자 수	218	199	253	289	288	265
	월 평균 수업료	35	35	40	45	50	50

〈보기〉

ㄱ. 2019 ~ 2023년 동안 전년 대비 국·영·수의 월 최대 수강자 수와 월 평균 수강자 수는 같은 증감 추이를 보인다.

ㄴ. 2019 ~ 2023년 동안 전년 대비 국·영·수의 월 평균 수업료는 월 최대 수강자 수와 같은 증감 추이를 보인다.

ㄷ. 국·영·수의 월 최대 수강자 수의 전년 대비 증가율은 2019년에 가장 높다.

ㄹ. 2018 ~ 2023년 동안 월 평균 수강자 수가 국·영·수 과목이 최대였을 때는 탐구 과목이 최소였고, 국·영·수 과목이 최소였을 때는 탐구 과목이 최대였다.

① ㄴ

② ㄷ

③ ㄱ, ㄷ

④ ㄱ, ㄹ

⑤ ㄴ, ㄹ

08 다음은 2018 ～ 2023년 관광통역 안내사 자격증 취득 현황에 대한 자료이다. 이에 대한 〈보기〉의 설명 중 옳지 않은 것을 모두 고르면?

〈관광통역 안내사 자격증 취득 현황〉

(단위 : 명)

취득연도	영어	일어	중국어	불어	독어	스페인어	러시아어	베트남어	태국어
2018년	150	353	370	2	2	1	5	2	3
2019년	165	270	698	2	2	2	3	–	12
2020년	235	245	1,160	3	4	3	5	4	8
2021년	380	265	2,469	3	2	4	6	14	35
2022년	345	137	1,963	7	3	4	5	5	17
2023년	460	150	1,350	6	2	3	6	5	15
합계	1,735	1,420	8,010	23	15	17	30	30	90

─〈보기〉─

ㄱ. 영어와 스페인어 관광통역 안내사 자격증 취득자 수는 2019년부터 2023년까지 매년 증가하였다.

ㄴ. 2023년 중국어 관광통역 안내사 자격증 취득자 수는 일어 관광통역 안내사 자격증 취득자 수의 9배이다.

ㄷ. 2020년과 2021년의 태국어 관광통역 안내사 자격증 취득자 수 대비 베트남어 관광통역 안내사 자격증 취득자 수의 비율 차이는 10%p이다.

ㄹ. 불어 관광통역 안내사 자격증 취득자 수와 독어 관광통역 안내사 자격증 취득자 수는 2019년부터 2023년까지 전년 대비 증감 추이가 같다.

① ㄱ, ㄴ
② ㄱ, ㄹ
③ ㄴ, ㄹ
④ ㄱ, ㄷ, ㄹ
⑤ ㄴ, ㄷ, ㄹ

09 다음은 2023년 1 ~ 7월 서울 지하철 승차인원에 대한 자료이다. 이에 대한 설명으로 옳지 않은 것은?

〈2023년 1 ~ 7월 서울 지하철 승차인원〉

(단위 : 만 명)

구분	1월	2월	3월	4월	5월	6월	7월
1호선	818	731	873	831	858	801	819
2호선	4,611	4,043	4,926	4,748	4,847	4,569	4,758
3호선	1,664	1,475	1,807	1,752	1,802	1,686	1,725
4호선	1,692	1,497	1,899	1,828	1,886	1,751	1,725
5호선	1,796	1,562	1,937	1,910	1,939	1,814	1,841
6호선	1,020	906	1,157	1,118	1,164	1,067	1,071
7호선	2,094	1,843	2,288	2,238	2,298	2,137	2,160
8호선	550	480	593	582	595	554	572
합계	14,245	12,537	15,480	15,007	15,389	14,379	14,671

① 1 ~ 7월 중 3월의 전체 승차인원이 가장 많다.

② 4호선을 제외한 7월의 호선별 승차인원은 전월보다 모두 증가했다.

③ 8호선의 7월 승차인원은 1월 대비 3% 이상 증가했다.

④ 2 ~ 7월 동안 2호선과 8호선의 전월 대비 증감 추이는 같다.

⑤ 3호선과 4호선의 승차인원 차이는 5월에 가장 크다.

10 다음은 두 국가의 월별 이민자 수에 대한 자료이다. 이에 대한 설명으로 옳은 것은?

〈A, B국의 이민자 수 추이〉

(단위 : 명)

구분	A국	B국
2022년 12월	3,400	2,720
2023년 1월	3,800	2,850
2023년 2월	4,000	2,800

① 2022년 12월 B국 이민자 수는 A국 이민자 수의 75% 미만이다.

② 월별 이민자 수 차이는 2022년 12월이 가장 크다.

③ 2023년 2월 A국 이민자 수는 2023년 2월 A, B국의 이민자 수의 평균보다 800명 더 많다.

④ A국 이민자 수에 대한 B국 이민자 수의 비는 2022년 12월이 가장 크다.

⑤ 2023년 1월 A국과 B국 이민자 수의 차이는 2023년 1월의 A국 이민자 수의 30% 이상이다.

11 다음은 2022년과 2023년도의 업종별 자영업자와 신규사업자 및 폐업자 수 현황에 대한 자료이다. 이에 대한 〈보기〉의 설명 중 옳은 것을 모두 고르면?

〈업종별 자영업자, 신규사업자 및 폐업자 수 현황〉

(단위 : 천 명)

구분	2022년			2023년		
	자영업자	신규사업자	폐업자	자영업자	신규사업자	폐업자
도소매업	122	52	36	(마)	45	21
숙박업	79	48	(가)	86	44	37
음식점업	92	28	5	115	30	20
출판업	27	8	(나)	35	5	2
교육업	33	3	8	28	7	4
부동산업	31	3	7	27	2	8
제조업	72	11	(다)	80	8	12
복지업	61	7	(라)	66	15	7
예술업	17	4	6	15	1	4
시설업	11	1	3	9	2	1

※ 해당연도 자영업자 수＝(전년도 자영업자 수)＋(전년도 신규사업자 수)－(전년도 폐업자 수)

〈보기〉

ㄱ. 10개 업종 중 2023년 전년 대비 자영업자 수가 감소한 업종보다 증가한 업종이 많다.

ㄴ. (마)의 수치는 (가)의 수치의 3배 이상이다.

ㄷ. (나), (다), (라) 중 가장 적은 인원은 (나)이다.

ㄹ. 2023년 폐업자가 세 번째로 많은 업종의 2022년 대비 2023년 자영업자 수의 증가율은 30% 이상이다.

① ㄱ, ㄴ
② ㄴ, ㄷ
③ ㄱ, ㄴ, ㄷ
④ ㄱ, ㄷ, ㄹ
⑤ ㄴ, ㄷ, ㄹ

12 다음은 선박 종류별 기름 유출사고 발생 현황에 대한 자료이다. 이에 대한 설명으로 옳은 것은?

〈선박 종류별 기름 유출사고 발생 현황〉

(단위 : 건, kL)

구분		유조선	화물선	어선	기타	합계
2019년	사고 건수	37	53	151	96	337
	유출량	956	584	53	127	1,720
2020년	사고 건수	28	68	245	120	461
	유출량	21	51	147	151	370
2021년	사고 건수	27	61	272	123	483
	유출량	3	187	181	212	583
2022년	사고 건수	32	33	217	102	384
	유출량	38	23	105	244	410
2023년	사고 건수	60	65	150	205	480
	유출량	1,223	66	30	143	1,462

① 2020 ~ 2023년 동안 연도별 총 사고 건수와 총 유출량의 전년 대비 증감 추이는 같다.
② 연도별 총 사고 건수에 대한 유조선 사고 건수 비율은 매년 감소하고 있다.
③ 총 유출량이 가장 적은 연도에서 기타를 제외하고 사고 건수 대비 유출량이 가장 적은 선박 종류는 어선이다.
④ 기타를 제외하고 2019 ~ 2023년 동안 전체 유출량이 두 번째로 많은 선박 종류는 어선이다.
⑤ 2023년 총 사고 건수는 전년 대비 20% 미만으로 증가하였다.

13 다음은 S국 6개 수종의 기건비중 및 강도에 대한 자료이다. 제시된 〈조건〉에 따라 A와 C에 해당하는 수종이 바르게 연결된 것은?

〈6개 수종의 기건비중 및 강도〉

수종	기건비중 (ton/m³)	강도(N/mm²)			
		압축강도	인장강도	휨강도	전단강도
A	0.53	50	52	88	10
B	0.89	60	125	118	12
C	0.61	63	69	82	9
삼나무	0.37	42	45	72	7
D	0.31	24	27	39	6
E	0.43	49	59	80	7

〈조건〉

- 전단강도 대비 압축강도 비가 큰 상위 2개 수종은 낙엽송과 전나무이다.
- 휨강도와 압축강도 차가 큰 상위 2개 수종은 소나무와 참나무이다.
- 참나무의 기건비중은 오동나무 기건비중의 2배 이상이다.
- 압축강도와 인장강도의 차가 두 번째로 큰 수종은 전나무이다.

	A	C
①	소나무	낙엽송
②	소나무	전나무
③	오동나무	낙엽송
④	참나무	소나무
⑤	참나무	전나무

※ 다음은 2023년 7월 중순 이후 0시부터 11시까지의 인천공항의 풍향통계에 대한 자료이다. 이어지는 질문에 답하시오. [14~15]

〈2023년 7월 중순 이후 인천공항의 풍향통계(0 ~ 11시)〉

(단위 : 10deg)

일자 \ 시간	0시	1시	2시	3시	4시	5시	6시	7시	8시	9시	10시	11시
16일	32	25	24	22	21	23	23	19	17	16	21	28
17일	27	25	27	28	29	29	28	33	5	14	21	21
18일	22	24	25	30	27	10	19	16	23	19	17	17
19일	6	6	10	14	13	14	14	13	11	11	12	13
20일	17	18	19	19	19	20	21	20	21	23	23	24
21일	22	23	26	25	28	25	25	25	24	29	34	13
22일	32	8	32	35	33	32	20	24	26	31	33	32
23일	12	13	23	11	12	11	9	12	9	10	12	15
24일	7	7	8	7	7	5	5	5	5	4	4	4
25일	2	3	3	3	3	3	3	3	3	3	3	4
26일	5	4	5	5	5	5	5	6	5	5	4	5
27일	27	27	31	27	3	10	7	6	5	6	5	24
28일	5	5	6	6	5	5	6	5	5	4	7	12
29일	9	5	6	7	6	5	5	5	11	12	15	16
30일	30	32	4	28	30	27	25	31	28	30	31	24
31일	27	32	9	3	5	10	6	5	6	12	16	17

14 다음 중 자료에 나타난 풍향 데이터에 대한 설명으로 옳지 않은 것은?

① 18일 3시와 4시 사이에 풍향각은 10% 감소하였다.

② 20일과 24일의 5시부터 8시까지 풍향각의 증감 추이는 동일하다.

③ 30일 2시 대비 6시의 풍향각 증가율은 525%이다.

④ 10시에 풍향각이 가장 컸던 날짜는 21일이다.

⑤ 29일 1시부터 11시까지 직전 시간 대비 풍향각의 증감폭이 가장 큰 시간은 8시이다.

15 위 자료에 나타난 풍향 데이터에 대한 〈보기〉의 설명 중 옳은 것을 모두 고르면?

─────〈보기〉─────

ㄱ. 24일에 동일한 풍향각이 가장 오래 연속하여 유지된 시간은 4시간이다.

ㄴ. 23일 10시와 11시 풍향각의 직전 시간 대비 증가율은 모두 30%를 넘는다.

ㄷ. 31일 6시 풍향각의 직전 시간 대비 감소율은 22일 같은 시각 풍향각의 직전 시간 대비 감소율보다 작다.

ㄹ. 19일 11시 풍향각은 같은 날 0시 풍향각의 2배 이상이다.

① ㄱ, ㄴ   ② ㄱ, ㄹ

③ ㄴ, ㄷ   ④ ㄴ, ㄹ

⑤ ㄷ, ㄹ

〈2020 ～ 2022년 영화 범주별 자료〉

구분		상업영화	예술영화	다큐멘터리	애니메이션
평균 제작비 (억 원)	2020년	138	27.6	3	69
	2021년	160	40	3.2	96
	2022년	180	41.4	3.8	99
평균 손익분기점 (만 명)	2020년	420	96.6	5	125
	2021년	450	104	8	158
	2022년	495	103.5	7	172
평균 총 관객 수 (만 명)	2020년	550	95	11	185
	2021년	700	130	8	166
	2022년	660	115	6	154

※ (티켓값)×(평균 손익분기점)=(극장·영진위 등 평균 지급비용)+(투자배급사 평균 수익)
※ (평균 제작비)=(투자배급사 평균 수익)

16 다음을 참고하여 〈보기〉에서 옳은 것을 모두 고르면?

• 2019년 평균 제작비
상업영화 120억 원, 예술영화 18억 원, 다큐멘터리 5억 원, 애니메이션 66억 원

─────〈보기〉─────

ㄱ. 2020 ～ 2022년 사이 영화 범주별 평균 제작비는 매년 전년 대비 증가하고 있다.
ㄴ. 상업영화의 전년 대비 평균 제작비 상승률은 2020년이 2022년보다 3%p 높다.
ㄷ. 1만 명당 비용을 1억 원으로 계산할 때, 2022년 상업영화의 평균 손익분기점 수치는 평균 제작비 수치의 2.8배 미만이다.
ㄹ. 2021년의 상업영화 티켓값이 10,000원이라면 극장·영진위 등 평균 지급비용은 290억 원이다.

① ㄱ, ㄴ   ② ㄱ, ㄷ
③ ㄴ, ㄷ   ④ ㄴ, ㄹ
⑤ ㄷ, ㄹ

17 다음 중 위 자료에 대한 설명으로 옳지 않은 것은?

① 2021 ～ 2022년에 영화의 평균 제작비는 전년 대비 증가하였다.
② 2021년 애니메이션의 평균 제작비는 상업영화의 60%이며, 다큐멘터리 평균 제작비의 30배이다.
③ 2021년 다큐멘터리의 평균 제작비는 상업영화의 평균 제작비의 2%이다.
④ 2020년에 개봉한 모든 예술영화는 손익분기점을 넘지 못하였다.
⑤ 2022년 상업영화와 예술영화의 평균 총 관객 수는 평균 손익분기점을 넘어섰지만, 다큐멘터리와 애니메이션은 넘지 못하였다.

18 다음은 외상 후 스트레스 장애 진료인원에 대한 자료이다. 이를 바르게 나타낸 그래프는?(단, 그래프의 단위는 '명'이다.)

〈연도별 외상 후 스트레스 장애 진료인원〉

(단위 : 명)

구분	전체	남성	여성	성비
2019년	7,268	2,966	4,302	69
2020년	7,901	3,169	4,732	67
2021년	8,282	3,341	4,941	68
2022년	9,648	3,791	5,857	65
2023년	10,570	4,170	6,400	65

※ (성비) = $\dfrac{(남성\ 수)}{(여성\ 수)} \times 100$

※ 성비는 소수점 첫째 자리에서 반올림한 값임

①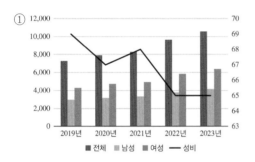

②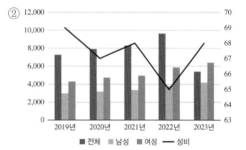

③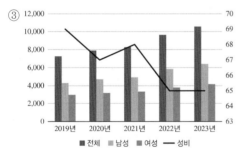

④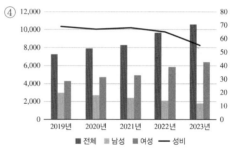

⑤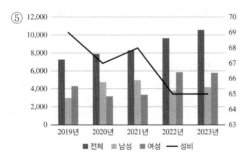

19 다음은 실내공간 $1m^3$당 환기시간에 따른 미세먼지 양을 나타낸 자료이다. 미세먼지와 환기시간의 관계가 주어진 자료와 식과 같을 때 ㉠과 ㉡에 들어갈 숫자로 알맞은 것은?

〈환기시간에 따른 미세먼지〉

환기시간(시간)	1	2	3	4
미세먼지($\mu g/m^3$)	363	192	㉠	㉡

※ (미세먼지)$= a \times$(환기시간)$^2 + \dfrac{b}{(\text{환기시간})}$

	㉠	㉡
①	143	130
②	145	138
③	145	130
④	147	138
⑤	147	130

20 S사에서 새로 출시한 신규 서비스 가입자 수가 다음과 같이 일정한 규칙으로 증가할 때, 2024년 2월의 신규 가입자 수는?

〈S사 신규 서비스 가입자 수〉

(단위 : 명)

구분	2023년 7월	2023년 8월	2023년 9월	2023년 10월	2023년 11월
가입자 수	24	48	96	192	384

① 3,030명   ② 3,044명
③ 3,056명   ④ 3,068명
⑤ 3,072명

※ 제시된 명제가 모두 참일 때, 다음 중 빈칸에 들어갈 명제로 가장 적절한 것을 고르시오. [1~3]

01

- 전제1. 오늘이 수요일이나 목요일이면 아침에 커피를 마신다.
- 전제2. _____
- 결론.   아침에 커피를 마시지 않은 날은 회사에서 회의를 한다.

① 회사에서 회의를 하면 수요일이다.
② 수요일에 회사에서 회의하면 목요일은 회의하지 않는다.
③ 회사에서 회의를 하지 않으면 아침에 커피를 마시지 않는다.
④ 수요일 아침에 커피를 마시면 목요일 아침에 커피를 마시지 않는다.
⑤ 회사에서 회의를 하지 않으면 수요일이나 목요일이다.

02

- 전제1. 스나크가 아니면 앨리스이다.
- 전제2. _____
- 결론.   앨리스가 아니면 부점이다.

① 앨리스는 부점이다.
② 앨리스이면 스나크가 아니다.
③ 부점이면 스나크이다.
④ 부점이 아니면 스나크가 아니다.
⑤ 스나크는 부점이 아니다.

03

- 전제1. 금값이 오르면 어떤 사람은 X매물을 매도한다.
- 전제2. X매물을 매도한 모든 사람은 Y매물을 매수한다.
- 결론.   _____

① 금값이 오르면 모든 사람은 Y매물을 매수한다.
② 금값이 오르면 어떤 사람은 Y매물을 매수한다.
③ 모든 사람이 X매물을 매도하면 금값이 오른다.
④ 모든 사람이 Y매물을 매수하면 금값이 오른다.
⑤ Y매물을 매도한 모든 사람은 X매물을 매수한다.

04 다음 〈조건〉에 따라 5명 중 2명만 합격한다고 했을 때, 합격한 사람은?

─〈조건〉─
- 점수가 높은 사람이 합격한다.
- A와 B는 같이 합격하거나 같이 불합격한다.
- C는 D보다 점수가 높다.
- C와 E의 점수가 같다.
- B와 D의 점수가 같다.

① A, B
② A, C
③ C, D
④ C, E
⑤ D, E

05 S회사 영업부서 직원들은 사장님의 지시에 따라 금일 건강검진을 받으러 병원에 갔다. 영업부서는 A사원, B사원, C대리, D과장, E부장 총 5명으로 이루어져 있고, 다음 〈조건〉에 따라 이들의 건강검진 순서를 정하려고 할 때, C대리는 몇 번째로 검진을 받을 수 있는가?

─〈조건〉─
- A사원과 B사원은 이웃하여 있다.
- B사원은 E부장보다 뒤에 있다.
- D과장은 A사원보다 앞에 있다.
- E부장과 B사원 사이에는 2명이 있다.
- C대리와 A사원 사이에는 2명이 있다.

① 첫 번째 또는 두 번째
② 두 번째 또는 세 번째
③ 세 번째 또는 네 번째
④ 네 번째 또는 다섯 번째
⑤ 첫 번째 또는 세 번째

06 3학년 1반에서는 학생들의 투표를 통해 득표수에 따라 학급 대표를 선출하기로 하였고, 학급 대표 후보로 A, B, C, D, E가 나왔다. 투표 결과 A ~ E의 득표수가 다음과 같을 때, 바르게 추론한 것은?(단, 1반 학생들은 총 30명이며, 다섯 후보의 득표수는 서로 다르다)

- A는 15표를 얻었다.
- B는 C보다 2표를 더 얻었지만, A보다는 낮은 표를 얻었다.
- D는 A보다 낮은 표를 얻었지만, C보다는 높은 표를 얻었다.
- E는 1표를 얻어 가장 낮은 득표수를 기록했다.

---

① A가 학급 대표로 선출된다.   ② B보다 D의 득표수가 높다.

③ D보다 B의 득표수가 높다.   ④ 5명 중 2명이 10표 이상을 얻었다.

⑤ 최다 득표자는 과반수 이상의 표를 얻었다.

07 S사의 부산 지점에서 근무 중인 A과장, B대리, C대리, D대리, E사원은 2명 또는 3명으로 팀을 이루어 세종특별시, 서울특별시, 인천광역시, 광주광역시 네 지역으로 출장을 가야 한다. 각 지역별로 출장을 가는 팀을 구성한 결과가 다음과 같을 때, 항상 옳은 것은?(단, 모든 직원은 1회 이상의 출장을 가며, 지역별 출장일은 서로 다르다)

- A과장은 네 지역으로 모두 출장을 간다.
- B대리는 모든 특별시로 출장을 간다.
- C대리와 D대리가 함께 출장을 가는 경우는 단 한 번뿐이다.
- 광주광역시에는 E사원을 포함한 2명의 직원이 출장을 간다.
- 한 지역으로만 출장을 가는 사람은 E사원뿐이다.

---

① B대리는 D대리와 함께 출장을 가지 않는다.

② B대리는 C대리와 함께 출장을 가지 않는다.

③ C대리는 특별시로 출장을 가지 않는다.

④ D대리는 특별시로 출장을 가지 않는다.

⑤ D대리는 E사원과 함께 출장을 가지 않는다.

08 재무팀 A과장, 개발팀 B부장, 영업팀 C대리, 홍보팀 D차장, 디자인팀 E사원은 봄, 여름, 가을, 겨울에 중국, 일본, 러시아 중 한 나라로 출장을 간다. 다음 주어진 〈조건〉을 바탕으로 항상 옳은 것은?(단, A ~ E는 중국, 일본, 러시아 중 반드시 한 국가에 출장을 가며, 아무도 가지 않은 국가와 계절은 없다)

──────〈조건〉──────
- 중국은 2명이 출장을 가고, 각각 여름 혹은 겨울에 출장을 간다.
- 러시아에 출장 가는 사람은 봄 혹은 여름에 출장을 간다.
- 재무팀 A과장은 반드시 개발팀 B부장과 함께 출장을 간다.
- 홍보팀 D차장은 혼자서 봄에 출장을 간다.
- 개발팀 B부장은 가을에 일본으로 출장을 간다.

① 홍보팀 D차장은 혼자서 중국으로 출장을 간다.
② 영업팀 C대리와 디자인팀 E사원은 함께 일본으로 출장을 간다.
③ 재무팀 A과장과 개발팀 B부장은 함께 중국으로 출장을 간다.
④ 홍보팀 D차장이 어디로 출장을 가는지는 주어진 조건만으로 알 수 없다.
⑤ 영업팀 C대리가 여름에 중국 출장을 가면, 디자인팀 E사원은 겨울에 중국 출장을 간다.

09 8조각의 피자를 A ~ D가 나눠 먹는다고 할 때, 다음 중 참이 아닌 것은?

- 4명의 사람 중 피자를 1조각도 먹지 않은 사람은 없다.
- A는 피자 2조각을 먹었다.
- 피자를 가장 적게 먹은 사람은 B이다.
- C는 D보다 피자 1조각을 더 많이 먹었다.

① 피자 1조각이 남는다.
② 2명이 짝수 조각의 피자를 먹었다.
③ A와 D가 먹은 피자 조각 수는 같다.
④ C가 가장 많은 조각의 피자를 먹었다.
⑤ B는 D보다 피자 1조각을 덜 먹었다.

10 S사에서는 직원 7명을 대상으로 서비스만족도 조사를 진행했다. 서비스만족도 조사 결과가 다음과 같을 때, 반드시 참인 것은?

- A대리는 B사원보다 높은 점수를 받았다.
- B사원은 C과장보다 높은 점수를 받았다.
- C과장은 D사원보다 높은 점수를 받았다.
- E부장은 가장 낮은 점수를 받지 않았다.
- F대리는 B사원과 E부장보다 높은 점수를 받았지만, G사원보다는 낮은 점수를 받았다.

① B사원이 4등이면 G사원은 1등이다.
② 자신의 등수를 확실히 알 수 있는 사람은 2명이다.
③ C과장이 5등이라면 B사원이 4등이다.
④ E부장은 4등 안에 들었다.
⑤ F대리가 3등이면 A대리는 1등이다.

11 S사의 영업팀 팀장은 팀원들의 근태를 평가하기 위하여 영업팀 직원 A ~ F의 출근 시각을 확인하였다. 확인한 결과가 다음과 같을 때, 항상 옳은 것은?(단, A ~ F의 출근 시각은 모두 다르며, 먼저 출근한 사람만 늦게 출근한 사람의 시간을 알 수 있다)

- C는 E보다 먼저 출근하였다.
- D는 A와 B보다 먼저 출근하였다.
- E는 A가 도착하기 직전 또는 직후에 출근하였다.
- E는 F보다 늦게 출근하였지만, 꼴찌는 아니다.
- F는 B가 도착하기 바로 직전에 출근하였다.

① A는 B의 출근 시각을 알 수 있다.
② B는 C의 출근 시각을 알 수 있다.
③ C는 A ~ F의 출근 순서를 알 수 있다.
④ D가 C보다 먼저 출근했다면, A ~ F의 출근 순서를 알 수 있다.
⑤ F가 C보다 먼저 출근했다면, D의 출근 시각을 알 수 있다.

12 S사 재무팀 직원들은 회의를 위해 회의실에 모였다. 회의실의 테이블은 원형이고, 다음 〈조건〉에 따라 자리 배치를 하려고 할 때, 김팀장을 기준으로 시계 방향으로 앉은 사람을 순서대로 나열한 것은?

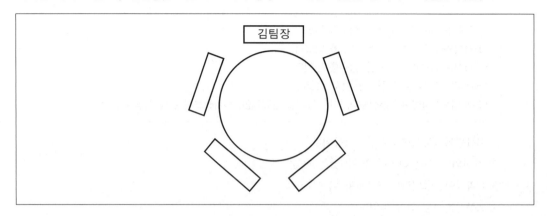

〈조건〉
- 정차장과 오과장은 서로 사이가 좋지 않아서 나란히 앉지 않는다.
- 김팀장은 정차장이 바로 오른쪽에 앉기를 바란다.
- 한대리는 오른쪽 귀가 좋지 않아서 양사원이 왼쪽에 앉기를 바란다.

① 김팀장 – 정차장 – 양사원 – 한대리 – 오과장
② 김팀장 – 한대리 – 오과장 – 정차장 – 양사원
③ 김팀장 – 양사원 – 정차장 – 오과장 – 한대리
④ 김팀장 – 오과장 – 양사원 – 한대리 – 정차장
⑤ 김팀장 – 오과장 – 한대리 – 양사원 – 정차장

13 A ~ E 5명이 다음 〈조건〉에 따라 일렬로 나란히 자리에 앉는다고 할 때, 다음 중 옳은 것은?

〈조건〉
- 자리의 순서는 왼쪽을 기준으로 첫 번째 자리로 한다.
- D는 A의 바로 왼쪽 자리에 앉는다.
- B와 D 사이에 C가 있다.
- A는 마지막 자리가 아니다.
- A와 B 사이에 C가 있다.
- B는 E의 바로 오른쪽 자리에 앉는다.

① D는 두 번째 자리에 앉을 수 있다.
② E는 네 번째 자리에 앉을 수 있다.
③ C는 두 번째 자리에 앉을 수 있다.
④ C는 E의 오른쪽 자리에 앉을 수 있다.
⑤ B는 다섯 번째 자리에 앉을 수 없다.

14 기획부 부서회의에 최부장, 김과장, 이대리, 조대리, 한사원, 박사원 중 일부만 회의에 참석할 예정이다. 다음 〈조건〉을 바탕으로 최부장이 회의에 참석했을 때, 회의에 반드시 참석하는 직원의 인원 수는?

〈조건〉
- 한사원이 회의에 참석하지 않으면 박사원도 참석하지 않는다.
- 조대리가 회의에 참석하면 이대리는 참석하지 않는다.
- 최부장이 회의에 참석하면 이대리도 참석한다.
- 박사원이 회의에 참석하지 않으면 최부장도 참석하지 않는다.

① 1명   ② 2명
③ 3명   ④ 4명
⑤ 5명

15

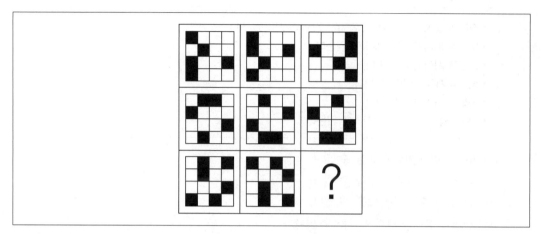

①

②

③

④

⑤

16

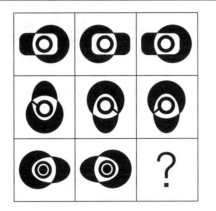

①

②

③

④

⑤

17

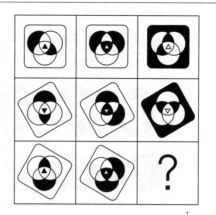

①

②

③

④

⑤

※ 다음 도식에서 기호들은 일정한 규칙에 따라 문자를 변화시킨다. 물음표에 들어갈 알맞은 문자를 고르시오 (단, 규칙은 가로와 세로 중 한 방향으로만 적용된다). [18~21]

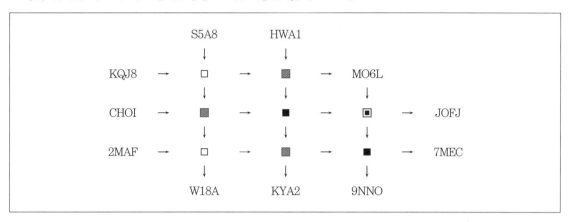

18

VEN8 → ▣ → ▨ → ?

① N8VE
② 8NEV
③ N8EV
④ 8ENV
⑤ 8NVE

19

OK15 → ■ → □ → ?

① 52RM
② RM52
③ 43TK
④ TK43
⑤ 42RK

20

? → □ → ▣ → 55DQ

① BS37
② BS55
③ DQ37
④ DQ55
⑤ QD55

21

? → □ → ■ → PZHK

① XGKM
② MXGK
③ KZEM
④ KEMZ
⑤ ZEMK

22

(가) 하지만 영화를 볼 때 소리를 없앤다면 어떤 느낌이 들까? 아마 내용이나 분위기, 인물의 심리 등을 파악하기 힘들 것이다. 이런 점을 고려할 때 영화 속 소리는 영상과 분리해서 생각할 수 없는 필수 요소라고 할 수 있다. 소리는 영상 못지않게 다양한 기능이 있기 때문에 현대 영화감독들은 영화 속 소리를 적극적으로 활용하고 있다.

(나) 이와 같이 영화 속 소리는 다양한 기능을 수행하기 때문에 영화의 예술적 상상력을 빼앗는 것이 아니라 오히려 더 풍부하게 해 준다. 그래서 현대 영화에서 소리를 빼고 작품을 완성한다는 것은 생각하기 어려운 일이 되었다.

(다) 영화의 소리에는 대사, 음향 효과, 음악 등이 있으며, 이러한 소리들은 영화에서 다양한 기능을 수행한다. 우선, 영화 속 소리는 다른 예술 장르의 표현 수단보다 더 구체적이고 분명하게 내용을 전달하는 데 도움을 줄 수 있다. 그리고 줄거리 전개에 도움을 주거나 작품의 상징적 의미를 전달할 뿐만 아니라 주제 의식을 강조하는 역할을 하기도 한다. 또한 영상에 현실감을 줄 수 있으며, 영상의 시공간적 배경을 확인시켜 주는 역할도 하며 영화 속 소리는 영화의 분위기를 조성하고 인물의 내면 심리도 표현할 수 있다.

(라) 유성영화가 등장했던 1920년대 후반에 유럽의 표현주의나 형식주의 감독들은 영화 속의 소리에 대한 부정적인 견해가 컸다. 그들은 가장 영화다운 장면은 소리 없이 움직이는 그림으로만 이루어진 장면이라고 믿었다. 그래서 그들은 영화 속 소리가 시각 매체인 영화의 예술적 효과와 영화적 상상력을 빼앗을 것이라고 내다보았다.

① (가) – (다) – (라) – (나)
② (나) – (라) – (가) – (다)
③ (다) – (가) – (라) – (나)
④ (라) – (가) – (다) – (나)
⑤ (라) – (다) – (가) – (나)

23

(가) 그중에서도 우리나라의 나전칠기는 중국이나 일본보다 단조한 편이지만, 옻칠의 질이 좋고 자개 솜씨가 뛰어나 우리나라 칠공예만의 두드러진 개성을 가진다. 전래 초기에는 주로 백색의 야광패를 사용하였으나 후대에는 청록 빛깔을 띤 복잡한 색상의 전복껍데기를 많이 사용하였다. 우리나라의 나전칠기는 일반적으로 목제품의 표면에 옻칠을 하고 그것에다 한층 치레 삼아 첨가한다.

(나) 이러한 나전칠기는 특히 통영의 것이 유명하다. 이는 예로부터 통영에는 나전의 원료가 되는 전복이 많이 생산되었으며, 인근 내륙 및 함안지역의 질 좋은 옻이 나전칠기가 발달하는 주요 원인이 되었기 때문이다. 이에 통영시는 지역 명물 나전칠기를 널리 알리기 위해 매년 10월 통영 나전칠기축제를 개최하여 400년을 이어온 통영지방의 우수하고 독창적인 공예법을 소개하고 작품도 전시한다.

(다) 제작방식은 우선 전복껍데기를 얇게 하여 무늬를 만들고 백골에 모시 천을 바른 뒤, 칠과 호분을 섞어 표면을 고른다. 그 후 칠죽 바르기, 삼베 붙이기, 탄회 칠하기, 토회 칠하기를 통해 제조과정을 끝마친다. 또한 문양을 내기 위해 나전을 잘라내는 방법에는 주름질(자개를 문양 형태로 오려낸 것), 이음질(문양 구도에 따라 주름대로 문양을 이어가는 것), 끊음질(자개를 실같이 가늘게 썰어서 문양 부분에 모자이크 방법으로 붙이는 것)이 있다.

(라) 나전칠기는 기물에다 무늬를 나타내는 대표적인 칠공예의 장식기법 중 하나로 얇게 깐 조개껍데기를 여러 가지 형태로 오려내어 기물의 표면에 감입하여 꾸미는 것을 통칭한다. 우리나라는 목기와 더불어 칠기가 발달했는데, 이러한 나전기법은 중국 주대(周代)부터 이미 유행했고 당대(唐代)에 성행하여 한국과 일본에 전해진 것으로 보인다. 나전기법은 여러 나라를 포함한 아시아 일원에 널리 보급되었고 지역에 따라 독특한 성격을 가진다.

① (나) – (다) – (가) – (라) ② (나) – (가) – (다) – (라)
③ (다) – (나) – (라) – (가) ④ (라) – (가) – (다) – (나)
⑤ (라) – (다) – (나) – (가)

24 다음 글의 제목으로 가장 적절한 것은?

제4차 산업혁명은 인공지능이 기존의 자동화 시스템과 연결되어 효율이 극대화되는 산업 환경의 변화를 의미한다.

2016년 세계경제포럼에서 언급되어, 유행처럼 번지는 용어가 되었다. 학자에 따라 바라보는 견해는 다르지만 대체로 기계학습과 인공지능의 발달이 그 수단으로 꼽힌다.

2010년대 중반부터 드러나기 시작한 제4차 산업혁명은 현재진행형이며 그 여파는 사회 곳곳에서 드러나고 있다. 현재도 사람을 기계와 인공지능이 대체하고 있고, 현재 일자리의 $80 \sim 99\%$까지 대체될 것으로 보는 견해도 있다.

만약 우리가 현재의 경제 구조를 유지한 채로 이와 같은 극단적인 노동 수요 감소를 맞게 된다면, 전후 미국의 대공황 등과는 차원이 다른 끔찍한 대공황이 발생할 것이다. 계속해서 일자리가 줄어들수록 중·하위 계층은 사회에서 밀려날 수밖에 없는데 반면 자본주의 사회의 특성상 많은 비용을 수반하는 과학기술의 연구는 자본에 종속될 수밖에 없기 때문이다. 물론 지금도 이러한 현상이 없는 것은 아니지만, 아직까지는 단순노동이 필요하기 때문에 노동력을 제공하는 중·하위층들도 불합리한 부분들에 파업과 같은 실력행사를 할 수 있었다. 그러나 앞으로 자동화가 더욱 진행되어 노동의 필요성이 사라진다면 그들을 배려해야 할 당위성은 법과 제도가 아닌 도덕이나 인권과 같은 윤리적인 영역에만 남게 되는 것이다.

반면에, 이를 긍정적으로 생각한다면 이처럼 일자리가 없어졌을 때 극소수에 해당하는 경우를 제외한 나머지 사람들은 노동에서 완전히 해방되어 인공지능이 제공하는 무제한적인 자원을 마음껏 향유할 수도 있을 것이다. 하지만 이러한 미래는 지금의 자본주의보다는 사회주의 경제 체제에 가깝다. 이 때문에 많은 경제학자와 미래학자들은 제4차 산업혁명 이후의 미래를 장밋빛으로 바꿔나가기 위해 기본소득제 도입 등의 시도와 같은 고민들을 이어가고 있다.

① 제4차 산업혁명의 의의
② 제4차 산업혁명의 빛과 그늘
③ 제4차 산업혁명의 위험성
④ 제4차 산업혁명에 대한 준비
⑤ 제4차 산업혁명의 시작

25 다음 글의 내용이 참일 때 항상 참이 아닌 것은?

스마트폰, 태블릿 등의 각종 스마트기기가 우리 생활 속으로 들어옴에 따라 회사에 굳이 출근하지 않아도 업무 수행이 가능해졌다. 이에 따라 기업들은 일하는 시간과 공간에 제약이 없는 유연근무제를 통해 업무 생산성을 향상시켜 경쟁력을 키워가고 있다. 유연근무제는 근로자와 사용자가 근로시간이나 근로 장소 등을 선택·조정하여 일과 생활을 조화롭게(Work-Life Balance) 하고, 인력 활용의 효율성을 높일 수 있는 제도를 말한다.

젊은 인재들은 승진이나 금전적 보상과 같은 전통적인 동기부여 요소보다 조직으로부터의 인정, 성장 기회, 업무에 대한 자기 주도성, 일과 삶의 균형 등에서 더 큰 몰입과 충성도를 느낀다. 결국 유연근무제는 그 자체만으로도 큰 유인 요소로 작용할 수 있다.

유연근무제는 시차출퇴근제, 선택근무제, 재량근무제, 원격근무제, 재택근무제 등의 다양한 형태로 운영될 수 있다. 시차출퇴근제는 주5일, 1일 8시간, 주당 40시간이라는 기존의 소정근로시간을 준수하면서 출퇴근 시간을 조정할 수 있다. 선택근무제 역시 출퇴근 시간을 근로자가 자유롭게 선택할 수 있으나, 시차출퇴근제와 달리 1일 8시간이라는 근로시간에 구애받지 않고 주당 40시간의 범위 내에서 1일 근무시간을 자율적으로 조정할 수 있다. 선택근무제는 기업 상황과 여건에 따라 연구직, 일반 사무관리직, 생산직 등 다양한 직무에 도입할 수 있으나, 근로시간이나 근로일에 따라 업무량의 편차가 발생할 수 있으므로 업무 조율이 가능한 소프트웨어 개발, 사무관리, 연구, 디자인, 설계 등의 직무에 적용이 용이하다.

재량근무제는 근로시간 및 업무수행 방식을 근로자 스스로 결정하여 근무하는 형태로, 고도의 전문 지식과 기술이 필요하여 업무수행 방법이나 시간 배분을 업무수행자의 재량에 맡길 필요가 있는 분야에 적합하다. 재량근무제 적용이 가능한 업무는 신기술의 연구개발이나 방송 프로그램·영화 등의 감독 업무 등 법으로 규정되어 있으므로 그 외의 업무는 근로자와 합의하여도 재량근무제를 실시할 수 없다.

원격근무제는 주1일 이상 원격근무용 사무실이나 사무실이 아닌 장소에서 모바일 기기를 이용하여 근무하는 형태로, 크게 위성 사무실형 원격근무와 이동형 원격근무 두 가지 유형으로 구분할 수 있다. 위성 사무실형 원격근무는 주거지, 출장지 등과 가까운 원격근무용 사무실에 출근하여 근무하는 형태로, 출퇴근 거리 감소와 업무 효율성 증진의 효과를 얻을 수 있다. 이동형 원격근무는 사무실이 아닌 장소에서 모바일 기기를 이용하여 장소적 제약 없이 근무하는 형태로, 현장 업무를 신속하게 처리하고 메일이나 결재 처리를 단축시킬 수 있다는 장점이 있다. 원격근무제는 재량근무제와 달리 적용 가능한 직무의 제한을 두지 않으나, 위성 사무실형 원격근무는 개별적·독립적으로 업무수행이 가능한 직무에, 이동형 원격근무는 물리적 작업공간이 필요하지 않는 직무에 용이하다.

마지막으로 재택근무제는 근로자가 정보통신기술을 활용하여 자택에 업무공간을 마련하고, 업무와 필요한 시설과 장비를 구축한 환경에서 근무하는 형태로, 대부분의 근무를 재택으로 하는 상시형 재택근무와 일주일 중 일부만 재택근무를 하는 수시형 재택근무로 구분할 수 있다.

① 시차출퇴근제는 반드시 하루 8시간의 근무 형태로 운영되어야 한다.
② 선택근무제는 반드시 주5일의 근무 형태로 운영되어야 한다.
③ 일반 사무 업무에서는 근로자와 사용자가 합의하여도 재량근무제를 운영할 수 없다.
④ 현장에서 직접 처리해야 하는 업무가 많은 직무라면 이동형 원격근무제를 운영할 수 있다.
⑤ 근로자를 일주일 중 며칠만 자택에서 근무하게 하더라도 재택근무를 운영하고 있다고 볼 수 있다.

26 다음 글의 내용이 참일 때 항상 참인 것은?

우리는 물놀이를 할 때는 구명조끼, 오토바이를 탈 때는 보호대를 착용한다. 이외에도 각종 작업 및 스포츠 활동을 할 때 안전을 위해 보호 장치를 착용하는데, 위험성이 높을수록 이러한 안전장치의 필요성이 높아진다. 특히 자칫 잘못하면 생명을 위협할 수 있는 송배전 계통에선 감전 등의 전기사고를 방지하기 위한 안전장치가 필요한데 그중에 하나가 '접지'이다.

접지란, 감전 등의 전기사고 예방 목적으로 전기회로 또는 전기기기, 전기설비의 어느 한쪽을 대지에 연결하여 기기와 대지와의 전위차가 0V가 되도록 하는 것으로 전류는 전위차가 있을 때에만 흐르므로 접지가 되어 있는 전기회로 및 설비에는 사람의 몸이 닿아도 감전되지 않게 된다.

접지를 하는 가장 큰 목적은 사람과 가축의 감전을 방지하기 위해서이다. 전기설비의 전선 피복이 벗겨지거나 노출된 상태에서 사람이나 가축이 전선이나 설비의 케이스를 만지면 감전사고로 인한 부상 및 사망 등의 위험이 높아지기 때문이다.

접지의 또 다른 목적 중 하나는 폭발 및 화재방지이다. 마찰 등에 의한 정전기 발생 위험이 있는 장치 및 물질을 취급하는 전기설비들은 자칫하면 정전기 발생이 화재 및 폭발로 이어질 수 있기 때문에 정전기 발생을 사전에 예방하기 위해 접지를 해둬야 한다.

그 외에도 송전선으로부터 인근 통신선의 유도장해 방지, 전기설비의 절연파괴 방지에 따른 신뢰도 향상 등을 위해 접지를 사용하기도 한다.

접지방식에는 비접지방식, 직접 접지방식, 저항 접지방식, 리액터 접지방식이 있다. 비접지방식의 경우 접지를 위해 중성점에 따로 금속선을 연결할 필요는 없으나, 송배전 계통의 전압이 높고 선로의 전압이 높으면 송전선로, 배전선로의 일부가 대지와 전기적으로 연결되는 지락사고를 발생시킬 수 있는 것이 단점이다. 반대로 우리나라에서 가장 많이 사용하는 직접 접지방식은 중성점에 금속선을 연결한 것으로 절연비를 절감할 수 있지만, 금속선을 타고 지락 전류가 많이 흐르므로 계통의 안정도가 나쁘다.

그 밖에도 저항 접지방식은 중성점에 연결하는 선의 저항 크기에 따라 고저항 접지방식과 저저항 접지방식이 있으며, 접지 저항이 너무 작으면 송배전선 인근 통신선에 유도장애가 커지고, 반대로 너무 크면 평상시 대지 전압이 높아진다.

리액터 접지방식도 저항 접지방식과 같이 임피던스의 크기에 따라 저임피던스 접지방식과 고임피던스 접지방식이 있고, 임피던스가 너무 작으면 인근 통신선에 유도장애가 커지고, 너무 크면 평상시 대지 전압이 높아진다.

이처럼 각 접지 종류별로 장단점이 있어 모든 전기사고를 완벽히 방지할 수는 없기에, 더 안전하고 완벽한 접지에 대한 연구의 필요성이 높아진다.

① 접지를 하지 않으면 정전기가 발생한다.
② 전위차가 없더라도 전류가 흐를 수도 있다.
③ 위험성이 낮을 경우 안정장치는 필요치 않게 된다.
④ 전기사고를 방지하는 안정장치는 접지 외에도 다른 방법이 있다.
⑤ 중성점에 연결하는 선의 저항 크기와 임피던스의 크기는 상관관계가 있다.

27 다음 글을 읽고 인조를 비판할 수 있는 내용으로 적절하지 않은 것은?

> 1636년(인조 14년) 4월 국세를 확장한 후금의 홍타이지(태종)는 스스로 황제라 칭하고, 국호를 청으로, 수도는 심양으로 정하였다. 심양으로의 천도는 명나라를 완전히 압박하여 중원 장악의 기틀을 마련하기 위함이었다. 후금은 명 정벌에 앞서 그 배후가 될 수 있는 조선을 확실히 장악하기 위해 조선에 군신 관계를 맺을 것도 요구해 왔다. 이러한 청 태종의 요구는 인조와 조선 조정을 격분시켰다.
>
> 결국, 강화 회담의 성립으로 전쟁은 종료되었지만, 정묘호란 이후에도 후금에 대한 강경책의 목소리가 높았다. 1627년 정묘호란을 겪으면서 맺은 형제 관계조차도 무효로 하고자 하는 상황에서, 청 태종을 황제로 섬길 것을 요구하는 무례에 분노했던 것이다. 이제껏 오랑캐라고 무시했던 후금을 명나라와 동등하게 대우하여야 한다는 조처는 인조와 서인 정권의 생리에 절대 맞지 않았다. 특히 후금이 통상적인 조건의 10배가 넘는 무역을 요구해 오자 인조의 분노는 폭발하였다.
>
> 전쟁의 여운이 어느 정도 사라진 1634년 인조는 "이기고 짐은 병가의 상사이다. 금나라 사람이 강하긴 하지만 싸울 때마다 반드시 이기지는 못할 것이며, 아군이 약하지만 싸울 때마다 반드시 패하지도 않을 것이다. 옛말에 '의지가 있는 용사는 목이 떨어질 각오를 한다.'고 하였고, 또 '군사가 교만하면 패한다.'고 하였다. 오늘날 무사들이 만약 자신을 잊고 순국한다면 이 교만한 오랑캐를 무찌르기는 어려운 일이 아니다."는 하교를 내리면서 전쟁을 결코 피하지 않을 것임을 선언하였다. 조선은 또다시 전시 체제에 돌입했다.
>
> 신흥 강국 후금에 대한 현실적인 힘을 무시하고 의리와 명분을 고집한 집권층의 닫힌 의식은 스스로 병란을 자초한 꼴이 되었다. 정묘호란 때 그렇게 당했으면서도 내부의 국방력에 대한 철저한 점검 없이 맞불 작전으로 후금에 맞서는 최악의 길을 택한 것이다.

① 오랑캐의 나라인 후금을 명나라와 동등하게 대우한다는 것은 있을 수 없습니다.
② 감정 따로 현실 따로인 법, 힘과 국력이 문제입니다. 현실을 직시해야 합니다.
③ 그들의 요구를 물리친다면 승산 없는 전쟁으로 결과는 불 보듯 뻔합니다.
④ 명분만 내세워 준비 없이 수행하는 전쟁은 더 큰 피해를 입게 될 것입니다.
⑤ 후금은 전쟁을 피해야 할 북방의 최고 강자로 성장한 나라입니다.

시민 사회라는 용어는 17세기에 등장했지만 19세기 초에 이를 국가와 구분하여 개념적으로 정교화한 인물이 헤겔이다. 그가 활동하던 시기에 유럽의 후진국인 프러시아에는 절대주의 시대의 잔재가 아직 남아 있었다. 산업 자본주의도 미성숙했던 때여서 산업화를 추진하고 자본가들을 육성하며 심각한 빈부 격차나 계급 갈등 등의 사회문제를 해결해야 하는 시대적 과제가 있었다. 그는 사익의 극대화가 국부를 증대해준다는 점에서 공리주의를 긍정했으나 그것이 시민 사회 내에서 개인들의 무한한 사익 추구가 일으키는 빈부 격차나 계급 갈등을 해결할 수는 없다고 보았다. 그는 시민 사회가 개인들의 사적 욕구를 추구하며 살아가는 생활 영역이자 그 욕구를 사회적 의존 관계 속에서 추구하게 하는 공동체적 윤리성의 영역이어야 한다고 생각했다. 특히 시민 사회 내에서 사익 조정과 공익 실현에 기여하는 직업 단체와 복지 및 치안 문제를 해결하는 복지 행정 조직의 역할을 설정 하면서, 이 두 기구가 시민 사회를 이상적인 국가로 이끌 연결 고리가 될 것으로 기대했다. 하지만 빈곤과 계급 갈등은 시민 사회 내에서 근원적으로 해결될 수 없는 것이었다. 따라서 그는 국가를 사회 문제를 해결하고 공적 질서를 확립할 최종 주체로 설정하면서 시민 사회가 국가에 협력해야 한다고 생각했다.

한편 1789년 프랑스 혁명 이후 프랑스 사회는 혁명을 이끌었던 계몽주의자들의 기대와는 다른 모습을 보이고 있었다. 사회는 사익을 추구하는 파편화된 개인들의 각축장이 되어 있었고 빈부 격차와 계급 갈등은 격화된 상태였다. 이러한 혼란을 극복하기 위해 노동자 단체와 고용주 단체 모두를 불법으로 규정한 르샤폴리에 법이 1791년부터 약 90년간 시행되었으나, 이 법은 분출되는 사익의 추구를 억제하지도 못하면서 오히려 프랑스 시민 사회를 극도로 위축시켰다.

뒤르켐은 이러한 상황을 아노미, 곧 무규범 상태로 파악하고 최대 다수의 최대 행복을 표방하는 공리주의가 사실은 개인의 이기심을 전제로 하고 있기에 아노미를 조장할 뿐이라고 생각했다. 그는 사익을 조정하고 공익과 공동체적 연대를 실현할 도덕적 개인주의의 규범에 주목하면서, 이를 수행할 주체로서 직업 단체의 역할을 강조하였다. 뒤르켐은 직업 단체가 정치적 중간 집단으로서 구성원의 이해관계를 국가에 전달하는 한편 국가를 견제해야 한다고 보았던 것이다.

① 직업 단체는 정치적 중간집단의 역할로 빈곤과 계급 갈등을 근원적으로 해결하지 못해요.
② 직업 단체와 복지행정조직이 시민 사회를 이상적인 국가로 이끌어줄 열쇠에요.
③ 국가가 주체이기는 하지만 공동체적 연대의 실현을 수행할 중간 집단으로서의 주체가 필요해요.
④ 국가는 최종 주체로 설정한다면 사익을 조정할 수 있고, 공적 질서를 확립할 수 있어요.
⑤ 공리주의는 개인의 이기심을 전제로 하고 있기 때문에 아노미를 조장할 뿐이에요.

29 다음 글을 통해 추론할 수 있는 내용으로 적절하지 않은 것은?

'정보 파놉티콘(Panopticon)'은 사람에 대한 직접적 통제와 규율에 정보 수집이 합쳐진 것이다. 정보 파놉티콘에서의 '정보'는 벤담의 파놉티콘에서의 시선(視線)을 대신하여 규율과 통제의 메커니즘으로 작동한다. 작업장에서 노동자들을 통제하고 이들에게 규율을 강제한 메커니즘은 시선에서 정보로 진화했다. 19세기에는 사진 기술을 이용하여 범죄자 프로파일링을 했는데, 이 기술이 20세기의 폐쇄회로 텔레비전이나 비디오 카메라와 결합한 통계학으로 이어진 것도 그러한 맥락에서 이해할 수 있다. 더 극단적인 예를 들자면, 미국은 발목에 채우는 전자기기를 이용하여 죄수를 자신의 집 안과 같은 제한된 공간에 가두어 감시하면서 교화하는 프로그램을 운용하고 있다. 이 경우 개인의 집이 교도소로 변하고, 국가가 관장하던 감시가 기업이 판매하는 전자기기로 대체됨으로써 전자기술이 파놉티콘에서의 간수의 시선을 대신한다.

컴퓨터나 전자기기를 통해 얻은 정보가 간수의 시선을 대체했지만, 벤담의 파놉티콘에 갇힌 죄수가 자신이 감시를 당하는지 아닌지를 모르듯이, 정보 파놉티콘에 노출된 사람들 또한 자신의 행동이 국가나 직장의 상관에 의해 열람될지의 여부를 확신할 수 없다. "그들이 감시당하는지 모를 때도 우리가 그들을 감시하고 있다고 생각하도록 만든다."라고 한 관료가 논평했는데, 이는 파놉티콘과 전자 감시의 유사성을 뚜렷하게 보여준다.

전자 감시는 파놉티콘의 감시 능력을 전 사회로 확장했다. 무엇보다 시선에는 한계가 있지만 컴퓨터를 통한 정보 수집은 국가적이고 전 지구적이기 때문이다. "컴퓨터화된 정보 시스템이 작은 지역 단위에서만 효과적으로 작동했을 파놉티콘을 근대 국가에 의한 일상적인 대규모 검열로 바꾸었는가?"라고 한 정보사회학자 롭 클링은, 시선의 국소성과 정보의 보편성 사이의 차이를 염두에 두고 있었다. 철학자 들뢰즈는 이러한 인식을 한 단계 더 높은 차원으로 일반화하여, 지금 우리가 살고 있는 사회는 푸코의 규율 사회를 벗어난 새로운 통제 사회라고 주장했다.

그에 의하면 규율 사회는 증기 기관과 공장이 지배하고 요란한 구호에 의해 통제되는 사회이지만, 통제 사회는 컴퓨터와 기업이 지배하고 숫자와 코드에 의해 통제되는 사회이다.

① 정보 파놉티콘은 범죄자만 감시 대상에 해당하는 것이 아니다.
② 정보 파놉티콘이 종국에는 감시 체계 자체를 소멸시킬 것이다.
③ 정보 파놉티콘은 교정 시설의 체계를 효율적으로 바꿀 수 있다.
④ 정보 파놉티콘이 발달할수록 개인의 사생활은 보장될 수 없을 것이다.
⑤ 정보 파놉티콘은 기술이 발달할수록 더욱 정교해질 것이다.

음식이 상한 것과 가스가 새는 것을 쉽게 알아차릴 수 있는 것은 우리에게 냄새를 맡을 수 있는 후각이 있기 때문이다. 이처럼 후각은 우리 몸에 해로운 물질을 탐지하는 문지기 역할을 하는 중요한 감각이다. 어떤 냄새를 일으키는 물질을 '취기재(臭氣材)'라 부르는데, 우리가 어떤 냄새가 난다고 탐지할 수 있는 것은 취기재의 분자가 코의 내벽에 있는 후각 수용기를 자극하기 때문이다.

일반적으로 인간은 동물만큼 후각이 예민하지 않다. 물론 인간도 다른 동물과 마찬가지로 취기재의 분자 하나에도 민감하게 반응하는 후각 수용기를 갖고 있다. 하지만 개[犬]가 10억 개에 이르는 후각 수용기를 갖고 있는 것에 비해 인간의 후각 수용기는 1천만 개에 불과하여 인간의 후각이 개의 후각보다 둔한 것이다.

우리가 냄새를 맡으려면 공기 중에 취기재의 분자가 충분히 많아야 한다. 다시 말해, 취기재의 농도가 어느 정도에 이르러야 냄새를 탐지할 수 있다. 이처럼 냄새를 탐지할 수 있는 최저 농도를 '탐지 역치'라 한다. 탐지 역치는 취기재에 따라 차이가 있다. 우리가 메탄올보다 박하 냄새를 더 쉽게 알아챌 수 있는 까닭은 메탄올의 탐지 역치가 박하향에 비해 약 3,500배 가량 높기 때문이다.

취기재의 농도가 탐지 역치 정도의 수준에서는 냄새가 나는지 안 나는지 정도를 탐지할 수는 있지만 그 냄새가 무슨 냄새인지 인식하지 못한다. 즉 냄새의 존재 유무를 탐지할 수는 있어도 냄새를 풍기는 취기재의 정체를 인식하지는 못하는 상태가 된다. 취기재의 정체를 인식하려면 취기재의 농도가 탐지 역치보다 3배 가량은 높아야 한다. 즉 취기재의 농도가 탐지 역치 수준으로 낮은 상태에서는 그 냄새가 꽃향기인지 비린내인지 알 수 없는 것이다. 한편 같은 취기재들 사이에서는 농도가 평균 11% 정도 차이가 나야 냄새의 세기 차이를 구별할 수 있다고 알려져 있다.

연구에 따르면 인간이 구별할 수 있는 냄새의 가짓수는 10만 개가 넘는다. 하지만 그 취기재가 무엇인지 다 인식해 내지는 못한다. 그것은 우리가 모든 냄새에 대응되는 명명 체계를 갖고 있지 못할 뿐만 아니라 특정한 냄새와 그것에 해당하는 이름을 연결하는 능력이 부족하기 때문이다. 즉 인간의 후각은 기억과 밀접한 관련이 있는 것이다. 이에 따르면 어떤 냄새를 맡았을 때 그 냄새와 관련된 과거의 경험이나 감정이 떠오르는 일은 매우 자연스러운 현상이다.

〈보기〉

한 실험에서 실험 참여자에게 실험에 쓰일 모든 취기재의 이름을 미리 알려 준 다음, 임의로 선택한 취기재의 냄새를 맡게 하고 그 종류를 맞히게 했다. 이때 실험 참여자가 틀린 답을 하면 그때마다 정정해 주었다. 그 결과 취기재의 이름을 알아맞히는 능력이 거의 두 배로 향상되었다.

① 인간은 동물과 비슷한 수준의 후각 수용기를 가지고 있다.
② 참여자가 취기재를 구별할 수 있는 것은 후각 수용기의 수가 10억 개에 이르기 때문이다.
③ 취기재 구별 능력이 향상된 것은 취기채의 농도가 탐지 역치보다 낮아졌기 때문이다.
④ 참여자의 구별 능력이 점차 나아지는 것은 냄새에 대응되는 이름을 기억했기 때문이다.
⑤ 실험 참여자가 지금보다 냄새를 더 잘 맡기 위해선 취기재의 농도를 탐지 역치보다 3배로 높여야 한다.

제3회
삼성 온라인 GSAT

〈문항 수 및 시험시간〉

삼성 온라인 GSAT		
영역	문항 수	시험시간
수리	20문항	30분
추리	30문항	30분

제3회 모의고사	문항 수 : 50문항 시험시간 : 60분

제 1 영역 수리

01 S사는 제품 a, b에 대한 상품성을 조사하기 위해 임의로 400명을 선정하여 선호도 조사를 하였다. 응답률은 25%였고 복수 응답이 가능했다. 제품 a를 선호하는 사람은 41명, 제품 b를 선호하는 사람은 57명으로 집계되었다. 제품 a, b 둘 다 선호하지 않는 사람은 제품 a, b 둘 다 선호하는 사람의 두 배보다 3명이 적을 때, 제품 a, b 둘 다 선호하지 않는 사람은 몇 명인가?

① 5명 　　　　　　　　　　　　　② 6명

③ 7명 　　　　　　　　　　　　　④ 8명

⑤ 9명

02 남자 5명, 여자 5명으로 이루어진 팀에서 2명의 팀장을 뽑으려고 한다. 이때 팀장 2명이 모두 여자로만 구성될 확률은?

① $\dfrac{2}{9}$ 　　　　　　　　　　　　② $\dfrac{2}{5}$

③ $\dfrac{4}{9}$ 　　　　　　　　　　　　④ $\dfrac{3}{5}$

⑤ $\dfrac{7}{9}$

03 다음은 수도권 지역의 기상실황표이다. 이에 대한 설명으로 옳지 않은 것은?

〈기상실황표〉

구분	시정(km)	현재기온(℃)	이슬점 온도(℃)	불쾌지수	습도(%)	풍향	풍속(m/s)	기압(hPa)
서울	6.9	23.4	14.6	70	58	동	1.8	1012.7
백령도	0.4	16.1	15.2	61	95	동남동	4.4	1012.6
인천	10	21.3	15.3	68	69	서남서	3.8	1012.9
수원	7.7	23.8	16.8	72	65	남서	1.8	1012.9
동두천	10.1	23.6	14.5	71	57	남남서	1.5	1012.6
파주	20	20.9	14.7	68	68	남남서	1.5	1013.1
강화	4.2	20.7	14.8	67	67	남동	1.7	1013.3
양평	6.6	22.7	14.5	70	60	동남동	1.4	1013
이천	8.4	23.7	13.8	70	54	동북동	1.4	1012.8

① 시정이 가장 좋은 곳은 파주이다.

② 이슬점 온도가 가장 높은 지역은 불쾌지수 또한 가장 높다.

③ 불쾌지수가 70을 초과한 지역은 2곳이다.

④ 현재기온이 가장 높은 지역은 이슬점 온도와 습도 또한 가장 높다.

⑤ 시정이 가장 좋지 않은 지역은 풍속이 가장 강하다.

04 다음은 자영업 종사자를 대상으로 실시한 업종 전환 의향에 대한 설문조사 결과를 정리한 자료이다. 이에 대한 설명으로 옳은 것은?

〈업종 전환 의향 및 전환 이유에 대한 설문조사 결과〉

(단위 : %)

구분		전환 의향		전환 이유					
		있음	없음	영업이익 감소	동일 업종 내 경쟁 심화	권리금 수취	구인의 어려움	외식 산업 내 경쟁 심화	제도적 규제
전체		2.1	97.9	56.3	21.1	0.7	2.3	15.1	4.5
운영 형태별	프랜차이즈	1.3	98.7	45.1	20.2	6.0	10.6	13.1	5.0
	비(非)프랜차이즈	2.3	97.7	57.9	21.2	–	1.1	15.3	4.5
매출액 규모별	5천만 원 미만	7.4	92.6	54.9	36.1	–	–	3.8	5.2
	5천만 원 이상 1억 원 미만	3.3	96.7	56.0	19.2	–	–	22.8	2.0
	1억 원 이상 5억 원 미만	1.2	98.8	57.4	12.0	2.1	6.5	14.7	7.3
	5억 원 이상	0.8	99.2	61.4	28.4	–	6.3	3.9	–

① 프랜차이즈 형태로 운영하는 경우, 그렇지 않은 경우보다 업종 전환 의향에 대한 긍정적 응답 비율이 높다.

② 매출액 규모가 클수록 업종 전환 이유에 대해 영업이익 감소의 응답 비율이 높다.

③ 구인난은 매출액 규모와 관계없이 업종 전환에 대한 이유가 될 수 있다.

④ 비(非)프랜차이즈 형태로 운영하는 경우, 업종 전환의 가장 큰 이유는 외식 산업 내 경쟁 심화이다.

⑤ 매출액이 5억 원 이상인 경우, 업종 전환의 가장 큰 이유는 제도적 규제이다.

05 다음은 제54회 전국기능경기대회 지역별 결과에 대한 자료이다. 이에 대한 설명으로 옳은 것은?

〈제54회 전국기능경기대회 지역별 결과〉

(단위 : 개)

지역 \ 상	금메달	은메달	동메달	최우수상	우수상	장려상
합계(점)	3,200	2,170	900	1,640	780	1,120
서울	2	5		10		
부산	9		11	3	4	
대구	2					16
인천			1	2	15	
울산	3				7	18
대전	7		3	8		
제주		10				
경기도	13	1				22
경상도	4	8		12		
충청도		7		6		

※ 합계는 전체 참가지역의 각 메달 및 상의 점수합계임

① 메달 한 개당 점수는 금메달은 80점, 은메달은 70점, 동메달은 60점이다.
② 메달 및 상을 가장 많이 획득한 지역은 경상도이다.
③ 전국기능경기대회 결과표에서 메달 및 상 중 동메달 개수가 가장 많다.
④ 울산 지역에서 획득한 메달 및 상의 총점은 800점이다.
⑤ 장려상을 획득한 지역 중 금·은·동메달 총 개수가 가장 적은 지역은 대전이다.

06 다음은 시도별 인구변동 현황에 대한 자료이다. 이에 대한 〈보기〉의 설명 중 옳은 것을 모두 고르면?

〈시도별 인구변동 현황〉

(단위 : 천 명)

구분	2017년	2018년	2019년	2020년	2021년	2022년	2023년
전국	49,582	49,782	49,990	50,269	50,540	50,773	51,515
서울	10,173	10,167	10,181	10,193	10,201	10,208	10,312
부산	3,666	3,638	3,612	3,587	3,565	3,543	3,568
대구	2,525	2,511	2,496	2,493	2,491	2,489	2,512
인천	2,579	2,600	2,624	2,665	2,693	2,710	2,758
광주	1,401	1,402	1,408	1,413	1,423	1,433	1,455
대전	1,443	1,455	1,466	1,476	1,481	1,484	1,504
울산	1,081	1,088	1,092	1,100	1,112	1,114	1,126
경기	10,463	10,697	10,906	11,106	11,292	11,460	11,787

─── 〈보기〉 ───

ㄱ. 서울 인구와 경기 인구의 차이는 2017년에 비해 2023년에 더 커졌다.
ㄴ. 2017년과 비교했을 때, 2023년 인구가 감소한 지역은 부산뿐이다.
ㄷ. 전년 대비 증가한 인구수를 비교했을 때, 광주는 2023년에 가장 많이 증가하였다.
ㄹ. 대구는 2019년부터 전년 대비 인구가 꾸준히 감소하였다.

① ㄱ, ㄴ
② ㄱ, ㄷ
③ ㄴ, ㄷ
④ ㄷ, ㄹ
⑤ ㄱ, ㄴ, ㄹ

07 다음은 대형마트 이용자를 대상으로 소비자 만족도를 조사한 자료이다. 이에 대한 설명으로 옳은 것은?

〈대형마트 업체별 소비자 만족도〉

(단위 : 점 / 5점 만점)

업체명	종합만족도	서비스 품질					서비스 쇼핑 체험
		쇼핑 체험 편리성	상품 경쟁력	매장환경 / 시설	고객접점 직원	고객관리	
A마트	3.72	3.97	3.83	3.94	3.70	3.64	3.48
B마트	3.53	3.84	3.54	3.72	3.57	3.58	3.37
C마트	3.64	3.96	3.73	3.87	3.63	3.66	3.45
D마트	3.51	3.77	3.75	3.44	3.61	3.42	3.30

〈대형마트 인터넷 / 모바일쇼핑 소비자 만족도〉

(단위 : 점 / 5점 만점)

분야별 이용 만족도	이용률	A마트	B마트	C마트	D마트
인터넷쇼핑	65.4%	3.88	3.80	3.88	3.64
모바일쇼핑	34.6%	3.95	3.83	3.91	3.69

① 종합만족도는 5점 만점에 평균 3.6점이며, 업체별로는 A마트가 가장 높고, C마트, B마트 순서로 나타났다.

② 인터넷쇼핑과 모바일쇼핑의 소비자 만족도가 가장 큰 차이를 보이는 곳은 D마트이다.

③ 서비스 품질 부문에 있어 대형마트는 평균적으로 쇼핑 체험 편리성에 대한 만족도가 상대적으로 가장 높게 평가되었으며, 반대로 고객접점직원 서비스가 가장 낮게 평가되었다.

④ 대형마트를 이용하면서 느낀 감정이나 기분을 반영한 서비스 쇼핑 체험 부문의 만족도는 평균 3.4점으로 서비스 품질 부문들보다 낮았다.

⑤ 대형마트 인터넷쇼핑 이용률이 65.4%로 모바일쇼핑에 비해 높으나, 만족도에서는 모바일쇼핑이 평균 0.1 점 더 높게 평가되었다.

08 다음은 2023년 8월부터 2024년 1월까지의 산업별 월간 국내카드 승인액에 대한 자료이다. 이에 대한 〈보기〉의 설명 중 옳은 것을 모두 고르면?

〈산업별 월간 국내카드 승인액〉

(단위 : 억 원)

구분	2023년 8월	2023년 9월	2023년 10월	2023년 11월	2023년 12월	2024년 1월
도매 및 소매업	3,115	3,245	3,267	3,250	3,390	3,240
운수업	160	145	165	150	140	160
숙박 및 음식점업	1,107	1,020	1,060	1,050	1,160	1,035
사업시설관리 및 사업지원 서비스업	40	42	43	42	47	48
교육 서비스업	127	104	110	120	150	123
보건 및 사회복지 서비스업	375	340	385	387	403	423
예술, 스포츠 및 여가관련 서비스업	106	113	120	105	90	80
협회 및 단체, 수리 및 기타 개인 서비스업	163	153	167	165	170	163

〈보기〉

ㄱ. 교육 서비스업의 2024년 1월 국내카드 승인액의 전월 대비 감소율은 20% 이상이다.

ㄴ. 2023년 11월 운수업과 숙박 및 음식점업의 국내카드 승인액의 합은 도매 및 소매업의 국내카드 승인액의 40% 미만이다.

ㄷ. 2023년 10월부터 2024년 1월까지 사업시설관리 및 사업지원 서비스업과 예술, 스포츠 및 여가관련 서비스업 국내카드 승인액의 전월 대비 증감 추이는 같다.

ㄹ. 2023년 9월 협회 및 단체, 수리 및 기타 개인 서비스업의 국내카드 승인액은 보건 및 사회복지 서비스업 국내카드 승인액의 40% 이상이다.

① ㄱ, ㄴ
② ㄱ, ㄷ
③ ㄴ, ㄷ
④ ㄴ, ㄹ
⑤ ㄷ, ㄹ

09 S회사에서 지방이전에 대한 만족도 설문조사를 직원 1,600명에게 실시한 결과 다음과 같은 결과를 얻었다. 이에 대한 설명으로 옳지 않은 것은?(단, 복수응답과 무응답은 없다)

〈S회사 지방이전 만족도 통계〉

(단위 : %)

구분	매우 그렇다	그렇다	보통이다	그렇지 않다	매우 그렇지 않다
1. 지방이전 후 회사 주변 환경에 대해 만족합니까?	15	10	30	25	20
2. 이전한 사무실 시설에 만족합니까?	21	18	35	15	11
3. 지방이전 후 출·퇴근 교통에 만족합니까?	12	7	13	39	29
4. 새로운 환경에서 그 전보다 업무집중이 더 잘 됩니까?	16	17	37	14	16
5. 지방이전 후 새로운 환경에 잘 적응하고 있습니까?	13	23	36	9	19

① 전체 질문 중 '보통이다' 비율이 가장 높은 질문은 '매우 그렇다' 비율도 가장 높다.
② 사무실 시설 만족에 '매우 그렇다'를 선택한 직원 수는 '보통이다'를 선택한 직원 수보다 200명 이상 적다.
③ 전체 질문에서 '그렇다'를 선택한 평균 비율보다 '매우 그렇지 않다'를 선택한 평균 비율이 4%p 높다.
④ 다섯 번째 질문에서 '매우 그렇지 않다'를 선택한 직원 수와 '그렇지 않다'를 선택한 직원 수의 차이는 150명 이상이다.
⑤ S회사의 지방이전 후 직원들의 가장 큰 불만은 출·퇴근 교통편이다.

10 다음은 S은행의 지역별 지점 수 증감에 대한 자료이다. 2019년에 지점 수가 두 번째로 많은 지역의 지점 수는 몇 개인가?

〈지역별 지점 수 증감〉

(단위 : 개)

구분	2019년 대비 2020년 증감 수	2020년 대비 2021년 증감 수	2021년 대비 2022년 증감 수	2022년 지점 수
서울	2	2	−2	17
경기	2	1	−2	14
인천	−1	2	−5	10
부산	−2	−4	3	10

① 10개 　　　　　　　② 12개
③ 14개 　　　　　　　④ 16개
⑤ 18개

11 다음은 2023년 공무원 징계 현황에 대한 자료이다. 이에 대한 〈보기〉의 설명 중 옳지 않은 것을 모두 고르면?

〈공무원 징계 현황〉

(단위 : 건)

징계 사유	경징계	중징계
A	3	25
B	174	48
C	170	53
D	160	40
기타	6	5

〈보기〉

ㄱ. 경징계 총 건수는 중징계 총 건수의 3배이다.
ㄴ. 전체 징계 건수 중 경징계 총 건수의 비율은 70% 미만이다.
ㄷ. 징계 사유 D로 인한 징계 건수 중 중징계의 비율은 20% 미만이다.
ㄹ. 전체 징계 사유 중 징계의 비율이 가장 높은 것은 C이다.

① ㄱ, ㄴ
② ㄱ, ㄷ
③ ㄴ, ㄷ
④ ㄴ, ㄹ
⑤ ㄷ, ㄹ

12 다음은 주요 곡물별 수급 현황에 대한 자료이다. 이에 대한 설명으로 옳지 않은 것은?

〈주요 곡물별 수급 현황〉

(단위 : 백만 톤)

구분		2021년	2022년	2023년
소맥	생산량	695	650	750
	소비량	697	680	735
옥수수	생산량	885	865	950
	소비량	880	860	912
대두	생산량	240	245	260
	소비량	237	240	247

① 2021년부터 2023년까지 대두의 생산량과 소비량이 지속적으로 증가하였다.
② 전체적으로 2023년에 생산과 소비가 가장 활발하였다.
③ 2022년에 옥수수는 다른 곡물에 비해 전년 대비 소비량의 변화가 가장 작았다.
④ 2021년 전체 곡물 생산량과 2023년 전체 곡물 생산량의 차이는 140백만 톤이다.
⑤ 2023년 생산량 대비 소비량의 비중이 가장 낮았던 곡물은 대두이다.

13 다음은 우리나라 1차 에너지 소비량 현황에 대한 자료이다. 이에 대한 설명으로 옳은 것은?

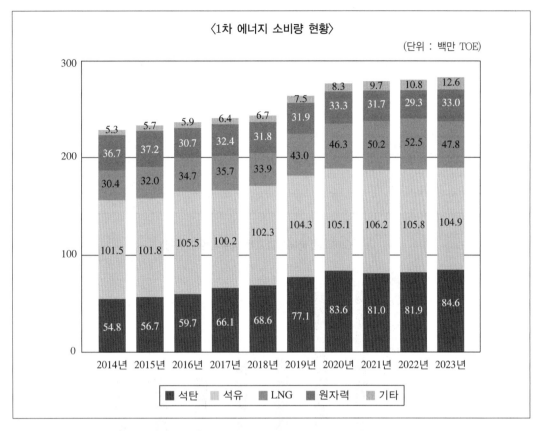

① 매년 석유 소비량이 나머지 에너지 소비량의 합보다 많다.
② 석탄 소비량은 완만한 하락세를 보이고 있다.
③ 기타 에너지 소비량이 지속적으로 감소하는 추세이다.
④ 2014 ~ 2018년 원자력 소비량은 증감을 반복하고 있다.
⑤ 2014 ~ 2018년 LNG 소비량의 증가 추세는 그 정도가 심화되었다.

※ 다음은 S국의 국내기업 7개의 정부지원금 현황에 대한 자료이다. 이어지는 질문에 답하시오. **[14~15]**

〈2023년 국내기업 7개 정부지원금 현황〉

(단위 : 만 원)

구분	정부지원금
B기업	48,200
C기업	52,040
D기업	87,190
E기업	79,250
F기업	42,703
G기업	88,740
H기업	56,820

〈2022년 국내기업 7개 정부지원금 현황〉

(단위 : 만 원)

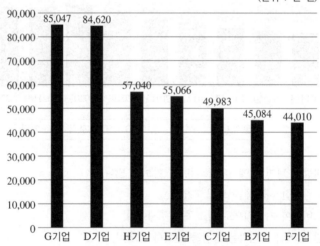

〈2021년 국내기업 5개 정부지원금 현황〉

(단위 : 만 원)

구분	정부지원금
1위	83,045
2위	82,084
3위	58,031
4위	52,053
5위	52,019

14 다음 자료에 대한 〈보기〉의 설명 중 옳은 것을 모두 고르면?

〈보기〉

ㄱ. 2022년과 2023년 정부지원금이 동일한 기업은 5개이다.
ㄴ. 정부지원금을 2021년에 G기업이 가장 많이 받았다면 G기업은 3개년 연속 1위이다.
ㄷ. 2023년에 정부지원금이 전년 대비 줄어든 기업은 2개이다.
ㄹ. 2023년 상위 7개 기업의 총 정부지원금은 전년 대비 30,000만 원 이상 증가하였다.

① ㄱ, ㄴ
② ㄴ, ㄷ
③ ㄴ, ㄹ
④ ㄱ, ㄴ, ㄷ
⑤ ㄴ, ㄷ, ㄹ

15 다음 제시된 조건을 참고하여 2021년 정부지원금을 기준으로 1위부터 5위 기업을 차례대로 나열한 것은?

〈조건〉

• 2022년을 기준으로 1위와 2위가 바뀌었다.
• E기업은 매년 한 순위씩 상승했다.
• 2021년부터 3년간 5위 안에 드는 기업은 동일하다.
• H기업은 2022년까지 매년 3위를 유지하다가 2023년 한 순위 떨어졌다.

① G − D − H − E − C
② G − D − E − H − C
③ D − G − H − C − E
④ D − G − H − E − C
⑤ D − G − E − H − C

※ 다음은 2018 ~ 2022년의 교통수단별 사고건수에 대한 자료이다. 이어지는 질문에 답하시오. [16~17]

〈2018 ~ 2022년 교통수단별 사고건수〉

(단위 : 건)

구분	2018년	2019년	2020년	2021년	2022년
전동킥보드	8	12	54	81	162
원동기장치자전거	5,450	6,580	7,480	7,110	8,250
이륜자동차	12,400	12,900	12,000	11,500	11,200
택시	158,800	175,200	168,100	173,000	177,856
버스	222,800	210,200	235,580	229,800	227,256
전체	399,458	404,892	423,214	421,491	424,724

※ 2018년에 이륜자동차 면허에 대한 법률이 개정되었고, 2019년부터 시행됨

16 다음 중 자료에 대한 설명으로 옳은 것은?

① 2019년부터 2022년까지 전동킥보드 사고건수 증가율이 전년 대비 가장 높은 해는 2022년이다.
② 2019년부터 2022년까지 원동기장치자전거의 사고건수는 전년 대비 매년 증가하고 있다.
③ 이륜자동차의 2019년과 2020년의 사고건수의 합은 2018 ~ 2022년 이륜자동차 총 사고건수의 40% 이상이다.
④ 2018년 대비 2022년 택시의 사고건수 증가율은 2018년 대비 2022년 버스의 사고건수 증가율보다 낮다.
⑤ 이륜자동차를 제외하고 2018년부터 2022년까지 교통수단별 사고건수가 가장 많은 해는 2022년이다.

17 다음 자료에 대한 〈보기〉의 설명 중 옳은 것을 모두 고르면?

─〈보기〉─

ㄱ. 전동킥보드만 매년 사고건수가 증가하는 것으로 보아 이에 대한 대책이 필요하다.
ㄴ. 원동기장치자전거의 사고건수가 가장 적은 해에 이륜자동차의 사고건수는 가장 많았다.
ㄷ. 2020년부터 2022년까지 이륜자동차의 사고건수가 전년 대비 감소한 것에는 법률개정도 영향이 있었을 것이다.
ㄹ. 2019년부터 2022년까지 전년 대비 택시와 버스의 사고건수 증감 추이는 해마다 서로 반대이다.

① ㄱ
② ㄱ, ㄷ
③ ㄴ, ㄹ
④ ㄱ, ㄴ, ㄷ
⑤ ㄱ, ㄷ, ㄹ

18 다음은 2018년부터 2022년까지 연도별 동물찻길 사고건수에 대한 자료이다. 이를 참고하여 그래프로 나타낸 것으로 옳지 않은 것은?

〈연도별 동물찻길 사고〉

(단위 : 건)

구분	1월	2월	3월	4월	5월	6월	7월	8월	9월	10월	11월	12월
2018년	94	55	67	224	588	389	142	112	82	156	148	190
2019년	85	55	62	161	475	353	110	80	74	131	149	149
2020년	78	37	61	161	363	273	123	67	69	95	137	165
2021년	57	43	69	151	376	287	148	63	70	135	86	76
2022년	60	40	44	112	332	217	103	66	51	79	79	104

※ 1분기(1 ~ 3월), 2분기(4 ~ 6월), 3분기(7 ~ 9월), 4분기(10 ~ 12월)

① 1 ~ 6월 5개년 합(건)

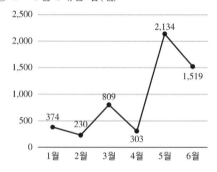

② 7 ~ 12월 5개년 합(건)

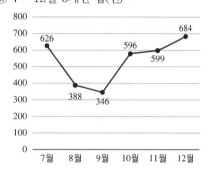

③ 연도별 건수 합(건)

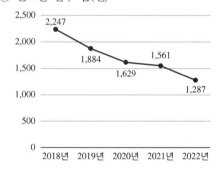

④ 연도별 1분기 합(건)

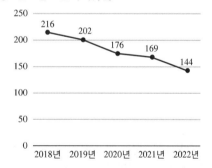

⑤ 연도별 3분기 합(건)

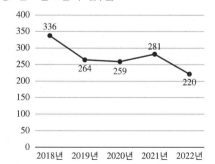

19 다음은 제30회 공인중개사 시험 응시자와 합격자를 나타낸 자료이다. 다음 자료에 따를 때, 제1차 시험 대비 제2차 시험 합격률의 증가율은?

〈제30회 공인중개사 시험 현황〉

구분	접수자	응시자	응시율	합격자
제1차 시험	250,000	155,000	62%	32,550
제2차 시험	120,000	75,000	62.5%	17,325

※ 응시율은 접수자 중 응시자의 비율을 의미하고, 합격률은 응시자 중 합격자의 비율을 의미함

① 0.1% ② 1%
③ 2% ④ 5%
⑤ 10%

20 어느 광산에서 1년간 채굴하는 A광물의 양이 다음과 같이 일정한 규칙으로 감소할 때, A광물의 채굴량이 처음으로 10ton 미만이 되는 해는?

〈연도별 A광물 채굴량〉

(단위 : ton)

연도	2019년	2020년	2021년	2022년	2023년
채굴량	49	45	41	37	33

① 2029년 ② 2030년
③ 2031년 ④ 2032년
⑤ 2033년

※ 제시된 명제가 모두 참일 때, 다음 중 빈칸에 들어갈 명제로 가장 적절한 것을 고르시오. **[1~3]**

01

- 전제1. 도서관에 간 날은 공부를 충분히 한 날이다.
- 전제2. _____
- 결론.   집에 늦게 돌아온 날은 공부를 충분히 한 날이다.

① 도서관에 간 날은 집에 늦게 돌아온 날이다.
② 집에 늦게 돌아오지 않은 날은 도서관에 간 날이다.
③ 공부를 충분히 하지 않은 날은 집에 늦게 들어온 날이다.
④ 도서관에 가지 않은 날은 집에 늦게 돌아온 날이 아니다.
⑤ 공부를 충분히 하지 않은 날은 집에 늦게 돌아오지 않은 날이다.

02

- 전제1. 선생님에게 혼나지 않은 사람은 모두 떠들지 않은 것이다.
- 전제2. _____
- 결론.   벌을 서지 않은 사람은 모두 떠들지 않은 것이다.

① 떠든 사람은 모두 벌을 서지 않는다.
② 벌을 선 사람은 모두 떠든 것이다.
③ 떠든 사람은 모두 선생님에게 혼이 난다.
④ 선생님에게 혼이 난 사람은 모두 벌을 선다.
⑤ 선생님은 떠들지 않는다.

03

- 전제1. A프로젝트에 참여하는 모든 사람은 B프로젝트에 참여한다.
- 전제2. _____
- 결론.   B프로젝트에 참여하는 어떤 사람은 C프로젝트에 참여한다.

① B프로젝트에 참여하지 않는 모든 사람은 C프로젝트에 참여하지 않는다.
② A프로젝트에 참여하지 않는 어떤 사람은 C프로젝트에 참여한다.
③ B프로젝트에 참여하는 어떤 사람은 A프로젝트에 참여한다.
④ A프로젝트에 참여하는 어떤 사람은 C프로젝트에 참여한다.
⑤ A프로젝트에 참여하는 모든 사람은 C프로젝트에 참여하지 않는다.

04 주차장에 이부장, 박과장, 김대리 세 사람의 차가 나란히 주차되어 있는데, 순서는 알 수 없다. 다음 중 한 사람의 말이 거짓이라고 할 때, 주차장에 주차된 순서로 알맞은 것을 고르면?

> • 이부장 : 내 옆에는 박과장 차가 세워져 있더군.
> • 박과장 : 제 옆에 김대리 차가 있는 걸 봤어요.
> • 김대리 : 이부장님 차가 가장 왼쪽에 있어요.
> • 이부장 : 김대리 차는 가장 오른쪽에 주차되어 있던데.
> • 박과장 : 저는 이부장님 차 옆에 주차하지 않았어요.

① 김대리 – 이부장 – 박과장
② 박과장 – 김대리 – 이부장
③ 박과장 – 이부장 – 김대리
④ 이부장 – 박과장 – 김대리
⑤ 이부장 – 김대리 – 박과장

05 S사 영업부 직원들은 사무실 자리 배치를 〈조건〉에 따라 바꾸기로 했다. 변경한 사무실 자리 배치에 대한 설명으로 적절하지 않은 것은?

〈사무실 자리 배치표〉

부장	A	B	성대리	C	D
	E	김사원	F	이사원	G

─〈조건〉─

• 같은 직급은 옆자리로 배정하지 않는다.
• 사원 옆자리와 앞자리는 비어있을 수 없다.
• 부장은 동쪽을 바라보며 앉고 부장의 앞자리에는 상무 또는 부장이 앉는다.
• 부장을 제외한 직원들은 마주보고 있다.
• S사 영업부 직원은 부장, 사원 2명(김사원, 이사원), 대리 2명(성대리, 한대리), 상무 1명(오상무), 차장 1명(최차장), 과장 2명(김과장, 박과장)이다.

① 차장 앞자리에 빈자리가 있다.
② A와 D는 빈자리다.
③ F와 G에 김과장과 박과장이 앉는다.
④ C에 최차장이 앉으면 E에는 오상무가 앉는다.
⑤ B와 C에 오상무와 박과장이 앉으면 F에는 한대리가 앉을 수 있다.

06 12명의 사람이 모자, 상의, 하의를 착용하는데 모자, 상의, 하의는 빨간색 또는 파란색 중 하나이다. 12명이 모두 모자, 상의, 하의를 착용했을 때, 다음과 같은 모습이었다면 하의만 빨간색인 사람은 몇 명인가?

- 어떤 사람을 보아도 모자와 하의는 서로 다른 색이다.
- 같은 색의 상의와 하의를 입은 사람의 수는 6명이다.
- 빨간색 모자를 쓴 사람의 수는 5명이다.
- 모자, 상의, 하의 중 1가지만 빨간색인 사람은 7명이다.

---

① 1명   ② 2명

③ 3명   ④ 4명

⑤ 5명

07 S사에 근무 중인 A ~ E는 다음 사내 교육프로그램 일정에 따라 요일별로 하나의 프로그램에 참가한다. 제시된 〈조건〉이 모두 참일 때, 다음 중 항상 참인 것은?

월	화	수	목	금
필수1	필수2	선택1	선택2	선택3

〈조건〉

- A는 선택 프로그램에 참가한다.
- C는 필수 프로그램에 참가한다.
- D는 C보다 나중에 프로그램에 참가한다.
- E는 A보다 나중에 프로그램에 참가한다.

① D는 반드시 필수 프로그램에 참가한다.
② B가 필수 프로그램에 참가하면 C는 화요일 프로그램에 참가한다.
③ C가 화요일 프로그램에 참가하면 E는 선택2 프로그램에 참가한다.
④ A가 목요일 프로그램에 참가하면 E는 선택3 프로그램에 참가한다.
⑤ E는 반드시 목요일 프로그램에 참가한다.

08 영업팀의 A ~ E사원은 출장으로 인해 S호텔에 투숙하게 되었다. S호텔은 5층 건물로 A ~ E사원이 서로 다른 층에 묵는다고 할 때, 다음 중 옳은 것은?

- A사원은 2층에 묵는다.
- B사원은 A사원보다 높은 층에 묵지만, C사원보다는 낮은 층에 묵는다.
- D사원은 C사원 바로 아래층에 묵는다.

① E사원은 1층에 묵는다.
② B사원은 4층에 묵는다.
③ E사원은 가장 높은 층에 묵는다.
④ C사원은 D사원보다 높은 층에 묵지만, E사원보다는 낮은 층에 묵는다.
⑤ 가장 높은 층에 묵는 사람은 알 수 없다.

09 S사의 A ~ F팀은 월요일부터 토요일까지 하루에 2팀씩 함께 회의를 진행한다. 다음 〈조건〉을 참고할 때, 반드시 참인 것은?(단, 월요일부터 토요일까지 각 팀의 회의 진행 횟수는 서로 같다)

―〈조건〉―
- 오늘은 목요일이고 A팀과 F팀이 함께 회의를 진행했다.
- B팀은 A팀과 연이은 요일에 회의를 진행하지 않는다.
- B팀은 오늘을 포함하여 이번 주에는 더 이상 회의를 진행하지 않는다.
- C팀은 월요일에 회의를 진행했다.
- D팀과 C팀은 이번 주에 B팀과 한 번씩 회의를 진행한다.
- A팀과 F팀은 이번 주에 이틀을 연이어 함께 회의를 진행한다.

① E팀은 수요일과 토요일 하루 중에만 회의를 진행한다.
② 화요일에 회의를 진행한 팀은 B팀과 E팀이다.
③ C팀과 E팀은 함께 회의를 진행하지 않는다.
④ C팀은 월요일과 수요일에 회의를 진행했다.
⑤ F팀은 목요일과 금요일에 회의를 진행한다.

10 A ~ E 중 1명이 테이블 위에 놓여있던 사탕을 먹었다. 이들 중 1명의 진술만 거짓일 때, 거짓을 말하는 사람은?

- A : D의 말은 거짓이다.
- B : A가 사탕을 먹었다.
- C : D의 말은 사실이다.
- D : B는 사탕을 먹지 않았다.
- E : D는 사탕을 먹지 않았다.

① A   ② B
③ C   ④ D
⑤ E

11 S사의 기획부서에는 사원 A ~ D와 대리 E ~ G가 소속되어 있으며, 이들 중 4명이 해외 진출 사업을 진행하기 위해 베트남으로 출장을 갈 예정이다. 다음 〈조건〉을 따를 때, 항상 참인 것은?

─────〈조건〉─────

- 사원 중 적어도 한 사람은 출장을 간다.
- 대리 중 적어도 한 사람은 출장을 가지 않는다.
- A사원과 B사원 중 적어도 한 사람이 출장을 가면, D사원은 출장을 간다.
- C사원이 출장을 가면, E대리와 F대리는 출장을 가지 않는다.
- D사원이 출장을 가면, G대리도 출장을 간다.
- G대리가 출장을 가면, E대리도 출장을 간다.

① A사원은 출장을 간다.
② B사원은 출장을 간다.
③ C사원은 출장을 가지 않는다.
④ D사원은 출장을 가지 않는다.
⑤ G사원은 출장을 가지 않는다.

12 S사는 R사업을 시행함에 따라 A ~ F업체 중 3곳을 시공업체로 선정하고자 한다. 제시된 〈조건〉을 바탕으로 B업체가 선정되지 않았다고 할 때, 다음 중 시공업체로 선정될 수 있는 업체를 모두 고르면?

<hr>

〈조건〉

- A업체가 선정되면, B업체도 선정된다.
- A업체가 선정되지 않으면, D업체가 선정된다.
- B업체가 선정되지 않으면, C업체가 선정된다.
- E업체가 선정되면, D업체는 선정되지 않는다.
- D업체나 E업체가 선정되면, F업체도 선정된다.

<hr>

① A, C, D   ② A, C, F
③ C, D, F   ④ C, E, F
⑤ D, E, F

13 콩쥐, 팥쥐, 향단, 춘향 네 사람은 함께 마을 잔치에 참석하기로 했다. 족두리, 치마, 고무신을 빨간색, 파란색, 노란색, 검은색 색깔별로 총 12개의 물품을 공동으로 구입하여, 제시된 〈조건〉에 따라 각자 다른 색의 족두리, 치마, 고무신을 하나씩 빠짐없이 착용하기로 했다. 예를 들어, 어떤 사람이 빨간색 족두리, 파란색 치마를 착용한다면, 고무신은 노란색 또는 검은색으로 착용해야 할 때, 다음 중 항상 참인 것은?

<hr>

〈조건〉

- 선호하는 것을 배정받고, 싫어하는 것은 배정받지 않는다.
- 콩쥐는 빨간색 치마를 선호하고, 파란색 고무신을 싫어한다.
- 팥쥐는 노란색을 싫어하고, 검은색 고무신을 선호한다.
- 향단이는 검은색 치마를 싫어한다.
- 춘향이는 빨간색을 싫어한다.

<hr>

① 콩쥐는 검은색 족두리를 착용한다.
② 팥쥐는 노란색 족두리를 착용한다.
③ 향단이는 파란색 고무신을 착용한다.
④ 춘향이는 검은색 치마를 착용한다.
⑤ 빨간색 고무신을 착용하는 사람은 파란색 족두리를 착용한다.

14 다음 내용에 따라 문항출제위원을 위촉하고자 한다. 〈조건〉에 따라 다음 중 반드시 참인 것은?

위촉하고자 하는 문항출제위원은 총 6명이다. 후보자는 논리학자 4명, 수학자 6명, 과학자 5명으로 추려졌다. 논리학자 2명은 형식논리를 전공했고 다른 2명은 비형식논리를 전공했다. 수학자 2명은 통계학을 전공했고 3명은 기하학을 전공했으며 나머지 1명은 대수학을 전공했다. 과학자들은 각각 물리학, 생명과학, 화학, 천문학, 기계공학을 전공했다.

───────〈조건〉───────

• 형식논리 전공자가 선정되면 비형식논리 전공자도 같은 인원만큼 선정된다.
• 수학자 중에서 통계학자만 선정되는 경우는 없다.
• 과학자는 최소 2명은 선정되어야 한다.
• 논리학자, 수학자는 최소 1명씩은 선정되어야 한다.
• 기하학자는 천문학자와 함께 선정되고, 기계공학자는 통계학자와 함께 선정된다.

① 형식논리 전공자와 비형식논리 전공자가 1명씩 선정된다.
② 서로 다른 전공을 가진 수학자가 2명 선정된다.
③ 과학자는 최대 4명까지 선정될 수 있다.
④ 통계학 전공자를 포함하면 수학자는 3명이 선정될 수 없다.
⑤ 논리학자가 3명이 선정되는 경우는 없다.

※ 다음 제시된 도형의 규칙을 보고 물음표에 들어갈 알맞은 것을 고르시오. [15~17]

15

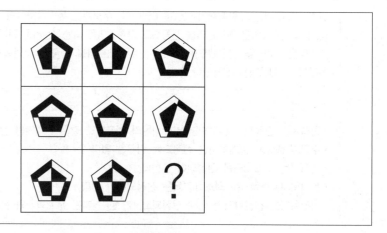

①

②

③

④

⑤

16

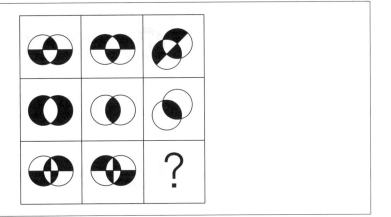

①

②

③

④

⑤

17

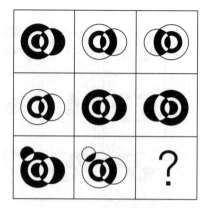

①

②

③

④

⑤

※ 다음 도식에서 기호들은 일정한 규칙에 따라 문자를 변화시킨다. 물음표에 들어갈 알맞은 문자를 고르시오 (단, 규칙은 가로와 세로 중 한 방향으로만 적용된다). [18~21]

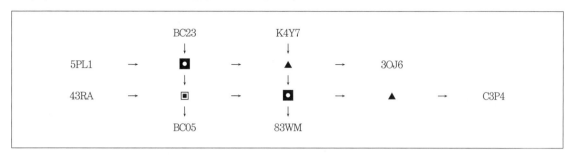

18

652P → ▣ → ▲ → ?

① P625
② W447
③ Q644
④ D525
⑤ 51R2

19

AT3C → ▲ → ◘ → ?

① GT1C
② H1TC
③ DS1C
④ A4ER
⑤ LJ1X

20

S4F3 → ▲ → ◘ → ▣ → ?

① 43DV
② 44TU
③ 5CD1
④ 34DU
⑤ F23K

21

1EB7 → ▣ → ◘ → ▣ → ?

① 0FY9
② 1FZ9
③ 0ZF9
④ 0FZ9
⑤ 1ZF9

22

(가) 여기에 반해 동양에서는 보름달에 좋은 이미지를 부여한다. 예를 들어, 우리나라의 처녀귀신이나 도깨비는 달빛이 흐린 그믐 무렵에나 활동하는 것이다. 그런데 최근에는 동서양의 개념이 마구 뒤섞여 보름달을 배경으로 악마의 상징인 늑대가 우는 광경이 동양의 영화에 나오기도 한다.

(나) 동양에서 달은 '음(陰)'의 기운을, 해는 '양(陽)'의 기운을 상징한다는 통념이 자리를 잡았다. 그래서 달을 '태음', 해를 '태양'이라고 불렀다. 동양에서는 해와 달의 크기가 같은 덕에 음과 양도 동등한 자격을 갖춘다. 즉, 음과 양은 어느 하나가 좋고 다른 하나는 나쁜 것이 아니라 서로 보완하는 관계를 이루는 것이다.

(다) 옛날부터 형성된 이러한 동서양 간의 차이는 오늘날까지 영향을 끼치고 있다. 동양에서는 달이 밝으면 달맞이를 하는데, 서양에서는 달맞이를 자살 행위처럼 여기고 있다. 특히 보름달은 서양인들에게 거의 공포의 상징과 같은 존재이다. 예를 들어, 13일의 금요일에 보름달이 뜨게 되면 사람들이 외출조차 꺼린다.

(라) 하지만 서양의 경우는 다르다. 서양에서 낮은 신이, 밤은 악마가 지배한다는 통념이 자리를 잡았다. 따라서 밤의 상징인 달에 좋지 않은 이미지를 부여하게 되었다. 이는 해와 달의 명칭을 보면 알 수 있다. 라틴어로 해를 'Sol', 달을 'Luna'라고 하는데 정신병을 뜻하는 단어 'Lunacy'의 어원이 바로 'Luna'이다.

① (가) – (나) – (라) – (다)
② (나) – (다) – (가) – (라)
③ (나) – (라) – (가) – (다)
④ (나) – (라) – (다) – (가)
⑤ (다) – (나) – (라) – (가)

23

(가) 초연결사회란 사람, 사물, 공간 등 모든 것들이 인터넷으로 서로 연결돼, 모든 것에 대한 정보가 생성 및 수집되고 공유·활용되는 것을 말한다. 즉, 모든 사물과 공간에 새로운 생명이 부여되고 이들의 소통으로 새로운 사회가 열리고 있는 것이다.

(나) 최근 '초연결사회(Hyper Connected Society)'란 말을 주위에서 심심치 않게 들을 수 있다. 인터넷을 통해 사람 간의 연결은 물론 사람과 사물, 심지어 사물 간의 연결 등 말 그대로 '연결의 영역 초월'이 이뤄지고 있다.

(다) 나아가 초연결사회는 단지 기존의 인터넷과 모바일 발전의 맥락이 아닌 우리가 살아가는 방식 전체, 즉 사회의 관점에서 미래사회의 새로운 패러다임으로 큰 변화를 가져올 전망이다.

(라) 초연결사회에서는 인간 대 인간은 물론, 기기와 사물 같은 무생물 객체끼리도 네트워크를 바탕으로 상호 유기적인 소통이 가능해진다. 컴퓨터, 스마트폰으로 소통하던 과거와 달리 초연결 네트워크로 긴밀히 연결되어 오프라인과 온라인이 융합되고, 이를 통해 새로운 성장과 가치 창출의 기회가 증가할 것이다.

① (가) – (나) – (다) – (라)
② (가) – (나) – (라) – (다)
③ (나) – (가) – (다) – (라)
④ (나) – (가) – (라) – (다)
⑤ (다) – (나) – (가) – (라)

24 다음 글을 읽고 추론한 내용으로 가장 적절한 것은?

> '쓰는 문화'가 책의 문화에서 가장 우선이다. 쓰는 이가 없이는 책이 나올 수가 없다. 그러나 지혜를 많이 갖고 있다는 것과 그것을 글로 옮길 줄 아는 것은 별개의 문제이다. 엄격하게 이야기해서 지혜는 어떤 한 가지 일에 지속적으로 매달린 사람이면 누구나 머릿속에 쌓아두고 있는 것이다. 하지만 그것을 글로 옮기기 위해서는 특별하고도 고통스러운 훈련이 필요하다. 생각을 명료하게 정리할 줄과 글 맥을 이어갈 줄 알아야 하며, 그리고 줄기찬 노력을 바칠 준비가 되어 있어야 한다. 모든 국민이 책 한 권을 남길 수 있을 만큼 쓰는 문화가 발달한 사회가 도래하면, 그때에는 지혜의 르네상스가 가능할 것이다.
>
> '읽는 문화'의 실종, 그것이 바로 현대의 특징이다. 신문의 판매 부수가 날로 떨어져 가는 반면에 텔레비전의 시청률은 날로 증가하고 있다. 깨알 같은 글로 구성된 200쪽 이상의 책보다 그림과 여백이 압도적으로 많이 들어간 만화책 같은 것이 늘어나고 있다. 보는 문화가 읽는 문화를 대체해 가고 있다. 읽는 일에는 피로가 동반되지만 보는 놀이에는 휴식이 따라온다. 일을 저버리고 놀이만 좇는 문화가 범람하고 있지 않은가. 보는 놀이가 머리를 비게 하는 것은 너무나 당연하다. 읽는 일이 장려되지 않는 한 생각 없는 사회로 치달을 수밖에 없다. 책의 문화는 바로 읽는 일과 직결되며, 생각하는 사회를 만드는 지름길이다.

① 지혜로운 사람이 그렇지 않은 사람보다 더 논리적으로 글을 쓸 수 있다.
② 고통스러운 훈련을 견뎌야 지혜로운 사람이 될 수 있다.
③ 텔레비전을 많이 보는 사람은 그렇지 않은 사람보다 신문을 적게 읽는다.
④ 만화책은 내용과 관계없이 그림의 수준이 높을수록 더 많이 판매된다.
⑤ 사람들이 텔레비전을 많이 볼수록 생각하는 시간이 적어진다.

25 다음 글의 내용이 참일 때 항상 거짓인 것은?

스마트시티란 크게는 첨단 정보통신기술을 이용해 도시 생활 속에서 유발되는 교통 문제, 환경 문제, 주거 문제, 시설 비효율 등을 해결하여 시민들이 편리하고 쾌적한 삶을 누릴 수 있도록 한 '똑똑한 도시'를 뜻한다. 하지만, 각국 경제 및 발전 수준, 도시 상황과 여건에 따라 매우 다양하게 정의 및 활용되고, 접근 전략에도 차이가 있다.

스페인의 경우, 2013년 초부터 노후된 바르셀로나 도시 중심지 본 지구를 재개발하면서 곳곳에 사물 인터넷 기술을 기반으로 한 '스마트시티' 솔루션을 시범 운영했다. 이 경험을 바탕으로 바르셀로나 곳곳이 스마트 환경으로 변화하고 있다. 가장 성공적인 프로젝트 중 하나는 센서가 움직임을 감지하여 에너지를 절약하는 스마트 LED 조명을 광범위하게 설치한 것이다. 이 스마트 가로등은 무선 인터넷의 공유기 역할을 하는 동시에 소음 수준과 공기 오염도를 분석하여 인구 밀집도까지 파악할 수 있다. 아울러 바르셀로나는 원격 관개 제어를 설치해 분수를 원격으로 제어하고, 빌딩을 스마트화해 에너지 모니터링을 시행하고 있다. 또 주차 공간에 차가 있는지 여부를 감지하는 센서를 설치한 '스마트 주차'를 도입하기도 했다.

또 항저우를 비롯한 중국의 여러 도시들은 블록체인 기술을 사물인터넷과 디지털 월렛 등에 적용하여 페이퍼리스 사회를 구현하고 있다. 알리바바의 알리페이를 통해 항저우 택시의 98%, 편의점의 95% 정도에서 모바일 결제가 가능하며, 정부 업무, 차량, 의료 등 60여 종에 달하는 서비스를 이용할 수 있다.

우리나라도 세종과 부산에 스마트시티 국가 시범도시를 조성하고 있다. 세종에서는 인공지능, 블록체인 기술을 기반으로 한 도시를 조성해 모빌리티, 헬스케어, 교육, 에너지환경, 거버넌스, 문화쇼핑, 일자리 등 7대 서비스를 구현한다. 이곳에서는 자율주행 셔틀버스, 전기공유차 등을 이용할 수 있고 개인 맞춤형 의료 서비스 등을 받을 수 있다. 또 부산에서는 고령화, 일자리 감소 등의 도시문제에 대응하기 위해 로봇, 물 관리 관련 신사업을 육성한다. 로봇이 주차를 하거나 물류를 나르는 등 일상생활에서 로봇 서비스를 이용할 수 있고 첨단 스마트 물 관리 기술을 적용해 한국형 물 특화 도시모델을 구축한다.

① 각국에 따라 스마트시티에서 활용되는 기능을 다를 수 있다.
② 스페인의 스마트시티에서는 직접 인구조사를 하지 않더라도 인구 밀집도를 파악할 수 있다.
③ 스페인의 스마트시티에서는 '스마트 주차' 기능을 통해 대리주차가 가능하다.
④ 중국의 스마트시티에서는 지갑을 가지고 다니지 않더라도 일부 서비스를 이용할 수 있다.
⑤ 맞춤형 의료 서비스가 필요한 환자의 경우 부산보다는 세종 스마트시티가 더 적절하다.

26 다음 글의 내용이 참일 때 항상 참인 것은?

개인의 소득을 결정하는 데에는 다양한 요인들이 작용한다. 가장 중요한 변수가 어떤 직업일 것이다. 일반적으로 전문직의 경우 고소득이 보장되며 단순노무직의 경우 저소득층의 분포가 많다. 직업의 선택에 영향을 미치는 요인 가운데 가장 중요한 것이 개인의 학력과 능력일 것이다. 그러나 개인의 학력과 능력을 결정하는 배경변수로 무수히 많은 요인들이 작용한다. 그 가운데에서는 개인의 노력이나 선택과 관련된 요인들이 있고 그것과 무관한 환경적 요인들이 있다. 상급학교에 진학하기 위해 얼마나 공부를 열심히 했는가, 어떤 전공을 선택했는가, 직장에서 요구하는 숙련과 지식을 습득하기 위해 얼마나 노력을 했는가 하는 것들이 전자에 해당된다. 반면 부모가 얼마나 자식의 교육을 위해 투자했는가, 어떤 환경에서 성장했는가, 개인의 성이나 연령은 무엇인가 등은 개인의 선택과 무관한 대표적인 환경적 요인일 것이다. 심지어 운(불운)도 개인의 직업과 소득을 결정하는 데 직·간접적으로 작용한다.

환경적 요인에 대한 국가의 개입이 정당화될 수 있는 근거는 그러한 요인들이 개인의 통제를 벗어난(Beyond One's Control) 요인이라는 것이다. 따라서 개인이 어찌할 수 없는 이유로 발생한 불리함(저소득)에 대해 전적으로 개인에게 책임을 묻는 것은 분배정의론의 관점에서 정당하다고 보기 힘들다. 부모의 학력은 전적으로 개인(자녀)이 선택할 수 없는 변수이다. 그런데 부모의 학력은 부모의 소득과 직결되기 쉽고 따라서 자녀에 대한 교육비지출 등 교육투자의 격차를 발생시키기 쉽다. 가난한 부모에게서 태어나고 성자한 자녀들은 동일한 능력을 가지고 부유한 부모에게서 태어나서 성장한 사람에 비해 본인의 학력과 직업적 능력을 취득할 기회를 상대적으로 박탈당했다고 볼 수 있다. 그 결과 저소득층 자녀들은 고소득층 자녀에 비해 상대적으로 낮은 소득을 얻을 확률이 높다. 이러한 현상이 극단적으로 심화된다면 이른바 빈부격차의 대물림 현상이 나타날 것이다. 이와 같이 부모의 학력이 자녀 세대의 소득에 영향을 미친다면, 자녀세대의 입장에서는 본인의 노력과 무관한 요인에 의해 경제적 불이익을 당하는 것이다. 기회의 균등 원칙은 이러한 분배적 부정의를 해소하기 위한 정책적 개입을 정당화한다.

외국의 경우와 비교하여 볼 때, 사회민주주의 국가의 경우에는 이미 현재의 조세정책으로도 충분히 기회균등화 효과를 거두고 있음을 확인하였다. 반면 미국, 이태리, 스페인 등 영미권이나 남유럽 국가의 경우 우리나라의 경우와 유사하거나 더 심한 기회의 불평등 양상을 보여주었다.

따라서 부모의 학력이 자녀의 소득에 영향을 미치는 효과를 차단하기 위해서는 더욱 적극적인 재정정책이 필요하다. 세율을 보다 높이고 대신 이전지출의 크기를 늘리는 것이 세율을 낮추고 이전지출을 줄이는 것에 비해 재분배효과가 더욱 있으리라는 것은 자명한 사실이다. 기회 균등화란 관점에서 볼 때 우리나라의 재분배 정책은 훨씬 강화되어야 한다는 시사점을 얻을 수 있다.

① 개인의 학력과 능력은 개인의 노력이나 선택에 의해서 결정된다.

② 분배정의론의 관점에서 개인의 선택에 의한 불리함에 대해 개인에게 책임을 묻는 것은 정당하지 않다.

③ 부모의 학력이 자녀의 소득에 영향을 미치는 현상이 심화된다면 빈부격차의 대물림 현상이 나타날 것이다.

④ 사회민주주의 국가의 경우 더 심한 기회의 불평등 양상이 나타나는 것으로 확인된다.

⑤ 이전지출을 줄이는 것은 세율을 낮추는 것보다 재분배효과가 더욱 클 것으로 전망된다.

27 다음 글의 제목으로 가장 적절한 것은?

사전적 정의에 의하면 재즈는 20세기 초반 미국 뉴올리언스의 흑인 문화 속에서 발아한 후 미국을 대표하는 음악 스타일이자 문화가 된 음악 장르이다. 서아프리카의 흑인 민속음악이 18세기 후반과 19세기 초반의 대중적이고 가벼운 유럽의 클래식 음악과 만나서 탄생한 것이 재즈다. 그러나 이 정도의 정의로 재즈의 전모를 밝히기에는 역부족이다. 이미 재즈가 미국을 넘어 전 세계에서 즐겨 연주되고 있으며 그 기법 역시 트레이드 마크였던 스윙(Swing)에서 많이 벗어났기 때문이다.

한편 재즈 역사가들은 재즈를 음악을 넘어선 하나의 이상이라고 이야기한다. 그 이상이란 삶 속에서 우러나온 경험과 감정을 담고자 하는 인간의 열정적인 마음이다. 여기에서 영감을 얻은 재즈 작곡가나 연주자는 즉자적으로 곡을 작곡하고 연주해 왔으며, 그러한 그들의 의지가 바로 다사다난한 인생을 관통하여 재즈에 담겨 있다. 초기의 재즈가 미국 흑인들의 한과 고통을 담아낸 흔적이자 역사 그 자체인 점이 이를 증명한다. 억압된 자유를 되찾으려는 그들의 저항 의식은 아름답게 정제된 기존의 클래식 음악의 틀 안에서는 온전하게 표출될 수 없었다. 불규칙적으로 전개되는 과감한 불협화음, 줄곧 어긋나는 듯한 리듬, 정제되지 않은 멜로디, 이들의 총합으로 유발되는 긴장감과 카타르시스……. 당시 재즈 사운드는 충격 그 자체였다. 그렇지만 현 시점에서 이러한 기법과 형식을 담은 장르는 넘쳐날 정도로 많아졌고, 클래식 역시 아방가르드(Avantgarde)라는 새로운 영역을 개척한 지 오래이다. 그러므로 앞에서 언급한 스타일과 이를 가능하게 했던 이상은 더 이상 재즈만의 전유물이라 할 수 없다.

켄 번스(Ken Burns)의 영화 '재즈(Jazz)'에서 윈튼 마살리스(Wynton Marsalis)는 "재즈의 진정한 힘은 사람들이 모여서 즉흥적인 예술을 만들고 자신들의 예술적 주장을 타협해 나가는 것에서 나온다. 이러한 과정 자체가 곧 재즈라는 예술 행위이다."라고 말한다. 그렇다면 우리의 일상은 곧 재즈 연주와 견줄 수 있다. 출생과 동시에 우리는 다른 사람들과 관계를 맺으며 살아간다. 물론 자신과 타인은 호불호나 삶의 가치관이 제각각일 수밖에 없다. 따라서 자신과 타인의 차이가 옳고 그름의 차원이 아닌 '다름'이라는 것을 알아가는 것, 그리고 그러한 차이를 인정하고 그 속에서 서로 이해하고 배려하려는 노력이 필요하다. 이렇듯 자신과 다른 사람과 함께 '공통의 행복'이라는 것을 만들어 간다면 우리 역시 바로 '재즈'라는 위대한 예술을 구현하고 있는 것이다.

① 재즈와 클래식의 차이
② 재즈의 기원과 본질
③ 재즈의 장르적 우월성
④ 재즈와 인생의 유사성과 차이점
⑤ 재즈를 감상하는 이유

28 다음 주장에 대한 반박으로 가장 적절한 것은?

우리는 우리가 생각한 것을 말로 나타낸다. 또 다른 사람의 말을 듣고, 그 사람이 무슨 생각을 가지고 있는가를 짐작한다. 그러므로 생각과 말은 서로 떨어질 수 없는 깊은 관계를 가지고 있다.

그러면 말과 생각이 얼마만큼 깊은 관계를 가지고 있을까? 이 문제를 놓고 사람들은 오랫동안 여러 가지 생각을 하였다. 그 가운데 가장 두드러진 것이 두 가지 있다. 그 하나는 말과 생각이 서로 꼭 달라붙은 쌍둥이인데 한 놈은 생각이 되어 속에 감추어져 있고 다른 한 놈은 말이 되어 사람 귀에 들리는 것이라는 생각이다. 다른 하나는 생각이 큰 그릇이고 말은 생각 속에 들어가는 작은 그릇이어서 생각에는 말 이외에도 다른 것이 더 있다는 생각이다.

이 두 가지 생각 가운데서 앞의 것은 조금만 깊이 생각해 보면 틀렸다는 것을 즉시 깨달을 수 있다. 우리가 생각한 것은 거의 대부분 말로 나타낼 수 있지만, 누구든지 가슴 속에 응어리진 어떤 생각이 분명히 있기는 한데 그것을 어떻게 말로 표현해야 할지 애태운 경험을 가지고 있을 것이다. 이것 한 가지만 보더라도 말과 생각이 서로 안팎을 이루는 쌍둥이가 아님은 쉽게 판명된다.

인간의 생각이라는 것은 매우 넓고 큰 것이며, 말이란 결국 생각의 일부분을 주워 담는 작은 그릇에 지나지 않는다. 그러나 아무리 인간의 생각이 말보다 범위가 넓고 큰 것이라고 하여도 그것을 가능한 한 말로 바꾸어 놓지 않으면 그 생각의 위대함이나 오묘함이 다른 사람에게 전달되지 않기 때문에 생각이 형님이요, 말이 동생이라고 할지라도 생각은 동생의 신세를 지지 않을 수가 없게 되어 있다.

① 말이 통하지 않아도 생각은 얼마든지 전달될 수 있다.

② 생각을 드러내는 가장 직접적인 수단은 말이다.

③ 말은 생각이 바탕이 되어야 생산될 수 있다.

④ 말과 생각은 서로 영향을 주고받는 긴밀한 관계를 유지한다.

⑤ 사회적 · 문화적 배경이 우리의 생각에 영향을 끼친다.

29 다음 글을 읽고, E. H. Carr가 주장한 역사에 대해 바르게 이야기한 것은?

'역사란 무엇인가.'로 유명한 영국의 사상가 E. H. Carr는, '역사적 사실'이란 넓은 바다를 마음껏 헤엄쳐 다니는 물고기와 같다고 표현하였다. 역사가가 물고기를 건져 올리는 것은 때로는 우연에도 의거하지만 주로 어디에서 고기를 잡느냐, 그리고 어떤 도구를 사용하느냐에 따라 달라진다는 것이다. 더욱 중요한 것은 대개의 역사가들이 자기가 원하는 종류의 사실들만 건져 올린다는 점이다. 어떤 역사든 그 속에 포함돼 있는 역사적 사실들이 순수한 의미로서의 객관성과 공정성을 유지할 수 있는가에 대해서 근본적으로 묻고 있는 것이다. E. H. Carr는 원칙적으로 인간의 사회생활에서 나타나는 모든 사물과 현상은 역사적 사실이 될 수 있지만, 그것이 반드시 역사가 되는 것은 아니라고 주장하였다.

잘못 쓰인 역사는 더 말할 것도 없고, 곁가지가 잘린 채 줄기만 남아 있는 역사적 사실은 젊은 학도의 사상 체계를 근본부터 뒤흔들 위험성이 있다. 늘 말썽이 되고 있는 일본 교과서에서의 한국 역사 왜곡도 일본인들의 이기적인 역사관에서 기인한다. 일본의 양심 있는 역사학자들은 그 원인을 이렇게 진단한다. '정치적인 행동 주체로서의 일본 제국, 그 신민(臣民)으로서의 역사적 자각이 일본사의 바탕을 이루고 있으며, 동양사와 서양사 심지어 세계사까지도 유기적인 연장선상에 놓여 있기 때문'이라는 것이다. 일본의 경우처럼 역사가 자국의 이기주의에 의해 기록으로 남겨지면 그 파장은 상상하지 못할 상황으로까지 치닫게 되는데, 마이크로 소프트사에서 울릉도, 독도를 일본 땅으로 표기하는 등 역사를 왜곡한 데 이어 브리태니커, 아메리카나 등 세계 유수의 백과사전들까지 한국 관련 부분을 멋대로 기술한 사실이 밝혀진 것 등이 그 예이다.

① 과거에 있었던 모든 사실은 역사가 된다.
② 역사 연구는 실제 있었던 것을 그대로 밝히는 것일 뿐이다.
③ 역사란 역사가와 사실 사이의 상호 작용의 과정이다.
④ 과거에 일어난 사실을 객관적으로 기록한 것만이 역사이다.
⑤ 기록으로 남겨진 역사는 당시 역사관과는 관계가 없다.

30 다음 글을 토대로 〈보기〉를 바르게 해석한 것은?

통화정책은 정부가 화폐 공급량이나 기준금리 등을 조절하여 경제의 안정성을 유지하려는 정책이다. 예를 들어 경기가 불황에 빠져 있을 때, 정부가 화폐 공급량을 늘리면 이자율이 낮아져 시중에 풍부한 자금이 공급되어 소비자들의 소비지출과 기업들의 투자지출이 늘어나면 *총수요에 영향을 주어 경제가 활성화된다. 재정정책은 정부가 지출이나 조세징수액을 변화시킴으로써 총수요에 영향을 주려는 정책이다. 재정정책에는 경기의 변동에 따라 자동적으로 작동되는 자동안정화장치와 정부의 의사결정과 국회의 동의 절차에 따라 이루어지는 재량적 재정정책이 있다.

이러한 안정화 정책의 효과는 다소간의 시차를 두고 나타나는데 이를 정책시차라고 한다. 정책시차는 내부시차와 외부시차로 구분된다. 내부시차는 정부가 경제에 발생한 문제를 인식하고 실제로 정책을 수립·집행하는 시점까지의 시간을, 외부시차는 시행된 정책이 경제에 영향을 끼쳐 그에 따른 효과가 나타나는 데까지 걸리는 시간을 의미한다.

재량적 재정정책의 경우 *추경예산을 편성하거나 조세제도를 변경해야 할 때 입법과정과 국회의 동의 절차를 거쳐야하기 때문에 내부시차가 길다. 이에 비해 통화정책은 별도의 입법 절차를 거칠 필요 없이 정부의 의지만으로 수립·집행될 수 있기 때문에 내부시차가 짧다. 또한 재량적 재정정책은 외부시차가 짧다. 예를 들어 경기 불황에 의해 실업률이 급격하게 증가할 때 정부는 공공근로사업 등에 대한 지출을 늘려 일자리를 창출하는데 이는 비교적 짧은 시간 안에 소비지출의 변화에 의해 총수요를 변화시킬 수 있다. 반면 통화정책은 정부가 이자율을 변화시켰다 하더라도 소비지출 및 투자지출의 변화가 즉각적으로 나타나지 않기 때문에 외부시차가 길다. 한편 자동안정화장치는 경기의 상황에 따라 재정지출이나 조세 징수액이 자동적으로 조절될 수 있도록 미리 재정제도 안에 마련된 재정정책이다. 따라서 재량적 재정정책과 마찬가지로 외부시차가 짧을 뿐만 아니라, 재량적 재정정책과는 달리 내부시차가 없어 경제 상황의 변화에 신속하게 대응할 수 있다는 장점이 있다. 이러한 자동안정화장치의 대표적인 예로는 누진적소득세와 실업보험제도가 있다.

* 총수요 : 한 나라의 경제 주체들이 일정 기간 동안 소비와 투자를 위해 사려고 하는 재화와 서비스의 총합
* 추경예산 : 예산을 집행하다 수입(세입)이 줄거나 예기치 못한 지출요인이 생길 때 고치는 예산

〈보기〉

누진적소득세는 납세자의 소득 금액에 따른 과세의 비율을 미리 정하여 소득이 커질수록 높은 세율을 적용하도록 정한 제도이다. 경기가 활성화되어 국민소득이 늘어날 경우 경기가 지나치게 과열될 우려가 있는데, 이 때 소득 수준이 높을수록 더 높은 세율을 적용받게 되므로 전반적 소득 증가와 더불어 세금이 자동적으로 늘어나게 된다. 이는 소비지출의 억제로 이어져 경기가 심하게 과열되지 않도록 진정하는 효과를 얻게 된다.

① 누진적소득세를 통해 화폐 공급량을 조절할 수 있다.
② 누진적소득세 시행을 위해서는 국회의 동의 절차가 필요하다.
③ 누진적소득세는 변화하는 경제 상황에 신속하게 대응할 수 있다.
④ 누진적소득세는 입법 절차로 인해 내부시차가 길다.
⑤ 누진적소득세가 실시되어도 즉각적인 소비지출의 변화가 나타나지 않기 때문에 외부시차가 길다.

제3회 모의고사

합격의공식
시대
에듀
www.sdedu.co.kr

제4회
삼성 온라인 GSAT

〈문항 수 및 시험시간〉

삼성 온라인 GSAT		
영역	문항 수	시험시간
수리	20문항	30분
추리	30문항	30분

제4회 모의고사

문항 수 : 50문항
시험시간 : 60분

제 1 영역 수리

01 영미가 매운 갈비찜을 하는 데에는 총 5시간이 걸리고 지윤이와 혜인이는 각각 2시간, 7시간이 걸린다고 한다. 영미가 2시간 동안 요리를 하고 그 후에 지윤이와 혜인이가 같이 요리를 한다고 할 때, 두 사람은 몇 시간 동안 요리를 해야 하는가?

① $\frac{13}{15}$ 시간

② $\frac{14}{15}$ 시간

③ $\frac{16}{15}$ 시간

④ $\frac{17}{15}$ 시간

⑤ $\frac{19}{15}$ 시간

02 A ~ D 4명을 한 줄로 세울 때, A가 맨 앞에 서게 될 확률은?

① $\frac{1}{5}$

② $\frac{5}{24}$

③ $\frac{1}{4}$

④ $\frac{7}{24}$

⑤ $\frac{1}{3}$

03 다음은 연령대별 삶의 만족도에 대해 조사한 자료이다. 이에 대한 설명으로 옳은 것을 〈보기〉에서 모두 고르면?

〈연령대별 삶의 만족도〉

(단위 : %)

구분	매우 만족	만족	보통	불만족	매우 불만족
10대	8	11	34	28	19
20대	3	13	39	28	17
30대	5	10	36	39	10
40대	11	17	48	16	8
50대	14	18	42	23	3

※ 긍정적인 답변 : 매우 만족, 만족, 보통
※ 부정적인 답변 : 불만족, 매우 불만족

─────── 〈보기〉 ───────

ㄱ. 연령대가 높아질수록 '매우 불만족'이라고 응답한 비율은 낮아진다.
ㄴ. 모든 연령대에서 '매우 만족'과 '만족'이라고 응답한 비율이 가장 낮은 연령대는 20대이다.
ㄷ. 모든 연령대에서 긍정적인 답변을 한 비율은 50% 이상이다.
ㄹ. 50대에서 '불만족' 또는 '매우 불만족'이라고 응답한 비율은 '만족' 또는 '매우 만족'이라고 응답한 비율의 80% 이하이다.

① ㄱ, ㄷ
② ㄱ, ㄹ
③ ㄴ, ㄷ
④ ㄴ, ㄹ
⑤ ㄷ, ㄹ

04 다음은 출생·사망 추이를 나타낸 자료이다. 이에 대한 설명으로 옳지 않은 것은?

〈출생·사망 추이〉

구분		2016년	2017년	2018년	2019년	2020년	2021년	2022년
출생아 수(천 명)		490	472	435	448	493	465	444
사망자 수(천 명)		244	244	243	242	244	246	246
기대수명(년)		77.44	78.04	78.63	79.18	79.56	80.08	80.55
수명(년)	남자	73.86	74.51	75.14	75.74	76.13	76.54	76.99
	여자	80.81	81.35	81.89	82.36	82.73	83.29	83.77

① 출생아 수는 2016년 이후 감소하다가 2019년, 2020년에 증가 이후 다시 감소하고 있다.
② 2017년부터 2022년까지의 전년 대비 기대수명은 증가하고 있다.
③ 남자와 여자의 수명은 매년 5년 이상의 차이를 보이고 있다.
④ 매년 출생아 수는 사망자 수보다 20만 명 이상 더 많으므로 매년 총 인구는 20만 명 이상씩 증가한다고 볼 수 있다.
⑤ 여자의 수명과 기대수명의 차이는 2020년이 가장 적다.

05 다음은 S지역의 곡물 재배면적 및 생산량에 대한 자료이다. 이에 대한 설명으로 옳은 것은?

〈S지역의 곡물 재배면적 및 생산량〉

(단위 : ha, 백 톤)

구분		2018년	2019년	2020년	2021년	2022년
미곡	재배면적	1,148	1,100	998	1,118	1,164
	생산량	15,276	14,145	13,057	15,553	18,585
맥류	재배면적	1,146	773	829	963	1,034
	생산량	7,347	4,407	4,407	6,339	7,795
두류	재배면적	450	283	301	317	339
	생산량	1,940	1,140	1,143	1,215	1,362
잡곡	재배면적	334	224	264	215	208
	생산량	1,136	600	750	633	772
서류	재배면적	59	88	87	101	138
	생산량	821	1,093	1,228	1,436	2,612

① 잡곡의 생산량이 가장 적은 해와 잡곡의 재배면적이 가장 적은 해는 같다.
② 2018년부터 2022년까지 재배면적은 잡곡이 서류의 2배 이상이다.
③ 두류의 생산량이 가장 많은 해에 재배면적이 가장 큰 곡물은 맥류이다.
④ 2020년부터 2022년까지 미곡과 두류의 전년 대비 생산량 증감 추이는 동일하다.
⑤ 2018년부터 2022년까지 매년 생산량은 두류가 잡곡보다 많다.

06 다음은 영농자재구매 사업에 대한 자료이다. 이에 대한 설명으로 옳은 것은?

〈영농자재구매 사업의 변화양상〉

(단위 : %)

구분	비료	농약	농기계	면세유류	종자/종묘	배합사료	일반자재	자동차	합계
1970년	74.0	12.6	5.5	–	3.7	2.5	1.7	–	100
1980년	59.7	10.8	8.6	–	0.5	12.3	8.1	–	100
1990년	48.5	12.7	19.6	0.3	0.2	7.1	11.6	–	100
2000년	30.6	9.4	7.3	7.8	0.7	31.6	12.6	–	100
2010년	31.1	12.2	8.5	13.0	–	19.2	16.0	–	100
2020년	23.6	11.0	4.3	29.7	–	20.5	10.8	0.1	100

① 일반자재는 10년 단위로 사용량이 증가하였다.
② 영농자재구매 중 비료는 항상 가장 높은 비율을 차지하였다.
③ 배합사료와 농기계는 조사 연도마다 증가와 감소를 교대로 반복하였다.
④ 2020년 이후 자동차의 비율이 가장 크게 증가할 것이다.
⑤ 면세유류는 1990년부터 감소한 적이 없다.

07 다음은 세계 주요 터널 화재 사고 A~F에 대한 자료이다. 이에 대한 설명으로 옳은 것은?

〈세계 주요 터널 화재 사고 통계〉

구분	터널 길이(km)	화재 규모(MW)	복구 비용(억 원)	복구 기간(개월)	사망자(명)
A	50.5	350	4,200	6	1
B	11.6	40	3,276	36	39
C	6.4	120	72	3	12
D	16.9	150	312	2	11
E	0.2	100	570	10	192
F	1.0	20	18	8	–

※ 사고 비용＝복구 비용＋사망자 수×5억 원

① 터널 길이가 길수록 사망자가 많다.
② 화재 규모가 클수록 복구 기간이 길다.
③ 사고 A를 제외하면 복구 기간이 길수록 복구 비용이 크다.
④ 사망자가 30명 이상인 사고를 제외하면 화재 규모가 클수록 복구 비용이 크다.
⑤ 사망자가 가장 많은 사고 E는 사고 비용도 가장 크다.

08 다음은 전국 시도의 인구 천 명당 지방자치단체 공무원 현원에 대한 자료이다. 이에 대한 설명으로 옳은 것은?

〈시 · 도별 인구 천 명당 지방자치단체 공무원 현원〉

(단위 : 명)

구분	2017년	2018년	2019년	2020년	2021년	2022년
전국	5.54	5.58	5.62	5.65	5.75	5.87
서울특별시	4.55	4.61	4.64	4.61	4.75	4.97
부산광역시	4.60	4.67	4.75	4.85	4.95	5.08
대구광역시	4.44	4.48	4.58	4.66	4.78	4.88
인천광역시	4.79	4.76	4.50	4.58	4.64	4.66
광주광역시	4.59	4.63	4.77	4.76	4.92	4.98
대전광역시	4.50	4.52	4.60	4.66	4.74	4.84
울산광역시	4.63	4.66	4.65	4.81	4.96	5.05
세종특별자치시	–	8.53	9.08	8.13	7.15	6.23
경기도	3.65	3.69	3.75	3.77	3.85	3.92
강원도	10.00	10.53	10.55	10.54	10.70	10.80
충청북도	7.80	7.85	7.98	8.07	8.17	8.33
충청남도	7.99	7.96	8.03	8.07	8.08	8.15
전라북도	8.33	8.42	8.44	8.51	8.66	8.87
전라남도	10.27	10.30	10.32	10.42	10.65	10.82
경상북도	8.82	8.94	9.12	9.13	9.24	9.41
경상남도	6.65	6.71	6.67	6.69	6.71	6.83
제주특별자치도	8.64	8.54	8.43	8.41	8.36	8.37

① 2021년 인구 천 명당 지방자치단체 공무원 수의 전년 대비 증가율은 충청북도가 충청남도보다 높다.

② 2018년부터 2022년까지 전년 대비 인천광역시와 제주특별자치도의 인구 천 명당 지방자치단체 공무원 수의 증감 추이는 동일하다.

③ 경상북도와 경상남도의 인구 천 명당 지방자치단체 공무원 수가 각각 두 번째로 적었던 해는 동일하다.

④ 강원도의 인구 천 명당 지방자치단체 공무원 수는 2022년에 2017년 대비 10% 이상 증가하였다.

⑤ 2018년부터 2020년까지 서울특별시 공무원 수가 전국 공무원 수에서 차지하는 비율은 매년 감소하였다.

09 다음은 업종별 매출액 대비 수출액 비중을 나타낸 자료이다. 이에 대해 옳은 설명을 한 사람을 〈보기〉에서 모두 고르면?

〈업종별 매출액 대비 수출액 비중〉

(단위 : %)

구분	사례 수 (개)	5% 미만	5% 이상 10% 미만	10% 이상 20% 미만	20% 이상 50% 미만	50% 이상 80% 미만	80% 이상
소계	2,550	17.2	14.1	15.0	28.7	11.1	13.9
주조	125	24.0	25.0	11.3	20.0	11.7	8.0
금형	840	10.2	10.0	15.5	35.0	8.0	21.3
소성가공	625	25.7	11.5	14.5	25.7	13.6	9.0
용접	600	18.5	18.0	14.0	23.7	11.0	14.8
표면처리	300	16.1	15.5	19.0	32.3	12.2	4.9
열처리	60	2.6	20.3	24.6	28.8	15.0	8.7

〈보기〉

은하 : 주조 업체 중 매출액 대비 수출액 비중이 5% 미만인 업체가 가장 많아.
장원 : 매출액 대비 수출액 비중이 50% 이상 80% 미만인 열처리 업체의 수가 매출액 대비 수출액 비중이 10% 이상 20% 미만인 용접 업체의 수보다 적어.
인석 : 매출액 대비 수출액 비중이 20% 이상 50% 미만인 업체 중 주조 업체가 차지하는 비중이 가장 커.
도원 : 금형 업체 중 매출액 대비 수출액 비중이 5% 이상 10% 미만인 업체 수가 주조 업체 중 매출액 대비 수출액 비중이 5% 미만인 업체의 수보다 많아.

① 은하, 장원
② 은하, 인석
③ 장원, 인석
④ 장원, 도원
⑤ 인석, 도원

10 다음은 각종 암 환자의 육식률 대비 사망률에 대한 자료이다. 이에 대한 설명으로 옳지 않은 것은?

<각종 암 환자의 육식률 대비 사망률>

구분	육식률 80% 이상	육식률 50% 이상 80% 미만	육식률 30% 이상 50% 미만	육식률 30% 미만	채식률 100%
전립선암	42%	33%	12%	5%	8%
신장암	62%	48%	22%	11%	5%
대장암	72%	64%	31%	15%	8%
방광암	66%	52%	19%	12%	6%
췌장암	68%	49%	21%	8%	5%
위암	85%	76%	27%	9%	4%
간암	62%	48%	21%	7%	3%
구강암	52%	42%	18%	11%	10%
폐암	48%	41%	17%	13%	11%
난소암	44%	37%	16%	14%	7%

※ '육식률 30% 미만'에는 '채식률 100%'가 속하지 않음

① '육식률 80% 이상'의 사망률과 '채식률 100%'에서의 사망률의 차이가 가장 큰 암은 위암이다.
② '육식률 80% 이상'에서의 사망률이 50% 미만인 암과 '육식률 50% 이상 80% 미만'에서 사망률이 50% 이상인 암의 수는 동일하다.
③ 채식률이 100%여도 육식하는 사람보다 사망률이 항상 낮지 않다.
④ '육식률 30% 이상' 구간에서의 사망률이 1위인 암은 모두 동일하다.
⑤ '채식률 100%'에서 사망률이 10%를 초과하는 암은 폐암뿐이다.

※ 다음은 주요 직업별 종사자 총 2만 명을 대상으로 주 평균 여가시간을 조사한 자료이다. 이어지는 질문에 답하시오. [11~12]

〈주요 직업별 주 평균 여가시간〉

구분	1시간 미만	1시간 이상 3시간 미만	3시간 이상 5시간 미만	5시간 이상	응답자 수
일반회사직	22%	45%	20%	13%	4,400명
자영업자	36%	35%	25%	4%	1,800명
공교육직	4%	12%	39%	45%	2,800명
사교육직	36%	35%	25%	4%	2,500명
교육 외 공무직	32%	28%	22%	18%	3,800명
연구직	69%	1%	7%	23%	2,700명
의료직	52%	5%	2%	41%	2,000명

11 다음 중 자료에 대한 설명으로 옳지 않은 것은?

① 응답자 중 교육에 종사하는 사람이 차지하는 비율은 27% 미만이다.

② 일반회사직과 자영업자 종사자 모두 주 평균 여가시간이 '1시간 이상 3시간 미만'이라고 응답한 인원이 가장 많다.

③ 공교육직 종사자의 응답 비율이 높은 순서로 나열한 것과 교육 외 공무직 종사자의 응답 비율이 높은 순서로 나열한 것은 반대의 추이를 보인다.

④ 연구직 종사자와 의료직 종사자의 응답 비율의 차가 가장 큰 응답 시간은 '5시간 이상'이다.

⑤ '3시간 이상 5시간 미만'에 가장 많이 응답한 직업군은 없다.

12 다음 〈보기〉에서 자료에 대한 설명으로 옳은 것을 모두 고르면?

─〈보기〉─

ㄱ. 전체 응답자 중 공교육직 종사자가 차지하는 비율은 연구직 종사자가 차지하는 비율보다 1.5%p 더 높다.

ㄴ. 공교육직 종사자의 응답비율이 가장 높은 구간의 응답자 수는 사교육직 종사자의 응답비율이 가장 높은 구간의 응답자 수의 1.5배이다.

ㄷ. '5시간 이상'이라고 응답한 교육 외 공무직 종사자의 응답비율은 연구직 종사자의 응답비율보다 낮지만, 응답자 수는 더 많다.

① ㄱ   ② ㄴ

③ ㄷ   ④ ㄱ, ㄴ

⑤ ㄴ, ㄷ

※ 다음은 연령대별 평균 TV시청 시간을 조사한 자료이다. 이어지는 질문에 답하시오. **[13~14]**

〈연령대별 평균 TV시청 시간〉

(단위 : 시간)

구분	평일		주말	
	오전	오후	오전	오후
10대 미만	2.2	3.8	2.5	5.2
10대	0.8	1.7	1.5	3.4
20대	0.9	1.8	2.2	3.2
30대	0.3	1.5	1.8	2.2
40대	1.1	2.5	3.2	4.5
50대	1.4	3.8	2.5	4.6
60대	2.6	4.4	2.7	4.7
70대	2.4	5.2	3.1	5.2
80대 이상	2.5	5.3	3.2	5.5

※ 구분 : 청년층(20대), 장년층(30·40대), 중년층(50·60대), 노년층(70대 이후)

※ (장년층의 단순 평균 TV시청 시간) $=\dfrac{(30대\ 평균\ TV시청\ 시간)+(40대\ 평균\ TV시청\ 시간)}{2}$

　－ 중년층, 노년층도 동일한 방식으로 계산함

※ (평일 / 주말 단순 평균 TV시청 시간) $=\dfrac{(오전\ 평균\ TV시청\ 시간)+(오후\ 평균\ TV시청\ 시간)}{2}$

13 다음 중 자료에 대한 설명으로 옳은 것은?

① 10대 미만의 평일 오전·오후 평균 TV시청 시간의 차는 1시간 30분이다.

② 30대 이후부터는 연령대가 높아질수록 평일 오후 평균 TV시청 시간은 감소하고 주말 오후 평균 TV시청 시간은 증가한다.

③ 주말 오전 장년층의 단순 평균 TV시청 시간은 중년층보다 적다.

④ 청년층의 주말 단순 평균 TV시청 시간은 평일의 2.2배이다.

⑤ 전 연령대에서 평일은 오후에 TV를 시청하는 시간이 길었지만, 주말에는 오전에 TV를 시청하는 시간이 길었다.

14 다음 〈보기〉에서 자료에 대한 설명으로 옳은 것을 모두 고르면?

〈보기〉
ㄱ. 10대 미만의 평일 오전 평균 TV시청 시간은 주말 오전 평균 TV시청 시간의 90% 미만이다.
ㄴ. 10대와 20대의 평일 오후 평균 TV시청 시간의 차는 5분 미만이다.
ㄷ. 평일 오전 평균 TV시청 시간이 가장 많은 연령대의 주말 단순 평균 TV시청 시간은 4시간 이상이다.
ㄹ. 장년층·중년층·노년층 중 단순 평균 TV시청 시간이 평일 오전과 오후의 차가 가장 큰 연령층은 노년층이다.

① ㄱ, ㄴ   ② ㄱ, ㄹ
③ ㄷ, ㄹ   ④ ㄱ, ㄴ, ㄷ
⑤ ㄱ, ㄷ, ㄹ

15 다음은 1인당 우편 이용 물량을 나타낸 그래프이다. 이에 대한 설명으로 옳은 것은?

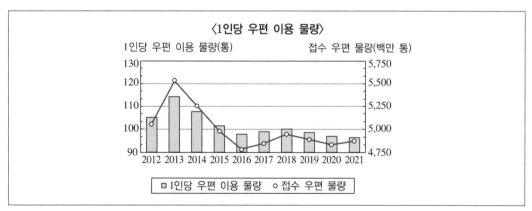

① 1인당 우편 이용 물량은 증가 추세에 있다.
② 1인당 우편 이용 물량은 2013년에 가장 높았고, 2016년에 가장 낮았다.
③ 매년 평균적으로 1인당 4일에 한 통 이상은 우편물을 보냈다.
④ 1인당 우편 이용 물량과 접수 우편 물량 모두 2018년부터 2021년까지 지속적으로 감소하고 있다.
⑤ 접수 우편 물량이 가장 많은 해와 가장 적은 해의 차이는 약 900백만 통이다.

※ 다음은 2023년 법 관련 정보 획득처에 대한 설문조사 자료이다. 이어지는 질문에 답하시오. **[16~17]**

〈2023년 법 관련 정보 획득처(복수응답)〉

(단위 : %)

구분		사례수 (명)	TV/ 라디오	신문/ 잡지	포털 사이트	SNS	주위 사람	법원 인터넷 시스템	없음	기타
성별	남자	1,710	69.0	26.1	59.8	19.2	40.3	42.8	0.3	42.5
	여자	1,740	75.4	22.7	55.0	17.0	46.9	37.7	1.0	44.3
최종 학력별	중졸 이하	550	90.0	33.5	20.6	2.6	72.2	18.3	4.0	58.8
	고졸	1,450	74.8	24.5	59.0	18.9	46.4	37.8	0.2	38.4
	대졸 이상	1,450	63.2	24.0	65.5	23.0	30.2	50.8	0.0	43.3
직업별	사무직	690	60.5	18.8	69.2	23.3	30.7	54.0	0.0	43.5
	서비스 / 판매직	1,080	68.2	24.7	62.0	19.0	40.7	42.3	0.2	42.9
	기능직 / 단순노무	576	82.8	26.4	51.1	13.8	50.3	33.9	1.3	40.4
	학생	145	55.2	9.7	80.0	32.8	36.0	49.7	0.0	36.6
	주부	660	82.6	25.5	46.0	10.0	54.6	29.4	0.9	51.0
	기타	27	55.4	10.0	67.7	10.0	82.5	31.4	0.0	43.0
	무직	272	79.9	38.2	38.3	12.3	49.8	32.7	3.7	45.1
이념 성향별	보수	950	80.0	35.0	43.5	14.0	53.5	28.0	2.0	44.0
	중도	1,400	74.1	20.0	61.0	18.7	40.7	42.5	1.0	42.0
	진보	910	62.9	15.7	66.8	21.9	38.1	48.0	0.6	46.0
	관심 없음	190	75.8	22.6	56.4	18.7	44.1	44.1	1.0	37.3
재판 관련 경험별	있다	480	75.2	23.0	60.3	22.8	34.3	40.0	0.4	44.0
	없다	2,970	71.8	24.6	55.0	20.0	45.0	39.8	0.8	43.0

※ 동일한 인원을 대상으로 하여 성별, 최종 학력별, 직업별, 이념성향별, 재판 관련 경험별 구분에 따른 응답비율을 정리함
※ 응답인원별로, "해당 수단을 통해 정보를 얻는가?" 물음에, '그렇다'고 대답한 인원의 비율임

16 다음 중 자료에 대한 설명으로 옳은 것은?

① 중졸 이하 학력의 응답인원 중 TV / 라디오를 통해 법 관련 정보를 얻는 사람의 수는 500명 이상이다.

② 법 관련 정보를 얻는 곳이 따로 없다고 응답한 사람의 수는 보수 성향보다 중도 성향에서 더 많다.

③ 재판 관련 경험이 없는 사람들 중 SNS를 이용하여 법 관련 정보를 얻는다고 응답한 사람의 수는 550명 이상이다.

④ 신문 / 잡지를 이용해 법 관련 정보를 얻는다고 응답한 사람의 수는 대졸 이상 학력에서 그렇다고 응답한 경우가 중도 성향에서 그렇다고 응답한 경우보다 적다.

⑤ 사무직 응답인원 수는 전체 응답인원의 30% 이상이다.

17 다음 〈보기〉에서 자료에 대한 설명으로 옳지 않은 것을 모두 고르면?

〈보기〉

ㄱ. 재판 관련 경험이 있다고 응답한 인원 중 법원 인터넷 시스템을 통해 법 관련 정보를 얻는 사람의 수는 200명 이상이다.

ㄴ. 학생 중 포털사이트를 이용해 법 관련 정보를 얻는다고 응답한 사람 수보다 주부 중 SNS를 이용하여 법 관련 정보를 얻는다고 응답한 사람 수가 많다.

ㄷ. 전체 응답인원 중 포털사이트를 통해 법 관련 정보를 얻는다고 응답한 사람 수는 주위 사람을 통해 법 관련 정보를 얻는다고 응답한 사람 수보다 많다.

① ㄱ   ② ㄷ

③ ㄱ, ㄴ   ④ ㄱ, ㄷ

⑤ ㄴ, ㄷ

18 다음 보고서의 내용을 보고 그래프로 나타낼 때, 옳지 않은 것은?

〈보고서〉

2018년부터 2022년까지 시도별 등록된 자동차의 제반 사항을 파악하여 교통행정의 기초자료로 쓰기 위해 매년 전국을 대상으로 자동차 등록 통계를 시행하고 있다. 자동차 종류는 승용차, 승합차, 화물차, 특수차이며, 등록할 때 사용 목적에 따라 자가용, 영업용, 관용차로 분류된다. 그중 관용차는 정부(중앙, 지방)기관이나 국립 공공기관 등에 소속되어 운행되는 자동차를 말한다.

자가용으로 등록한 자동차 종류 중에서 매년 승용차의 수가 가장 많았으며, 2018년 16.5백만 대, 2019년 17.1백만 대, 2020년 17.6백만 대, 2021년 18백만 대, 2022년 18.1백만 대로 2019년부터 전년 대비 증가하는 추세이다. 다음으로 화물차가 많았고, 승합차, 특수차 순으로 등록 수가 많았다. 가장 등록 수가 적은 특수차의 경우 2018년에 2만 대였고, 2020년까지 4천 대씩 증가했으며, 2021년 3만 대, 2022년에는 전년 대비 700대가 많아졌다.

관용차로 등록된 승용차 및 화물차 수는 각각 2019년부터 3만 대를 초과했으며, 승합차의 경우 2018년 20,260대, 2019년 21,556대, 2020년 22,540대, 2021년 23,014대, 2022년에 22,954대가 등록되었고, 특수차는 매년 2,500대 이상 등록되고 있는 현황이다.

특수차가 가장 많이 등록되는 영업용에서 2018년 57,277대, 2019년 59,281대로 6만 대 미만이었지만, 2020년에는 60,902대, 2021년 62,554대, 2022년에 62,946대였으며, 승합차는 매년 약 12.5만 대를 유지하고 있다. 승용차와 화물차는 2019년부터 2022년까지 전년 대비 영업용으로 등록되는 자동차 수가 계속 증가하는 추세이다.

① 자가용으로 등록된 연도별 특수차 수

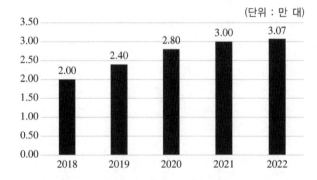

(단위 : 만 대)

② 자가용으로 등록된 연도별 승용차 수

(단위 : 백만 대)

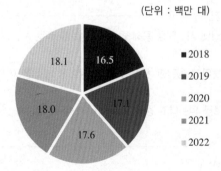

③ 영업용으로 등록된 연도별 특수차 수

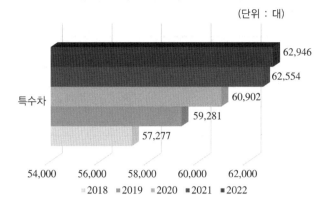

(단위 : 대)

④ 2019 ~ 2022년 영업용으로 등록된 특수차의 전년 대비 증가량

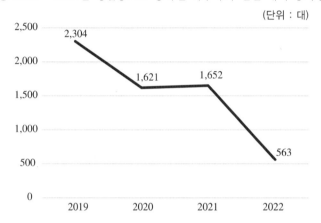

(단위 : 대)

⑤ 관용차로 등록된 연도별 승합차 수

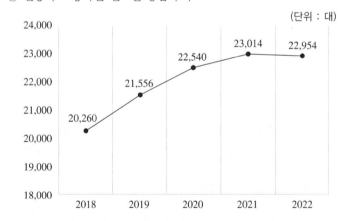

(단위 : 대)

19 다음은 발사이즈에 따른 평균 키를 나타낸 자료이다. 평균 키와 발사이즈의 관계가 주어진 자료와 같을 때 ㉠과 ㉡에 들어갈 숫자로 알맞은 것은?

<표>

〈발사이즈에 따른 평균 키〉				
발사이즈(mm)	230	235	240	245
평균 키(cm)	151	㉠	158	㉡

※ (평균 키)$= a \times$(발사이즈)$- b$

	㉠	㉡
①	154	161
②	154.5	161.5
③	155	162
④	155.5	162.5
⑤	156	163

20 어떤 세균표본에 S살균제를 살포하였을 때 잔류 세균의 수가 다음과 같이 일정한 규칙으로 감소하였다. 잔류 세균의 수가 처음으로 100마리 이하가 되는 때는 언제인가?(단, 1시간 단위로 추정한다)

〈시간에 따른 잔류 세균 수 변화〉					
					(단위 : 마리)
구분	1시간 후	2시간 후	3시간 후	4시간 후	5시간 후
잔류 세균 수	328,050	109,350	36,450	12,150	4,050

① 13시간 후 ② 12시간 후
③ 11시간 후 ④ 10시간 후
⑤ 9시간 후

※ 제시된 명제가 모두 참일 때, 다음 중 빈칸에 들어갈 명제로 가장 적절한 것을 고르시오. **[1~3]**

01

• 전제1. 아침에 운동을 했다면 건강한 하루를 시작한 것이다.
• 전제2. _____
• 결론.   건강한 하루를 시작하지 않으면 일찍 일어나지 않은 것이다.

① 일찍 일어나면 아침에 운동을 한다.

② 아침에 운동을 하면 일찍 일어난 것이다.

③ 일찍 일어나지 않으면 아침에 운동을 하지 않은 것이다.

④ 건강한 하루를 시작하면 일찍 일어난 것이다.

⑤ 일찍 일어나면 건강한 하루를 시작한 것이다.

02

• 전제1. 낡은 것을 버려야 새로운 것을 채울 수 있다.
• 전제2. _____
• 결론.   새로운 것을 채우지 않는다면 더 많은 세계를 경험할 수 없다.

① 새로운 것을 채운다면 낡은 것을 버릴 수 있다.

② 낡은 것을 버리지 않는다면 새로운 것을 채울 수 없다.

③ 새로운 것을 채운다면 더 많은 세계를 경험할 수 있다.

④ 낡은 것을 버리지 않는다면 더 많은 세계를 경험할 수 없다.

⑤ 더 많은 세계를 경험하지 못한다면 새로운 것을 채울 수 없다.

03

• 전제1. 탁구를 잘 하는 어떤 사람은 테니스를 잘한다.
• 전제2. _____
• 결론.   집중력이 좋은 어떤 사람은 테니스를 잘한다.

① 탁구를 잘 하는 어떤 사람은 집중력이 좋다.

② 테니스를 잘하는 어떤 사람은 키가 작다.

③ 집중력이 좋은 사람은 모두 탁구를 잘 한다.

④ 탁구를 잘 하는 사람은 모두 집중력이 좋다.

⑤ 탁구를 잘 하는 어떤 사람은 테니스를 잘하지 못한다.

04 S사의 가 ~ 라직원 네 명은 동그란 탁자에 둘러앉아 인턴사원 교육 관련 회의를 진행하고 있다. 직원들은 각자 인턴 A ~ D를 한 명씩 맡아 교육하고 있다. 다음 〈조건〉에 따라 직원과 인턴이 바르게 짝지어진 한 쌍은?

〈조건〉
- B인턴을 맡은 직원은 다직원의 왼편에 앉아 있다.
- A인턴을 맡은 직원의 맞은편에는 B인턴을 맡은 직원이 앉아 있다.
- 라직원은 다직원 옆에 앉아 있지 않으나, A인턴을 맡은 직원 옆에 앉아 있다.
- 나직원은 가직원 맞은편에 앉아있으며, 나직원의 오른편에는 라직원이 앉아 있다.
- 시계 6시 방향에는 다직원이 앉아있으며, 맞은편에는 D인턴을 맡은 사원이 있다.

① 가직원 – A인턴　　　　　　　　② 나직원 – D인턴
③ 다직원 – C인턴　　　　　　　　④ 라직원 – A인턴
⑤ 라직원 – B인턴

05 약국에 희경, 은정, 소미, 정선 네 명의 손님이 방문하였다. 약사는 이들로부터 처방전을 받아 A ~ D 네 봉지의 약을 조제하였다. 다음 〈조건〉이 참일 때 옳은 것은?

〈조건〉
- 방문한 손님들의 병명은 몸살, 배탈, 치통, 피부병이다.
- 은정이의 약은 B에 해당하고, 은정이는 몸살이나 배탈 환자가 아니다.
- A는 배탈 환자에 사용되는 약이 아니다.
- D는 연고를 포함하고 있는데, 이 연고는 피부병에만 사용된다.
- 희경이는 임산부이고, A와 D에는 임산부가 먹어서는 안 되는 약품이 사용되었다.
- 소미는 몸살 환자가 아니다.

① 은정이는 피부병에 걸렸다.
② 소미의 약은 A이다.
③ 소미는 치통 환자이다.
④ 희경이는 배탈이 났다.
⑤ 정선이는 몸살이 났고, 이에 해당하는 약은 C이다.

06 S전자는 신제품으로 총 4대의 가정용 AI 로봇을 선보였다. 각각의 로봇은 전시장에 일렬로 전시되어 있는데 한국어, 중국어, 일본어, 영어 중 1가지만을 사용할 수 있다. 다음 〈조건〉을 만족할 때 옳은 것은?

---〈조건〉---
- 1번 로봇은 2번 로봇의 바로 옆에 위치해 있다.
- 4번 로봇은 3번 로봇보다 오른쪽에 있지만, 바로 옆은 아니다.
- 영어를 사용하는 로봇은 중국어를 사용하는 로봇의 바로 오른쪽에 있다.
- 한국어를 사용하는 로봇은 중국어를 사용하는 로봇의 옆이 아니다.
- 일본어를 사용하는 로봇은 가장자리에 있다.
- 3번 로봇은 일본어를 사용하지 않으며, 2번 로봇은 한국어를 사용하지 않는다.

① 1번 로봇은 영어를 사용한다.
② 3번 로봇이 가장 왼쪽에 위치해 있다.
③ 4번 로봇은 한국어를 사용한다.
④ 중국어를 사용하는 로봇은 일본어를 사용하는 로봇의 바로 옆에 위치해 있다.
⑤ 영어를 사용하는 로봇은 한국어를 사용하는 로봇의 오른쪽에 위치해 있다.

07 S사에서는 매주 수요일 오전에 주간 회의가 열린다. 주거복지기획부, 공유재산관리부, 공유재산개발부, 인재관리부, 노사협력부, 산업경제사업부 중 이번 주 주간 회의에 참여할 부서들의 〈조건〉이 다음과 같을 때, 이번 주 주간 회의에 참석할 부서의 최대 수는?

---〈조건〉---
- 주거복지기획부는 반드시 참석해야 한다.
- 공유재산관리부가 참석하면 공유재산개발부도 참석한다.
- 인재관리부가 참석하면 노사협력부는 참석하지 않는다.
- 산업경제사업부가 참석하면 주거복지기획부는 참석하지 않는다.
- 노사협력부와 공유재산관리부 중 한 부서만 참석한다.

① 2개   ② 3개
③ 4개   ④ 5개
⑤ 6개

08 S필라테스 센터에서 평일에는 바렐, 체어, 리포머의 3가지 수업이 동시에 진행되며, 토요일에는 리포머 수업만 진행된다. 센터회원은 전용 앱을 통해 자신이 원하는 수업을 선택하여 1주일간의 운동 스케줄을 등록할 수 있다. 센터회원인 A씨가 월요일부터 토요일까지 다음과 같이 운동 스케줄을 등록할 때, 옳지 않은 것은?

- 바렐 수업은 일주일에 1회 참여한다.
- 체어 수업은 일주일에 2회 참여하되, 금요일에 1회 참여한다.
- 리포머 수업은 일주일에 3회 참여한다.
- 동일한 수업은 연달아 참여하지 않는다.
- 월요일부터 토요일까지 하루에 1개의 수업을 듣는다.
- 하루에 1개의 수업만 들을 수 있다.

① 월요일에 리포머 수업을 선택한다면, 화요일에는 체어 수업을 선택할 수 있다.
② 월요일에 체어 수업을 선택한다면, 수요일에는 바렐 수업을 선택할 수 있다.
③ 화요일에 체어 수업을 선택한다면, 수요일에는 바렐 수업을 선택할 수 있다.
④ 화요일에 바렐 수업을 선택한다면, 수요일에는 리포머 수업을 선택할 수 있다.
⑤ 수요일에 리포머 수업을 선택한다면, 목요일에는 바렐 수업을 선택할 수 있다.

09 20대 남녀, 30대 남녀, 40대 남녀 6명이 뮤지컬 관람을 위해 공연장을 찾았다. 다음 〈조건〉을 참고할 때, 항상 옳은 것은?

〈조건〉
- 양 끝자리에는 다른 성별이 앉는다.
- 40대 남성은 왼쪽에서 두 번째 자리에 앉는다.
- 30대 남녀는 서로 인접하여 앉지 않는다.
- 30대와 40대는 인접하여 앉지 않는다.
- 30대 남성은 맨 오른쪽 끝자리에 앉는다.

[뮤지컬 관람석]

① 20대 남녀는 왼쪽에서 첫 번째 자리에 앉을 수 없다.
② 20대 남녀는 서로 인접하여 앉는다.
③ 40대 남녀는 서로 인접하여 앉지 않는다.
④ 20대 남성은 40대 여성과 인접하여 앉는다.
⑤ 30대 남성은 20대 여성과 인접하여 앉지 않는다.

10 A ~ E 5명 중 단 1명만 거짓을 말하고 있을 때, 다음 중 범인은?

- A : C가 범인입니다.
- B : A는 거짓말을 하고 있습니다.
- C : B가 거짓말을 하고 있습니다.
- D : 저는 범인이 아닙니다.
- E : A가 범인입니다.

① A, D

② A, B

③ A, C

④ C, D

⑤ D, E

11 다음 〈조건〉에 따라 감염병관리위원회를 구성할 때, 항상 참인 것은?

국가 감염병 확산에 따라 감염병의 예방 및 관리에 관한 법률 시행령을 일부 개정하여 감염병관리위원회를 신설하고자 한다. 감염병관리위원회는 관련 위원장 총 4명으로 구성할 예정이며, 위원회 후보는 감염대책위 원장 1명, 백신수급위원장 1명, 생활방역위원장 4명, 위생관리위원장 2명이다.

〈조건〉
- 감염대책위원장이 뽑히면 백신수급위원장은 뽑히지 않는다.
- 감염대책위원장이 뽑히면 위생관리위원장은 2명이 모두 뽑힌다.
- 백신수급위원장과 생활방역위원장은 합쳐서 4명 이상이 뽑히지 않는다.

① 백신수급위원장이 뽑히면 위생관리위원장은 1명이 뽑힌다.

② 백신수급위원장이 뽑히면 생활방역위원장은 1명이 뽑힌다.

③ 감염대책위원장이 뽑히면 백신수급위원장도 뽑힌다.

④ 감염대책위원장이 뽑히면 생활방역위원장은 2명이 뽑힌다.

⑤ 생활방역위원장이 뽑히면 위생관리위원장도 뽑힌다.

12 S사 기획팀은 신입사원 입사로 인해 자리 배치를 바꾸려고 한다. 다음 자리 배치표와 〈조건〉을 참고하여 자리를 배치하였을 때, 배치된 자리와 직원이 바르게 연결된 것은?

〈자리 배치표〉

출입문				
1 – 신입사원	2	3	4	5
6	7	8 – A사원	9	10

- 기획팀 팀원 : A사원, B부장, C대리, D과장, E차장, F대리, G과장

〈조건〉

- B부장은 출입문과 가장 먼 자리에 앉는다.
- C대리와 D과장은 마주보고 앉는다.
- E차장은 B부장과 마주보거나 B부장의 옆자리에 앉는다.
- C대리는 A사원 옆자리에 앉는다.
- E차장 옆자리에는 아무도 앉지 않는다.
- F대리와 마주보는 자리에는 아무도 앉지 않는다.
- D과장과 G과장은 옆자리 또는 마주보고 앉지 않는다.
- 빈자리는 2자리이며 옆자리 또는 마주보는 자리이다.

① 2 – G과장　　　　　　　　　② 3 – B부장
③ 5 – E차장　　　　　　　　　④ 6 – F대리
⑤ 9 – C대리

13 다음은 부품별 1개당 가격, 마우스 부품 조립 시 소요 시간과 필요 개수에 대한 자료이고, 마우스는 A ~ F부품 중 3가지 부품으로 구성된다. 마우스를 최대한 비용과 시간을 절약하여 완성할 경우 A ~ F부품 중 〈조건〉에 부합하는 부품 구성으로 적절한 것은?

〈부품 한 개당 가격 및 시간〉

부품	가격	소요 시간	필요 개수	부품	가격	소요 시간	필요 개수
A	20원	6분	3개	D	50원	11분 30초	2개
B	35원	7분	5개	E	80원	8분 30초	1개
C	33원	5분 30초	2개	F	90원	10분	2개

※ 시간은 필요 개수 모두를 사용한 시간임

---〈조건〉---

• 완제품을 만들 때 부품의 총 가격이 가장 저렴해야 한다.
• 완제품을 만들 때 부품의 총 개수는 상관없다.
• 완제품을 만들 때 총 소요 시간이 25분 미만으로 한다.
• 총 가격 차액이 100원 미만일 경우 총 소요 시간이 가장 짧은 구성을 택한다.

① A, B, E   ② A, C, D
③ B, C, E   ④ B, D, F
④ C, D, E

14 S사원은 자기 계발을 위해 집 근처 학원들을 탐방하고 다음과 같이 정리하였다. S사원이 배우려는 프로그램에 대한 내용으로 옳지 않은 것은?(단, 시간이 겹치는 프로그램은 수강할 수 없다)

<표>

구분	수강료	횟수	강좌 시간
필라테스	300,000원	24회	09:00 ~ 10:10
			10:30 ~ 11:40
			13:00 ~ 14:10
플라잉 요가	330,000원	20회	09:00 ~ 10:10
			10:30 ~ 11:40
			13:00 ~ 14:10
액세서리 공방	260,000원	10회	13:00 ~ 15:00
가방 공방	360,000원	12회	13:30 ~ 16:00
복싱	320,000원	30회	10:00 ~ 11:20
			14:00 ~ 15:20

〈프로그램 시간표〉

※ 강좌 시간이 2개 이상인 프로그램은 그중 원하는 시간에 수강이 가능함

① S사원은 오전에 운동을 하고, 오후에 공방에 가는 스케줄이 가능하다.
② 가방 공방의 강좌 시간이 액세서리 공방 강좌 시간보다 길다.
③ 공방 프로그램 중 1개를 들으면, 최대 2개의 프로그램을 더 들을 수 있다.
④ 프로그램을 최대로 수강할 시 가방 공방을 수강해야 총 수강료가 가장 비싸다.
⑤ 강좌 1회당 수강료는 플라잉 요가가 가방 공방보다 15,000원 이상 저렴하다.

15

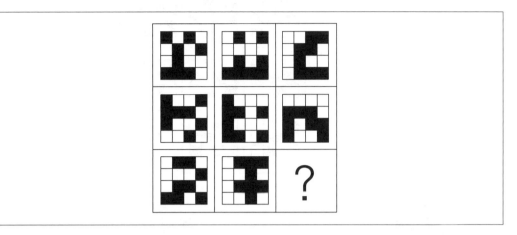

①

②

③

④

⑤

16

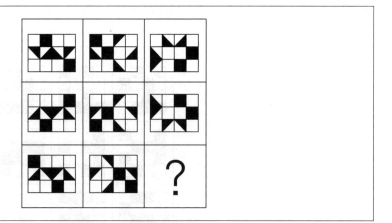

①

②

③

④

⑤

17

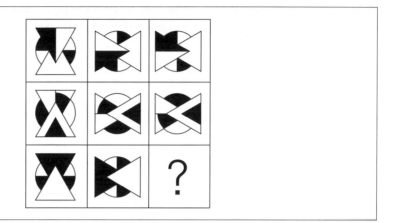

①   ②

③   ④

⑤

※ 다음 도식에서 기호들은 일정한 규칙에 따라 문자를 변화시킨다. 물음표에 들어갈 알맞은 문자를 고르시오
(단, 규칙은 가로와 세로 중 한 방향으로만 적용된다). **[18~21]**

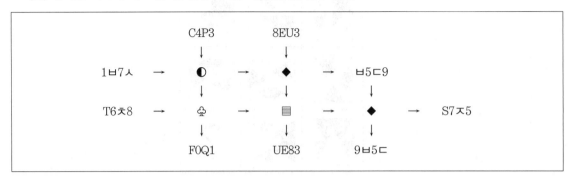

18

$$E73ㅎ → ◆ → ♣ → ?$$

① Cㅌ63   ② ㅍD62
③ Cㅌ26   ④ Dㅍ46
⑤ D73ㅍ

19

$$5ㅅㄱ9 → ≣ → ◆ → ?$$

① 59ㄱㅅ   ② ㅅ95ㄱ
③ ㄴ84ㅂ   ④ 48ㅂㄴ
⑤ ㄴ47ㅂ

20

$$? → ♣ → ◑ → ≣ → K8ㄹ5$$

① M85ㄷ   ② Mㄹ85
③ 75Kㄷ   ④ 2○7M
⑤ 7K5ㄷ

21

$$? → ◆ → ◑ → ♣ → 80KP$$

① KP80   ② Q0J7
③ QJ07   ④ 07QJ
⑤ 4JR5

22

(가) 근대에 접어들어 모든 사물이 생명력을 갖지 않는 일종의 기계라는 견해가 강조되면서, 아리스토텔레스의 목적론은 비과학적이라는 이유로 많은 비판에 직면한다.

(나) 대표적인 근대 사상가인 갈릴레이는 목적론적 설명이 과학적 설명으로 사용될 수 없다고 주장했고, 베이컨은 목적에 대한 탐구가 과학에 무익하다고 평가했으며, 스피노자는 목적론이 자연에 대한 이해를 왜곡한다고 비판했다.

(다) 일부 현대 학자들은 근대 사상가들이 당시 과학에 기초한 기계론적 모형이 더 설득력을 갖는다는 일종의 교조적 믿음에 의존했을 뿐, 아리스토텔레스의 목적론을 거부할 충분한 근거를 제시하지 못했다고 비판한다.

(라) 이들의 비판은 목적론이 인간 이외의 자연물도 이성을 갖는 것으로 의인화한다는 것이다. 그러나 이런 비판과는 달리 아리스토텔레스는 자연물을 생물과 무생물로, 생물을 식물·동물·인간으로 나누고, 인간만이 이성을 지닌다고 생각했다.

① (가) – (나) – (라) – (다)   ② (가) – (다) – (나) – (라)
③ (가) – (라) – (나) – (다)   ④ (나) – (다) – (라) – (가)
⑤ (나) – (라) – (다) – (가)

23

(가) 정책 수단 선택의 사례로 환율과 관련된 경제 현상을 살펴보자. 외국 통화에 대한 자국 통화의 교환 비율을 의미하는 환율은 장기적으로 한 국가의 생산성과 물가 등 기초경제 여건을 반영하는 수준으로 수렴된다.

(나) 이처럼 환율이나 주가 등 경제 변수가 단기에 지나치게 상승 또는 하락하는 현상을 오버슈팅(Overshooting)이라고 한다.

(다) 이러한 오버슈팅은 물가 경직성 또는 금융시장변동에 따른 불안 심리 등에 의해 촉발되는 것으로 알려져 있다. 여기서 물가 경직성은 시장에서 가격이 조정되기 어려운 정도를 의미한다.

(라) 그러나 단기적으로 환율은 이와 괴리되어 움직이는 경우가 있다. 만약 환율이 예상과는 다른 방향으로 움직이거나 또는 비록 예상과 같은 방향으로 움직이더라도 변동 폭이 예상보다 크게 나타날 경우 경제 주체들은 과도한 위험에 노출될 수 있다.

① (가) – (나) – (다) – (라)   ② (가) – (다) – (나) – (라)
③ (가) – (라) – (나) – (다)   ④ (나) – (다) – (라) – (가)
⑤ (나) – (라) – (다) – (가)

24 다음 글을 읽고 추론한 것으로 적절하지 않은 것은?

공장 굴뚝에서 방출된 연기나 자동차의 배기가스 등 대기오염물질은 기상이나 지형 조건에 의해 다른 지역으로 이동, 확산되거나 한 지역에 농축된다. 대기권 중 가장 아래층인 대류권 안에서 기온의 일반적인 연직 분포는 위쪽이 차갑고 아래쪽이 따뜻한 불안정한 상태를 보인다. 이러한 상황에서 따뜻한 공기는 위로, 차가운 공기는 아래로 이동하는 대류운동이 일어나게 되고, 이 대류 운동에 의해 대기오염물질이 대류권에 확산된다.

반면, 아래쪽이 차갑고 위쪽이 따뜻한 경우에는 공기층이 매우 안정되기 때문에 대류 운동이 일어나지 않는다. 이와 같이 대류권의 정상적인 기온 분포와 다른 현상을 '기온역전현상'이라 하며 이로 인해 형성된 공기층을 역전층이라 한다. 기온역전현상은 일교차가 큰 계절이나, 지표가 눈으로 덮이는 겨울, 호수나 댐 주변 등에서 많이 발생한다. 또한 역전층 상황에서는 지표의 기온이 낮기 때문에 공기 중의 수증기가 응결하여 안개가 형성되는데, 여기에 오염물질이 많이 포함되어 있으면 스모그가 된다. 안개는 해가 뜨면 태양의 복사열로 지표가 데워지면서 곧 사라지지만, 스모그는 오염물질이 포함되어 있어 오래 지속되기도 한다.

① 다른 조건이 동일한 상태에서 같은 부피라면 따뜻한 공기가 차가운 공기에 비해 가벼울 것이다.
② 겨울철 방바닥에 난방을 하면 실내에서도 대류현상이 일어날 것이다.
③ 대류권에서 역전층 현상이 발생했다면 위로 상승할수록 기온이 낮아질 것이다.
④ 대기 중 오염 물질의 농도가 같다면 스모그 현상은 공기층이 매우 안정된 상태에서 잘 발생할 것이다.
⑤ 해가 뜨면 안개가 사라지는 이유는 태양의 열로 인해 공기층이 불안정해지기 때문일 것이다.

25 다음 글의 내용이 참일 때 항상 거짓인 것은?

길을 걷고, 한강을 달리고, 손을 흔들고, 책장을 넘기는 이와 같은 인체의 작은 움직임(주파수 2 ~ 5Hz)도 스마트폰이나 웨어러블(안경, 시계, 의복 등과 같이 신체에 작용하는 제품) 기기들의 전기 에너지원으로 사용될 수 있다. 이러한 인체의 움직임처럼 버려지는 운동 에너지로부터 전기를 생산하는 기술을 '에너지 하베스팅(Harvesting, 수확)'이라 한다.

최근 과학기술의 발전과 더불어 피트니스·헬스케어 모니터링 같은 다기능 휴대용·웨어러블 스마트 전자기기가 일상생활에서 많이 사용되고 있다. 동시에 사물인터넷(IoT)의 발달로 센서의 사용 또한 크게 늘고 있다. 이러한 스마트 전자기기 및 센서들은 소형, 경량, 이동성 및 내구성을 갖춘 전원공급원이 반드시 필요하다. 교체 및 충전식 전기화학 배터리는 전원공급에는 탁월하지만 수명이 짧다. 또한 재충전 및 교체가 어렵다. 나아가 배터리 폐기로 인한 환경오염을 유발한다는 단점도 있다. 그러나 인체 움직임과 같은 작은 진동에너지 기반의 친환경 에너지 하베스팅 기술은 스마트폰 및 웨어러블 스마트기기를 위한 지속 가능한 반영구적 전원으로서 활용될 수 있다.

진동은 우리의 일상생활에 존재하며 버려지는 가장 풍부한 기계적 움직임 중 하나다. 진동은 여러 유형과 넓은 범위의 주파수 및 진폭을 가지고 있다. 기계적 진동원은 움직이는 인체, 자동차, 진동 구조물, 물이나 공기의 흐름에 의한 진동 등 모두를 포함한다. 따라서 진동에너지를 효율적으로 수확하고 이를 전기에너지로 변환하기 위해서는 에너지 하베스팅 소자를 진동의 특성에 맞도록 설계해 제작해야 한다. 기계적 진동에너지 수집은 몇 가지 변환 메커니즘에 의해 이루어진다. 가장 활발하게 연구가 이루어지고 있는 진동 기반 에너지 하베스팅 기술에는 압전기력, 전자기력, 마찰전기 에너지 등이 활용된다. 압전기력 기반은 압전효과를 이용하여 기계적 진동에너지를 전기 에너지로 변환하는 기술이다. 압전 소재와 기타 적절한 기판을 사용하여 제작되며, 높은 출력전압을 발생시키지만 발생된 전류는 상대적으로 낮다. 전자기력 기반은 코일과 자석 사이의 상대적 움직임으로부터 얻어지는 기전력(패러데이의 유도 법칙)을 이용하여 전기를 생산하는 기술이다. 낮은 주파수의 기계적 에너지를 전기에너지로 변환하는 매우 효율적인 방법이다. 마찰전기 기반은 맥스웰의 변위전류를 이용하여 전기를 생산하는 기술이다. 저주파 진동 범위에서 높은 출력전압을 수확하는 데 매우 효율적이다.

① 3Hz의 소량의 주파수도 전자기기의 에너지원으로 사용될 수 있다.
② 디지털 기술이 발달함에 따라 센서의 사용은 감소하는 추세이다.
③ 전기를 충전해야 하는 배터리 기술은 사용기간이 짧다는 단점을 가지고 있다.
④ 물이나 공기의 흐름 역시 진동원의 하나가 될 수 있다.
⑤ 패러데이의 유도 법칙을 이용하면 낮은 주파수의 에너지를 효율적으로 사용할 수 있다.

26 다음 글의 내용이 참일 때 항상 참인 것은?

방사성 오염물질은 크기가 초미세먼지(2.5마이크로미터)의 1만 분의 1 정도로 작은 원자들이다. 제논-125 처럼 독립된 원자 상태로 존재하는 경우도 있지만, 대부분은 다른 원소들과 화학적으로 결합한 분자 상태로 존재한다. 전기적으로 중성인 경우도 있고, 양전하나 음전하를 가진 이온의 상태로 존재하기도 한다. 기체 상태로 공기 중에 날아다니기도 하고, 물에 녹아있기도 하고, 단단한 고체에 섞여있는 경우도 있다.

후쿠시마 원전 사고 부지에서 흘러나오는 '오염수'도 마찬가지다. 후쿠시마 원전 오염수는 2011년 3월 동일 본 대지진으로 발생한 쓰나미(지진해일)로 파괴되어 땅속에 묻혀있는 원자로 3기의 노심(연료봉)에서 녹아나 온 200여 종의 방사성 핵종이 들어있는 지하수다. 당초 섭씨 1,000도 이상으로 뜨거웠던 노심은 시간이 지나 면서 천천히 차갑게 식어있는 상태가 되었다. 사고 직후에는 하루 470t씩 흘러나오던 오염수도 이제는 하루 140t으로 줄어들었다. 단단한 합금 상태의 노심에서 녹아나오는 방사성 핵종의 양도 시간이 지나면서 점점 줄어들고 있다. 현재 후쿠시마 사고 현장의 탱크에는 125만t의 오염수가 수거되어 있다.

일본은 처리수를 충분히 희석시켜서 삼중수소의 농도가 방류 허용 기준보다 훨씬 낮은 리터당 1,500베크렐 로 저감시킬 계획이다. 125만t의 오염수를 400배로 희석시켜서 5억t으로 묽힌 후에 30년에 걸쳐서 느린 속 도로 방류하겠다는 것이다. 파괴된 노심을 완전히 제거하는 2051년까지 흘러나오는 오염수도 같은 방법으 로 정화·희석 시켜서 방류한다는 것이 일본의 계획이다.

희석을 시키더라도 시간이 지나면 방사성 오염물질이 다시 모여들 수 있다는 주장은 엔트로피 증가의 법칙을 무시한 억지다. 물에 떨어뜨린 잉크는 시간이 지나면 균일하게 묽어진다. 묽어진 잉크는 아무리 시간이 지나 도 다시 모여들어서 진해지지 않는다. 태평양으로 방류한 삼중수소도 마찬가지다. 시간이 지나면 태평양 전 체로 퍼져버리게 된다. 태평양 전체에 퍼져버린 삼중수소가 방출하는 모든 방사선에 노출되는 일은 현실적으 로 불가능하다.

① 방사성 오염물질은 초미세먼지와 비슷한 크기이다.
② 방사성 오염물질은 보통 독립된 원자 상태로 존재한다.
③ 방사성 물질이 이온 상태로 존재하는 경우는 거의 없다.
④ 대지진 당시 노심은 섭씨 1,000도까지 올랐다가 바로 차갑게 식었다.
⑤ 오염수를 희석시켜 방류하면 일정 시간 후 다시 오염물질이 모여들 걱정을 하지 않아도 된다.

27 다음 글의 주제로 가장 적절한 것은?

최근에 사이버공동체를 중심으로 한 시민의 자발적 정치참여 현상이 많은 관심을 끌고 있다. 이러한 현상과 관련하여 A의 연구가 새삼 주목받고 있다. A의 연구에 따르면 공동체의 구성원이 됨으로써 얻게 되는 '사회적자본'이 시민사회의 성숙과 민주주의 발전을 가져오는 원동력이다. A의 이론에서는 공동체에 대한 자발적 참여를 통해 사회구성원 간의 상호 의무감과 신뢰, 구성원들이 공유하는 규칙과 관행, 사회적 유대관계와 같은 사회적자본이 늘어나면, 사회구성원 간의 협조적인 행위가 가능하게 된다고 보았다. 더 나아가 A는 자원봉사자와 같이 공동체 참여도가 높은 사람이 투표할 가능성이 높고 정부 정책에 대한 의견 개진도 활발해지는 등 정치참여도가 높아진다고 주장하였다.

몇몇 학자들은 A의 이론을 적용하여 면대면 접촉에 따른 인간관계의 산물인 사회적자본이 사이버공동체에서도 충분히 형성될 수 있다고 보았다. 그리고 사이버공동체에서 사회적자본의 증가는 곧 정치참여도 활성화시킬 것으로 기대했다. 하지만 이러한 기대와는 달리 정치참여가 활성화되지 않았다. 요즘 젊은이들을 보면 각종 사이버공동체에 자발적으로 참여하는 수준은 높지만 투표나 다른 정치활동에는 무관심하거나 심지어 정치를 혐오하기도 한다. 이런 측면에서 A의 주장은 사이버공동체가 활성화된 오늘날에는 잘 맞지 않는다.

이러한 이유 때문에 오늘날 사이버공동체를 중심으로 한 정치참여를 더 잘 이해하기 위해서 '정치적자본' 개념의 도입이 필요하다. 정치적자본은 사회적자본의 구성요소와는 달리 정치정보의 습득과 이용, 정치적토론과 대화, 정치적 효능감 등으로 구성된다. 정치적자본은 사회적자본과 마찬가지로 공동체 참여를 통해서 획득되지만, 정치과정에의 관여를 촉진한다는 점에서 사회적자본과는 구분될 필요가 있다. 사회적자본만으로 정치참여를 기대하기 어렵고, 사회적자본과 정치참여 사이를 정치적자본이 매개할 때 비로소 정치참여가 활성화된다.

① 사이버공동체를 통해 축적된 사회적자본에 정치적자본이 더해질 때 정치참여가 활성화된다.
② 사회적자본은 정치적자본을 포함하기 때문에 그 자체로 정치참여의 활성화를 가져온다.
③ 사회적자본이 많은 사회는 정치참여가 활발하기 때문에 민주주의가 실현된다.
④ 사이버공동체의 특수성으로 인해 시민들의 정치참여가 어렵게 되었다.
⑤ 사이버공동체에의 자발적 참여 증가는 정치참여를 활성화시킨다.

28 다음 글의 주장에 대한 반박으로 적절하지 않은 것은?

문화재 관리에서 중요한 개념이 복원과 보존이다. 복원은 훼손된 문화재를 원래대로 다시 만드는 것을, 보존은 더 이상 훼손되지 않도록 잘 간수하는 것을 의미한다. 이와 관련하여 훼손된 탑의 관리에 대한 논의가 한창이다.

나는 복원보다는 보존이 다음과 같은 근거에서 더 적절하다고 생각한다. 우선 탑을 보존하면 탑에 담긴 역사적 의미를 온전하게 전달할 수 있어 진정한 역사교육이 가능하다. 탑은 백성들의 평화로운 삶을 기원하기 위해 만들어졌고, 이후 역사의 흐름 속에서 전란을 겪으며 훼손된 흔적들이 더해져 지금 모습으로 남아 있다. 그런데 탑을 복원하면 이런 역사적 의미들이 사라져 그 의미를 온전하게 전달할 수 없다.

다음으로 정확한 자료가 없이 탑을 복원하면 이는 결국 탑을 훼손하는 것이 될 수밖에 없다. 따라서 원래의 재료를 활용하지 못하고 과거의 건축 과정에 충실하게 탑을 복원하지 못하면 탑의 옛 모습을 온전하게 되살리는 것은 불가능하므로 탑을 보존하는 것이 더 바람직하다.

마지막으로 탑을 보존하면 탑과 주변 공간의 조화가 유지된다. 전문가에 따르면 탑은 주변 산수는 물론 절 내부 건축물들과의 조화를 고려하여 세워졌다고 한다. 이런 점을 무시하고 탑을 복원한다면 탑과 기존공간의 조화가 사라지기 때문에 보존하는 것이 적절하다.

따라서 탑은 보존하는 것이 복원하는 것보다 더 적절하다고 생각한다. 건축 문화재의 경우 복원보다는 보존을 중시하는 국제적인 흐름을 고려했을 때도, 탑이 더 훼손되지 않도록 지금의 모습을 유지하고 관리하는 것이 문화재로서의 가치를 지키고 계승할 수 있는 바람직한 방법이라고 생각한다.

① 탑을 복원하더라도 탑에 담긴 역사적 의미는 사라지지 않는다.

② 탑을 복원하면 형태가 훼손된 탑에서는 느낄 수 없었던 탑의 형태적 아름다움을 느낄 수 있다.

③ 탑 복원에 필요한 자료를 충분히 수집하여 탑을 복원하면 탑의 옛 모습을 되살릴 수 있다.

④ 주변 공간과의 조화를 유지하는 방법으로 탑을 복원할 수 있다.

⑤ 탑을 복원하는 비용보다 보존하는 비용이 더 많이 든다.

29 다음 (가)와 (나)를 종합하여 추론한 내용으로 적절하지 않은 것은?

(가) 모바일 무선통신에서 상대적으로 주파수가 낮은 전파를 쓰일 때의 이유는 정보의 원거리 전달에 용이하기 때문이다. 3kHz ~ 3GHz 대역의 주파수를 갖는 전파 중 0.3MHz 이하의 초장파, 장파 등은 매우 먼 거리까지 전달될 수 있으므로 해상 통신, 표지 통신, 선박이나 항공기의 유도 등과 같은 공공적 용도에 주로 사용된다. 0.3 ~ 800MHz 대역의 주파수는 단파 방송, 국제 방송, FM 라디오, 지상파 아날로그 TV 방송 등에 사용된다. 800MHz ~ 3GHz 대역인 극초단파가 모바일 무선통신에 주로 사용되며 '800 ~ 900MHz대', '1.8GHz대', '2.1GHz대', '2.3GHz대'의 네 가지 대역으로 나뉜다. 3GHz 이상 대역의 전파는 인공위성이나 우주 통신 등과 같이 중간에 장애물이 없는 특별한 경우에 사용된다.

모바일 무선통신에서 극초단파를 사용할 때의 이유는 0.3 ~ 800MHz 대역에 비해 단시간에 더 많은 정보의 전송이 가능하기 때문이다. 예를 들어 1비트의 자료를 전송하는 데 4개의 파동이 필요하다고 하자. 1kHz의 초장파는 초당 1,000개의 파동을 발생시키기 때문에 매초 250비트의 정보만을 전송할 수 있지만, 800MHz 초단파의 경우 초당 8억 개의 파동을 발생시키므로 매초 2억 비트의 정보를, 1.8GHz 극초단파는 초당 4.5억 비트에 해당하는 대량의 정보를 전송할 수 있다.

모바일 무선통신에서 극초단파를 사용함으로써 통신 기기의 휴대 편의성도 획기적으로 개선되었다. 극초단파와 같은 주파수를 사용하면서 손바닥 크기보다 작은 길이의 안테나만으로도 효율적인 전파의 송수신이 가능해졌기 때문이다.

(나) 초기 모바일 무선통신 시대에는 800 ~ 900MHz 대역의 주파수가 황금 주파수였으나, 모바일 무선통신 기술의 발달과 더불어 오늘날의 4세대 스마트폰 시대에는 1.8GHz 대와 2.1GHz 대가 황금주파수로 자리 잡게 되었다.

※ 1THz=1,000GHz, 1GHz=1,000MHz, 1MHz=1,000kHz, 1kHz=1,000H

① 낮은 주파수가 오히려 높은 주파수보다 정보를 더 멀리 전달할 수 있겠군.

② 인공위성에서의 높은 주파수 사용은 정보의 양과 관련이 있겠군.

③ FM 라디오에 사용되는 주파수보다 모바일 무선통신의 주파수가 초당 더 많은 정보를 전송할 수 있겠군.

④ 모바일 무선통신에서의 황금주파수 변화는 정보의 원거리 전달이 중요해졌음을 의미하는군.

⑤ 해상 통신에 사용되는 통신 기기의 안테나 길이는 모바일 통신기기보다 길어야겠군.

알고리즘은 컴퓨터에서 문제 해결 방법을 논리적인 순서로 설명하거나 표현하는 절차이다. 그런데 문제 해결 방법에는 여러 가지가 있을 수 있어 어떤 방법으로 문제를 해결하느냐에 따라 효율성이 달라진다. 알고리즘의 효율성을 분석할 때 흔히 시간복잡도를 사용하는데, 시간복잡도는 반복적으로 수행되는 연산의 횟수를 이용하여 나타낸다. 이때 연산에는 산술 연산뿐만 아니라 원소 간의 비교를 나타내는 비교 연산도 포함된다. 알고리즘 분야 중 정렬은 원소들을 오름차순이나 내림차순과 같이 특정한 순서에 따라 배열하는 것으로, 정렬을 통해 특정 원소를 탐색하는 데 소요되는 시간을 줄일 수 있다.

삽입정렬은 정렬된 부분에 정렬할 원소의 위치를 찾아 삽입하는 방식이다. 집합 {564, 527, 89, 72, 34, 6, 3, 0}의 원소를 오름차순으로 정렬하는 경우, 먼저 564를 정렬된 부분으로 가정하고 그다음 원소인 527을 564와 비교하여 527을 564의 앞으로 삽입한다. 그리고 그다음 원소인 89를 정렬된 부분인 {527, 564} 중 564와 비교하여 564의 앞으로 삽입하고, 다시 527과 비교하여 527의 앞으로 삽입한다. 정렬된 부분과 정렬할 원소를 비교하여, 삽입할 필요가 없다면 순서를 그대로 유지한다. 삽입정렬은 원소들을 비교하여 삽입하는 과정이 반복되므로 비교 연산의 횟수를 구하여 28번(1+2+3+4+5+6+7)의 시간 복잡도를 나타낼 수 있다.

한편 기수정렬은 원소들의 각 자릿수의 숫자를 확인하여 각 자릿수에 해당하는 큐에 넣는 방식이다. 큐는 먼저 넣은 자료를 먼저 내보내는 자료구조이다. 원소들의 각 자릿수의 숫자를 확인하기 위해서는 나머지를 구하는 모듈로(Modulo) 연산을 수행한다. 집합 {564, 527, 89, 72, 34, 6, 3, 0}의 원소를 오름차순으로 정렬할 때 기수 정렬을 사용하는 경우, 먼저 모듈로 연산으로 일의 자릿수의 숫자를 확인하여 564를 큐4에, 527을 큐7에, 89를 큐9에, 72를 큐2에, 34를 큐4에, 6을 큐6에, 3을 큐3에, 0을 큐0에 넣는다. 이렇게 1차 정렬된 원소들을 다시 모듈로 연산으로 십의 자릿수의 숫자를 확인하여 차례대로 해당하는 큐에 넣어 2차 정렬한다. 이때 해당하는 자릿수가 없다면 자릿수의 숫자를 0으로 간주하여 정렬한다.

기수 정렬은 원소들 중 자릿수가 가장 큰 원소의 자릿수만큼 원소들의 자릿수의 숫자를 확인하는 과정이 반복되므로 모듈로 연산의 횟수를 구하여 24번(8+8+8)의 시간복잡도를 나타낼 수 있다.

───〈보기〉───

A씨는 삽입정렬 또는 기수정렬을 사용하여 집합 {564, 527, 89, 72, 0}의 원소를 오름차순으로 정렬하고자 한다.

① A씨가 삽입정렬을 사용하여 정렬하면 시간복잡도는 8번이 된다.
② A씨가 기수정렬을 사용하여 정렬하면 시간복잡도는 12번이 된다.
③ A씨는 삽입정렬보다 기수정렬을 사용하는 것이 더 효율적이다.
④ A씨가 두 가지 정렬 중 하나를 선택하여 정렬하더라도 시간복잡도는 모두 10번 이상이 된다.
⑤ A씨가 두 가지 정렬 중 하나를 선택하여 정렬하더라도 시간복잡도는 서로 동일하다.

7권

삼성 온라인 GSAT
정답 및 해설

도서 동형 온라인 기출복원 모의고사 2회 쿠폰번호

ASTH-00000-DB951

※ **합격시대** 홈페이지(www.sdedu.co.kr/pass_sidae_new) > [이벤트] > 쿠폰번호 등록 시 도서 동형 온라인 기출복원 모의고사를 응시할 수 있습니다.

도서 동형 온라인 모의고사 4회 쿠폰번호

ASTD-00000-DE137

※ **합격시대** 홈페이지(www.sdedu.co.kr/pass_sidae_new) > [이벤트] > 쿠폰번호 등록 시 도서 동형 온라인 모의고사를 응시할 수 있습니다.

온라인 모의고사 무료쿠폰

ASTC-00000-3E395 (4회분 수록)

[쿠폰 사용 안내]

1. **합격시대** 홈페이지(www.sdedu.co.kr/pass_sidae_new)
   에 접속합니다.
2. 회원가입 후 홈페이지 상단의 [이벤트]를 클릭합니다.
3. 쿠폰번호를 등록합니다.
4. 내강의실 > 모의고사 > 합격시대 모의고사 클릭 후 응시합니다.
※ 본 쿠폰은 등록 후 30일간 이용 가능합니다.
※ iOS / macOS 운영체제에서는 서비스되지 않습니다.

문제풀이 용지

[문제풀이 용지 다운받는 방법]

1. **시대에듀** 홈페이지(www.sdedu.co.kr)에 접속합니다.
2. 홈페이지 상단 카테고리 「도서업데이트」를 클릭합니다.
3. 「온라인 GSAT 문제풀이 용지」 검색 후 다운로드를 합니다.

끝까지 책임진다! 시대에듀!

QR코드를 통해 도서 출간 이후 발견된 오류나 개정법령, 변경된 시험 정보, 최신기출문제, 도서 업데이트 자료 등이 있는지 확인해 보세요! **시대에듀 합격 스마트 앱**을 통해서도 알려 드리고 있으니 구글 플레이나 앱 스토어에서 다운받아 사용하세요. 또한, 파본 도서인 경우에는 구입하신 곳에서 교환해 드립니다.

2024년 상반기 기출복원 모의고사 정답 및 해설

제 1영역 수리

01	02	03	04	05	06	07	08	09	10	11	12	13	14	15	16	17	18	19	20
②	③	④	②	③	①	④	③	⑤	④	④	①	③	①	④	④	④	②	④	⑤

01

정답 ②

3인실, 2인실, 1인실로 배정되는 인원을 정리하면 다음과 같다.
- (3, 2, 0) : $_5C_3 \times _2C_2 = 10$가지
- (3, 1, 1) : $_5C_3 \times _2C_1 \times _1C_1 = 20$가지
- (2, 2, 1) : $_5C_2 \times _3C_2 \times _1C_1 = 30$가지

∴ $10+20+30=60$

따라서 방에 배정되는 경우의 수는 총 60가지이다.

02

정답 ③

작년 남학생 수와 여학생 수를 각각 a, b명이라 하면 다음과 같다.
- 작년 전체 학생 수 : $a+b=820 \cdots$ ㉠
- 올해 전체 학생 수 : $1.08a+0.9b=810 \cdots$ ㉡

㉠과 ㉡을 연립하면

∴ $a=400$, $b=420$

따라서 작년 여학생의 수는 420명이다.

03

정답 ④

수도권에서 각 과일의 판매량은 다음과 같다.
- 배 : $800,000+1,500,000+200,000=2,500,000$개
- 귤 : $7,500,000+3,000,000+4,500,000=15,000,000$개
- 사과 : $300,000+450,000+750,000=1,500,000$개

∴ $a=\dfrac{800,000}{2,500,000}=0.32$, $b=\dfrac{3,000,000}{15,000,000}=0.2$, $c=\dfrac{750,000}{1,500,000}=0.5$

따라서 $a+b+c=1.02$이다.

04

정답 ②

2021년 상위 100대 기업까지 48.7%이고, 200대 기업까지 54.5%이다.
따라서 101~200대 기업이 차지하고 있는 비율은 54.5−48.7=5.8%이다.

오답분석

① · ③ 자료를 통해 쉽게 확인할 수 있다.
④ 자료를 통해 0.2%p 감소했음을 알 수 있다.
⑤ 등락률이 상승과 하락의 경향을 보이므로 옳은 설명이다.

05

정답 ③

2022년 전년 대비 A~D사의 판매 수익 감소율을 구하면 다음과 같다.

- A사 : $\frac{18-9}{18} \times 100 = 50\%$

- B사 : $\frac{6-(-2)}{6} \times 100 ≒ 133\%$

- C사 : $\frac{7-(-6)}{7} \times 100 ≒ 186\%$

- D사 : $\frac{-5-(-8)}{-5} \times 100 = -60\%$이지만, 전년 대비 감소하였으므로 감소율은 60%이다.

따라서 2022년의 판매 수익은 A~D사 모두 전년 대비 50% 이상 감소하였다.

오답분석

① 2021~2023년의 전년 대비 판매 수익 증감 추이는 A~D사 모두 '감소 – 감소 – 증가'이다.
② 2022년 판매 수익 총합은 9+(−2)+(−6)+(−8)=−7조 원으로 적자를 기록하였다.
④ B사와 D사의 2020년 대비 2023년의 판매 수익은 각각 10−8=2조 원, −2−(−4)=2조 원으로 두 곳 모두 2조 원 감소하였다.
⑤ 2020년 대비 2023년의 판매 수익은 A사만 증가하였고, 나머지는 모두 감소하였다.

06

정답 ①

자료를 분석하면 다음과 같다.

생산량(개)	0	1	2	3	4	5
총 판매수입(만 원)	0	7	14	21	28	35
총 생산비용(만 원)	5	9	12	17	24	33
이윤(만 원)	−5	−2	+2	+4	+4	+2

ㄱ. 따라서 2개와 5개를 생산할 때의 이윤은 +2로 동일하다.
ㄴ. 이윤은 생산량 3개와 4개에서 +4로 가장 크지만, 최대 생산량을 묻고 있으므로 극대화할 수 있는 최대 생산량은 4개이다.

오답분석

ㄷ. 생산량을 4개에서 5개로 늘리면 이윤은 4만원에서 2만 원으로 감소한다.
ㄹ. 1개를 생산하면 −2만 원이지만, 생산하지 않을 때는 −5만 원이다.

07

정답 ④

세 지역 모두 핵가족 가구 비중이 더 높으므로, 핵가족 가구 수가 더 많다.

오답분석

① 핵가족 가구의 비중이 가장 높은 곳은 71%인 B지역이다.
② 1인 가구는 기타 가구의 일부이므로, 1인 가구만의 비중은 알 수 없다.
③ 확대가족 가구의 비중이 가장 높은 곳은 C지역이지만 이 수치는 어디까지나 비중이므로 가구 수는 알 수 없다.
⑤ 부부 가구의 구성비는 B지역이 가장 높다.

08

서울의 수박 가격은 5월 16일에 감소했다가 5월 19일부터 다시 증가하고 있으며, 수박 가격 증가의 원인이 높은 기온 때문인지는 주어진 조건만으로는 알 수 없다.

오답분석

① 5월 16일까지는 19,000원으로 가격 변동이 없었지만, 5월 17일에 18,000원으로 감소했다.
② 자료를 통해 확인할 수 있다.
④ 5월 15 ~ 19일 서울의 수박 평균 가격은 15,600원으로 부산의 수박 평균 가격인 16,600원보다 낮다.
⑤ 5월 16 ~ 19일 나흘간 광주의 수박 평균 가격은 $\frac{16,000+15,000+16,000+17,000}{4}=16,000$원이므로 옳다.

09

남성의 경제활동 참가율의 경우는 가장 높았던 때가 74.0%이고 가장 낮았던 때는 72.2%로 2% 이하 차이가 나지만 여성의 경제활동 참가율의 경우는 가장 높았던 때가 50.8%이고 가장 낮았던 때는 48.1%이므로 2%p 이상 차이가 난다.

오답분석

① 2023년 1분기 경제활동 참가율은 60.1%로 전년 동기 경제활동 참가율 59.9% 대비 0.2%p 상승하였다.
② 2023년 1분기 여성 경제활동 참가율(48.5%)은 남성(72.3%)에 비해 낮지만, 전년 동기 48.1%에 비해 0.4%p 상승하였다.
③ 남녀 경제활동 참가율의 합이 가장 높았던 때는 73.8+50.8=124.6인 2022년 2분기이다.
④ 조사 기간 중 경제활동 참가율이 가장 낮았을 때는 59.9%인 2022년 1분기로, 이때는 여성 경제활동 참가율 역시 48.1%로 가장 낮았다.

10

전체 가입자 중 여성 가입자 수의 비율은 $\frac{9,873}{21,940}\times100=45\%$이다.

오답분석

① 남성 사업장 가입자 수는 8,050천 명으로 남성 지역 가입자 수의 2배인 3,805×2=7,610천 명보다 많다.
② 여성 가입자 전체 수인 9,873천 명에서 여성 사업장 가입자 수인 5,800천 명을 빼면 4,073천 명이므로 여성 사업장 가입자 수가 나머지 여성 가입자 수를 모두 합친 것보다 많다.
③ 전체 지역 가입자 수는 전체 사업장 가입자 수의 $\frac{7,202}{13,850}\times100=52\%$이다.
⑤ 가입자 수가 많은 집단 순서는 '사업장 가입자 – 지역 가입자 – 임의계속 가입자 – 임의 가입자'이다.

11

ㄴ. A ~ D기업의 주당 순이익은 다음과 같다.

- A : $\frac{10,000}{20,000}=0.5$
- B : $\frac{200,000}{100,000}=2$
- C : $\frac{125,000}{500,000}=0.25$
- D : $\frac{60,000}{80,000}=0.75$

따라서 주당 순이익은 'B–D–A–C' 순으로 높으며, 이는 주식가격이 높은 순서와 일치한다.

ㄷ. A ~ D기업의 발행 주식 수는 다음과 같다.

(자기자본)=(발행 주식 수)×(액면가) → (발행 주식 수)=$\frac{(자기자본)}{(액면가)}$

- A : $\frac{100,000}{5}=20,000$주
- B : $\frac{500,000}{5}=100,000$주
- C : $\frac{250,000}{0.5}=500,000$주
- D : $\frac{80,000}{1}=80,000$주

따라서 D기업의 발행 주식 수는 A기업의 발행 주식 수의 $\frac{80,000}{20,000}=4$배이다.

ㄱ. ㄴ의 해설에 따르면 주당 순이익은 C기업이 가장 낮다.

ㄹ. A ~ D기업의 자기자본 순이익률은 다음과 같다.

- A : $\dfrac{10,000}{100,000}=0.1$
- B : $\dfrac{200,000}{500,000}=0.4$
- C : $\dfrac{125,000}{250,000}=0.5$
- D : $\dfrac{60,000}{80,000}=0.75$

따라서 자기자본 순이익률은 D기업이 가장 높고, A기업이 가장 낮다.

12 정답 ①

ㄱ. 근로자가 총 80명이고 전체에게 지급된 임금의 총액이 2억 원이므로 근로자당 평균 월 급여액은 $\dfrac{2억 원}{80명}=250만$ 원이다.

ㄴ. 월 210만 원 이상 급여를 받는 근로자 수는 $26+12+8+4=50$명이다. 따라서 총 80명의 절반인 40명보다 많으므로 옳은 설명이다.

ㄷ. 월 180만 원 미만의 급여를 받는 근로자 수는 $6+4=10$명이다. 따라서 전체에서 $\dfrac{10}{80}\times100=12.5\%$의 비율을 차지하고 있으므로 옳지 않은 설명이다.

ㄹ. '월 240 이상 ~ 270 미만'의 구간에서 월 250만 원 이상 받는 근로자의 수는 주어진 자료만으로는 확인할 수 없으므로 옳지 않은 설명이다.

13 정답 ③

한별이가 만약 50m^3의 물을 사용했을 경우 수도요금은 기본료를 제외하고 $(30\times300)+(20\times500)=19,000$원이다. 즉, 총요금(17,000원)보다 많으므로 사용한 수도량은 30m^3 초과 ~ 50m^3 이하이다.

30m^3를 초과한 양을 $x\,\text{m}^3$라고 하자.

$2,000+(30\times300)+(x\times500)=17,000 \rightarrow 500x=17,000-11,000$

$\therefore\ x=\dfrac{6,000}{500}=12$

따라서 한별이가 한 달 동안 사용한 수도량은 $30+12=42\text{m}^3$이다.

14 정답 ①

전년 대비 매출액이 증가한 해는 2018년, 2020년, 2022년, 2023년인데, 2018년에는 전년 대비 100%의 증가율을 기록했으므로 다른 어느 해보다 증가율이 컸다.

따라서 전년도에 비해 매출액 증가율이 가장 컸던 해는 2018년이다.

15 정답 ④

남성의 전체 인원은 $75+180+15+30=300$명이고, 여성의 전체 인원은 $52+143+39+26=260$명이다.

따라서 전체 남성 인원에 대한 자녀 계획이 없는 남성 인원의 비율은 남성이 $\dfrac{75}{300}\times100=25\%$, 전체 여성 인원에 대한 자녀 계획이 없는 여성 인원의 비율은 $\dfrac{52}{260}\times100=20\%$로, 남성이 여성보다 $25-20=5\%$p 더 크다.

① 전체 조사 인원은 $300+260=560$명으로 600명 미만이다.

② 전체 여성 인원에 대한 희망 자녀 수가 1명인 여성 인원의 비율은 $\dfrac{143}{260}\times100=55\%$이다.

③ 전체 여성 인원에 대한 희망 자녀 수가 2명인 여성 인원의 비율은 $\frac{39}{260} \times 100 = 15\%$, 전체 남성 인원에 대한 희망 자녀 수가 2명인 남성 인원의 비율은 $\frac{15}{300} \times 100 = 5\%$로 여성이 남성의 3배이다.

⑤ 남성의 각 항목을 인원수가 많은 순서대로 나열하면 '1명 – 계획 없음 – 3명 이상 – 2명'이고, 여성의 각 항목을 인원수가 많은 순서대로 나열하면 '1명 – 계획 없음 – 2명 – 3명' 이상이므로 남성과 여성의 항목별 순위는 서로 다르다.

16
정답 ④

신입사원의 수를 x명이라고 하자.

1인당 지급하는 국문 명함은 150장이므로 1인 기준 국문 명함 제작비용은 10,000(∵ 100장)+3,000(∵ 추가 50장)=13,000원이다.

$13,000x = 195,000$

∴ $x = 15$

따라서 신입사원의 수는 15명이다.

17
정답 ④

1인당 지급하는 영문 명함은 200장이므로 1인 기준 영문 명함 제작비용(일반 종이 기준)은 15,000(∵ 100장)+10,000(∵ 추가 100장)= 25,000원이다.

이때 고급 종이로 영문 명함을 제작하므로 해외영업부 사원들의 1인 기준 영문 명함 제작비용은 $25,000\left(1 + \frac{1}{10}\right) = 27,500$원이다.

따라서 8명의 영문 명함 제작비용은 $27,500 \times 8 = 220,000$원이다.

18
정답 ②

변환된 그래프의 단위는 모두 백만 주이고, 주어진 자료에는 주식 수의 단위가 억 주이므로 이를 주의하여 종목당 평균 주식 수를 구하면 다음과 같다.

구분	2013년	2014년	2015년	2016년	2017년	2018년	2019년	2020년	2021년	2022년	2023년
종목당 평균 주식 수 (백만 주)	9.39	12.32	21.07	21.73	22.17	30.78	27.69	27.73	27.04	28.25	31.13

이를 토대로 전년 대비 증감 추세를 나타내면 다음과 같다.

구분	2013년	2014년	2015년	2016년	2017년	2018년	2019년	2020년	2021년	2022년	2023년
전년 대비 변동 추이	–	증가	증가	증가	증가	증가	감소	증가	감소	증가	증가

따라서 이와 동일한 추세를 보이는 그래프는 ②이다.

19
정답 ④

시립도서관에서 보유하는 책의 수는 매월 25권씩 늘어난다. 따라서 2023년 5월에 보유하게 될 책의 수는 $500 + 25 \times 11 = 775$권이다.

20
정답 ⑤

전월에 제조되는 초콜릿의 개수와 금월에 제조되는 초콜릿의 개수의 합이 명월에 제조될 초콜릿의 개수이다.
- 2023년 7월 초콜릿의 개수 : 80+130=210개
- 2023년 8월 초콜릿의 개수 : 130+210=340개
- 2023년 9월 초콜릿의 개수 : 210+340=550개
- 2023년 10월 초콜릿의 개수 : 340+550=890개
- 2023년 11월 초콜릿의 개수 : 550+890=1,440개

따라서 2023년 11월에는 1,440개의 초콜릿이 제조될 것이다.

제**2**영역 추리

01	02	03	04	05	06	07	08	09	10	11	12	13	14	15	16	17	18	19	20
②	④	③	⑤	④	②	③	③	③	①	①	③	④	⑤	⑤	③	①	①	⑤	①
21	22	23	24	25	26	27	28	29	30										
③	⑤	⑤	③	④	②	③	①	③	②										

01
정답 ②

'하루에 두 끼를 먹는 어떤 사람도 뚱뚱하지 않다.'를 다르게 표현하면 '하루에 두 끼를 먹는 모든 사람은 뚱뚱하지 않다.'이다. 따라서 전제2와 연결하면 '아침을 먹는 모든 사람은 하루에 두 끼를 먹고, 하루에 두 끼를 먹는 사람은 뚱뚱하지 않다.'이며 이를 정리하면 ②가 된다.

02
정답 ④

제시된 명제들을 순서대로 논리기호화하면 다음과 같다.
- 전제1 : 재고
- 전제2 : ~설비투자 → ~재고
- 전제3 : 건설투자 → 설비투자('~때만'이라는 한정 조건이 들어가면 논리기호의 방향이 바뀐다.)

전제1이 참이므로 전제2의 대우(재고 → 설비투자)에 따라 설비를 투자한다. 전제3은 건설투자를 늘릴 '때만'이라는 한정 조건이 들어갔으므로 역(설비투자 → 건설투자) 또한 참이다. 따라서 이를 토대로 공장을 짓는다는 결론을 얻기 위해서는 '건설투자를 늘린다면, 공장을 짓는다 (건설투자 → 공장건설).'라는 명제가 필요하다.

03
정답 ③

'저녁에 일찍 잔다.'를 A, '상쾌하게 일어난다.'를 B, '자기 전 휴대폰을 본다.'를 C라고 하면, 전제1은 A → B, 결론은 C → ~A이다. 전제1의 대우가 ~B → ~A이므로 C → ~B → ~A가 성립하기 위한 전제2는 C → ~B나 B → ~C이다. 따라서 빈칸에 들어갈 내용으로 적절한 것은 '자기 전 휴대폰을 보면 상쾌하게 일어날 수 없다.'이다.

04
정답 ⑤

영래의 맞은편이 현석이고 현석이의 바로 옆자리가 수민이므로, 이를 기준으로 주어진 조건에 맞추어 자리를 배치해야 한다.
영래의 왼쪽·수민이의 오른쪽이 비어있을 때 또는 영래의 오른쪽·수민이의 왼쪽이 비어있을 때는 성표와 진모가 마주보면서 앉을 수 없으므로 성립하지 않는다. 그러므로 영래의 왼쪽·수민이의 왼쪽이 비어있을 때와 영래의 오른쪽·수민이의 오른쪽이 비어있을 때를 정리하면 다음과 같다.

ⅰ) 영래의 왼쪽·수민이의 왼쪽이 비어있을 때

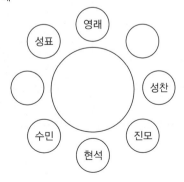

ii) 영래의 오른쪽·수민이의 오른쪽이 비어있을 때

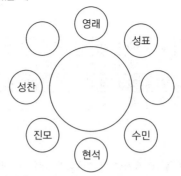

따라서 어느 상황에서든 진모와 수민이는 1명을 사이에 두고 앉는다.

05

지원이는 주스를 좋아하므로, 디자인 담당이 아니다. 또한 편집 담당과 이웃해 있으므로 기획 담당이다. 편집 담당은 콜라를 좋아하고, 검은색 책상에 앉아 있다. 그런데 지영이는 갈색 책상에 앉아 있으므로 디자인 담당이며, 수현이는 검은색 책상에 앉아 있다. 그러므로 지원이는 흰색 책상에 앉아 있다. 이를 표로 정리하면 다음과 같다.

지원	수현	지영
흰색 책상	검은색 책상	갈색 책상
기획	편집	디자인
주스	콜라	커피

오답분석

ㄷ. 지원이가 편집을 하지 않는 것은 맞지만, 수현이는 콜라를 좋아한다.
ㄹ. 수현이는 편집 담당이므로 검은색 책상에 앉아 있다.

06

먼저 첫 번째 조건에 따라 A가 출장을 간다고 하면 다음의 2가지 경우로 나뉜다.

A출장○	B출장○, C출장×
	B출장×, C출장○

또한 두 번째 조건에 따라 C가 출장을 가면 D와 E 중 1명이 출장을 가지 않거나 2명 모두 가지 않는 3가지 경우가 생기고, C가 출장을 가지 않으면 D와 E의 출장 여부를 정확히 알 수 없으므로 4가지 경우가 된다.
그리고 세 번째 조건에 따라 B가 출장을 가지 않으면 F는 출장을 가므로 이를 정리하면 다음과 같다.

A출장○	B출장○, C출장×	D출장○, E출장×	F출장○ 또는 F출장×
		D출장×, E출장○	
		D출장×, E출장×	
		D출장○, E출장○	
	B출장×, C출장○	D출장○, E출장×	F출장○
		D출장×, E출장○	
		D출장×, E출장×	

따라서 A가 출장을 간다면 최소 인원이 되는 경우는 B와 둘이서 가는 것이므로 2명이다.

07

정답 ③

D가 런던을 고른 경우, A는 뉴욕만 고를 수 있으므로 B는 파리를 고른다.

오답분석

① A가 뉴욕을 고를 경우, D가 런던을 고르면 E는 방콕 또는 베를린을 고른다.
② B가 베를린을 고를 경우, F는 파리를 고른다.
④ E가 뉴욕을 고를 경우, A는 런던을 고르므로 D는 방콕을 고른다.
⑤ A가 런던을 고르고 B가 파리를 고를 경우, F는 뉴욕을 고를 수 있다.

08

정답 ③

주어진 조건을 정리하면 다음과 같다.

구분	월	화	수	목	금	토	일
첫째	○	×		×	○		
둘째						○	
셋째							○
넷째			○				

따라서 셋째는 화요일과 일요일 또는 목요일과 일요일에 병간호할 수 있으므로 ③이 항상 옳지 않다.

오답분석

① 첫째는 화요일과 목요일에 병간호할 수 없고, 수, 토, 일요일은 다른 형제들이 병간호를 하므로 월요일과 금요일에 병간호한다.
④ 둘째에게 남은 요일은 화요일과 목요일이지만, 둘째가 화요일에 병간호를 할지 목요일에 병간호를 할지는 알 수 없다.

09

정답 ③

다섯 번째와 여섯 번째 조건에 따라 D는 네트워크사업부, E는 시스템사업부에 배치된다.
네 번째 조건에 따라 B, C, F가 모두 시스템사업부에 배치된다면 네트워크사업부에 배치될 수 있는 직원은 A와 D뿐이므로 두 번째 조건을 충족하지 못하게 된다. 따라서 B, C, F는 D와 함께 네트워크사업부에 배치되며, A는 세 번째 조건에 따라 E와 함께 시스템사업부에 배치된다.

오답분석

ㄱ. B는 네트워크사업부에 배치된다.
ㄴ. A는 시스템사업부, D는 네트워크사업부로, 각각 다른 부서에 배치된다.

10

정답 ①

주어진 조건을 논리기호화하면 다음과 같다.
ⅰ) 혁신역량강화 → ~조직문화
ⅱ) ~일과 가정 → 미래가치교육
ⅲ) 혁신역량강화, 미래가치교육 中 1
ⅳ) 조직문화, 전략적 결정, 조직융합전략 中 2
ⅴ) 조직문화
• S대리가 조직문화에 참여하므로 ⅰ)의 대우인 '조직문화 → ~혁신역량강화'에 따라 혁신역량강화에 참여하지 않는다. 그러므로 ⅲ)에 따라 미래가치교육에 참여한다.
• 일과 가정의 경우 참여와 불참 모두 가능하지만, S대리는 최대한 참여하므로 일과 가정에 참여한다.
• ⅳ)에 따라 전략적 결정, 조직융합전략 중 한 가지 프로그램에 참여할 것임을 알 수 있다.
따라서 S대리는 조직문화, 미래가치교육, 일과 가정 그리고 전략적 결정 혹은 조직융합전략에 참여하므로 최대 4개의 프로그램에 참여한다.

오답분석

② S대리의 전략적 결정 참여 여부와 일과 가정 참여 여부는 상호 무관하다.
③ S대리는 혁신역량강화에 참여하지 않으며, 일과 가정 참여 여부는 알 수 없다.
④ S대리는 조직문화에 참여하므로 ⅳ)에 따라 전략적 결정과 조직융합전략 중 한 가지에만 참여 가능하다.
⑤ S대리는 조직문화, 미래가치교육에 반드시 참여하며, 전략적 결정과 조직융합전략 중 한 가지 프로그램에 반드시 참여하므로 최소 3개의 프로그램에 참여한다.

11

각 지점에는 한 번에 한 명의 신입사원만 근무할 수 있으므로 주어진 조건에 따라 지점별 순환근무표를 정리하면 다음과 같다.

구분	강남	구로	마포	잠실	종로
1	A	B	C	D	E
2	B	C	D	E	A
3(현재)	C	D	E	A	B
4	D	E	A	B	C
5	E	A	B	C	D

따라서 E는 네 번째 순환근무 기간에 구로에서 근무할 예정이므로 ①은 항상 참이 된다.

오답분석

② C는 이미 첫 번째 순환근무 기간에 마포에서 근무하였다.
③ 다음 순환근무 기간인 네 번째 기간에 잠실에서 근무할 사람은 B이다.
④ 세 번째 순환근무 기간을 포함하여 지금까지 강남에서 근무한 사람은 A, B, C이다.
⑤ 강남에서 가장 먼저 근무한 사람은 A이다.

12

정답 ③

주어진 조건에 따르면 가장 오랜 시간 동안 사업 교육을 진행하는 A와 부장보다 길게 교육을 진행하는 B는 부장이 될 수 없으므로 C가 부장임을 알 수 있다. 이때, 다섯 번째 조건에 따라 C부장은 교육 시간이 가장 짧은 인사 교육을 담당하는 것을 알 수 있다. 이를 표로 정리하면 다음과 같다.

구분	인사 교육	영업 교육	사업 교육
시간	1시간	1시간 30분	2시간
담당	C	B	A
직급	부장	과장	과장

따라서 바르게 연결된 것은 ③이다.

13

정답 ④

여섯 번째와 마지막 조건에 따라, 유기화학 분야는 여름에 상을 수여받고, 겨울에 상을 수여받을 수 있다.
따라서 무기화학 분야도 여름과 겨울에만 상을 수여받을 수 있다.

14

정답 ⑤

먼저 D의 주문 금액은 4,000원, E의 주문 금액은 2,000원임을 알 수 있다. 그리고 C의 최대 주문 금액은 3,500원이고, B의 최대 주문 금액은 이보다 적은 3,000원이므로 A의 최대 주문 금액 또한 3,000원이다.
따라서 5명이 주문한 금액은 최대 3,000+3,000+3,500+4,000+2,000=15,500원이다.

오답분석

① A와 B의 주문 가격은 같고, B는 커피류를 마실 수 없으므로 A가 주문 가능한 최소 가격은 B가 주문 가능한 음료류의 최소 가격인 2,000원이다.
② 허브티는 음료류 중 가격이 최대이므로 B가 허브티를 주문할 경우 C는 이보다 비싼 음료류를 주문할 수 없다.
③ 핫초코는 음료류 중 가격이 최소이므로 C가 핫초코를 주문할 경우 B는 이보다 저렴한 음료류를 주문할 수 없다.
④ D가 주문한 S카페에서 가장 비싼 것은 아포가토이고, 이는 커피류이다.

15

정답 ⑤

규칙은 가로로 적용된다.
첫 번째 도형을 90° 회전한 것이 두 번째 도형이고, 두 번째 도형의 색을 반전시킨 것이 세 번째 도형이다.

16

정답 ③

규칙은 가로로 적용된다.
첫 번째 도형에서 색칠된 칸이 오른쪽으로 2칸씩 이동한 것이 두 번째 도형이고, 두 번째 도형에서 색칠된 칸이 아래쪽으로 2칸씩 이동한 것이 세 번째 도형이다.

17

정답 ①

규칙은 가로로 적용된다.
첫 번째 도형 안쪽의 선을 좌우 반전하여 합친 것이 두 번째 도형이고, 두 번째 도형을 상하 반전하여 합친 것이 세 번째 도형이다.

[18~21]

- ❶ : 각 자릿수 +1
- ❹ : 12345 → 31245
- ❻ : 12345 → 52341

18

정답 ①

ㅏㅓㅋㅛㄷ → ㅋㅏㅓㅛㄷ → ㅌㅑㅕㅜㄹ
　　　　❹　　　　　❶

19

정답 ⑤

4ㅑㄴㄷㅛ → ㅛㅑㄴd4 → ㄴㅛㅑd4
　　　　❻　　　　　❹

20

정답 ①

ㅍOapㅓ → aㅍOpㅓ → bㅎㅈqㅕ → cㄱㅊrㅗ
　　　　❹　　　　❶　　　　❶

21

정답 ③

Uㅜㅎㅊㅍ → ㅍㅜㅎㅊU → ㅎㅍㅜㅊU → Uㅍㅜㅊㅎ
　　　　　❻　　　　❹　　　　❻

22

정답 ⑤

제시문은 비휘발성 메모리인 NAND 플래시 메모리에 대해 먼저 소개하고, NAND 플래시 메모리에 데이터가 저장되는 과정을 설명한 후 반대로 지워지는 과정을 설명하고 있다. 따라서 (라) NAND 플래시 메모리의 정의 - (나) 컨트롤 게이트와 기저 상태 사이에 전위차 발생 - (가) 전자 터널링 현상으로 전자가 플로팅 게이트로 이동하며 데이터 저장 - (다) 전위차를 반대로 가할 때 전자 터널링 현상으로 전자가 기저상태로 되돌아가며 데이터 삭제의 순으로 나열하는 것이 적절하다.

23

정답 ⑤

제시문은 스페인의 건축가 가우디의 건축물에 대해 설명하는 글이다. 따라서 (나) 가우디 건축물의 특징인 곡선과 대표 건축물인 카사 밀라 – (라) 카사 밀라에 대한 설명 – (다) 가우디 건축의 또 다른 특징인 자연과의 조화 – (가) 이를 뒷받침하는 건축물인 구엘 공원의 순으로 나열하는 것이 적절하다.

24

정답 ③

세 번째 문단에 따르면 치료용 항체는 암세포가 스스로 사멸되도록 암세포에 항체를 직접 투여하는 항암제라고 언급되어 있으므로 ③이 글의 내용으로 적절하지 않다.

오답분석
① 첫 번째 문단에서 면역 세포는 T세포와 B세포가 있다고 언급되어 있다.
② 두 번째 문단에서 암세포가 면역 시스템을 피하여 성장하면서 다른 곳으로 전이되어 암이 발병할 수 있음을 알 수 있다.
④ 네 번째 문단에서 CAR-T세포 치료제는 환자의 T세포를 추출하여 암세포를 공격하는 기능을 강화한 후 재투여한다고 언급되어 있다.
⑤ 다섯 번째 문단에서 면역 활성물질이 과도하게 분비될 때, 환자에게 치명적인 사이토카인 폭풍을 일으키는 등 신체 이상 증상을 보일 수 있다고 언급되어 있다.

25

정답 ④

네 번째 문단에서 미켈란젤로는 제자들과 함께 시스티나 성당의 천장에 그림을 그리는 작업을 할 수 있었으나 홀로 작업하였다고 하였다.

오답분석
① 미켈란젤로가 고위 관리직이 되길 바란 아버지는 처음에는 미켈란젤로가 미술에 흥미를 갖는 것을 반대하였다.
② 미켈란젤로는 기를란다요의 공방에서 나온 후 메디치가의 후원을 바탕으로 조각 학교에 입학하여 조각 공부를 하였다.
③ 미켈란젤로의 「잠자는 큐피드」 모작은 진품과 매우 흡사하여 진품으로 속여 팔리는 사건까지 발생하였다.
⑤ 미켈란젤로는 시스티나 성당의 천장을 그리는 동안 보수를 제때 받지 못하였다.

26

정답 ②

제시문에서는 텔레비전의 언어가 개인의 언어 습관에 미치는 악영향을 경계하면서, 올바른 언어 습관을 들이기 위한 문학 작품의 독서를 강조하고 있다.

27

정답 ③

두 번째 문단의 마지막 문장에서 절차적 지식을 갖기 위해 정보를 마음에 떠올릴 필요가 없다고 하였다.

오답분석
① 마지막 문단에서 표상적 지식은 절차적 지식과 달리 특정한 일을 수행하는 능력과 직접 연결되어 있지 않다고 하였으나, 특정 능력의 습득에 전혀 도움을 줄 수 없는지 아닌지는 제시문의 내용을 통해서는 알 수 없다.
② 마지막 문단에 따르면 '이 사과는 둥글다.'라는 지식은 둥근 사과의 이미지일 수도, '이 사과는 둥글다.'라는 명제일 수도 있다.
④ 인식론에서 나눈 지식의 유형에는 능력의 소유를 의미하는 절차적 지식과 정보의 소유를 의미하는 표상적 지식이 모두 포함된다.
⑤ 절차적 지식을 통해 표상적 지식을 얻는다는 내용은 제시문에 언급되어 있지 않다.

28
정답 ①

제시문에서 레이저 절단 가공은 재료와 직접 접촉하지 않으므로 다른 열 절단 가공에 비해 열변형의 우려가 적다고 언급되어 있다.

오답분석

② 제시문에 따르면 고밀도, 고열원의 레이저를 쏘아 소재를 녹이고 증발시켜 소재를 절단한다 하였으므로 절단 작업 중에는 기체가 발생함을 알 수 있다.

③ 제시문에서 레이저 절단 가공은 물리적 변형이 적어 깨지기 쉬운 소재도 다룰 수 있다고 언급되어 있다.

④ 제시문에 따르면 반도체 소자가 나날이 작아지고 정교해졌다고 언급되어 있으므로 과거 반도체 소자는 현재 반도체 소자보다 덜 정교함을 추론할 수 있다.

⑤ 제시문에 따르면 반도체 소자는 나날이 작아지며 정교해지고 있으므로 현재 기술력으로는 레이저 절단 가공 외의 가공법으로는 반도체 소자를 다루기 쉽지 않음을 추론할 수 있다.

29
정답 ③

제시문은 윤리적 상대주의가 참이라는 결론을 내리기 위한 논증이다. 어떤 행위에 대한 문화 간의 지속적인 시비 논란(윤리적 판단)은 사람들의 윤리적 기준 차이에 의하여 한 문화 안에서 시대마다 다르기도 하고, 동일한 문화와 시대 안에서도 다를 수 있다. 그러므로 올바른 윤리적 기준은 그것을 적용하는 사람에 따라 상대적이고 이것이 윤리적 상대주의가 참이라는 논증이다. 따라서 이 논증의 반박은 '절대적 기준에 의한 보편적 윤리 판단은 존재한다.'가 되어야 한다. 그러나 ③은 '윤리적 판단이 항상 서로 다른 것은 아니다.'라는 내용으로, 글에서도 윤리적 판단이 '~ 다르기도 하다.', '다른 윤리적 판단을 하는 경우를 볼 수 있다.'고 했지 '항상 다르다.'고는 하지 않았다. 따라서 ③이 글의 주장을 반박하는 내용으로 적절하지 않다.

30
정답 ②

아리스토텔레스는 관객과 극 중 인물의 감정 교류를 강조하지만 브레히트는 관객이 거리를 두고 극을 보는 것을 강조하고 있다. 브레히트는 관객이 극에 지나치게 몰입하게 되면 극과의 거리두기가 어려워져 사건을 객관적으로 바라볼 수 없게 된다고 보았다. 따라서 제기할 만한 의문으로 가장 적절한 것은 ②이다.

2023년 하반기 기출복원 모의고사 정답 및 해설

제1영역 수리

01	02	03	04	05	06	07	08	09	10	11	12	13	14	15	16	17	18	19	20
③	①	③	④	③	④	②	②	②	④	②	⑤	③	②	④	③	①	②	⑤	⑤

01
정답 ③

2020년 전교생 수가 200명인데 매년 2020년 전체 인원수의 5%씩 감소하므로 1년 후부터 5년 후까지 전교생 수는 다음과 같다.
- 1년 후 : $200-(200\times0.05)=190$명
- 2년 후 : $190-(200\times0.05)=180$명
- 3년 후 : $180-(200\times0.05)=170$명
- 4년 후 : $170-(200\times0.05)=160$명
- 5년 후 : $160-(200\times0.05)=150$명

따라서 5년 후에는 1년 후의 전교생 수보다 40명이 감소할 것이다.

02
정답 ①

8명의 선수 중 4명을 뽑는 경우의 수는 $_8C_4=\dfrac{8\times7\times6\times5}{4\times3\times2\times1}=70$가지이고, A, B, C를 포함하여 4명을 뽑는 경우의 수는 A, B, C를 제외한 5명 중 1명을 뽑으면 되므로 $_5C_1=5$가지이다.

따라서 A, B, C를 포함하여 뽑을 확률은 $\dfrac{5}{70}=\dfrac{1}{14}$이다.

03
정답 ③

- 전년 대비 2022년 데스크탑 PC의 판매량 증감률 : $\dfrac{4,700-5,000}{5,000}\times100=\dfrac{-300}{5,000}\times100=-6\%$
- 전년 대비 2022년 노트북의 판매량 증감률 : $\dfrac{2,400-2,000}{2,000}\times100=\dfrac{400}{2,000}\times100=20\%$

04
정답 ④

2018년의 부품 수가 2017년보다 $170-120=50$개 늘었을 때, 불량품 수는 $30-10=20$개 늘었고, 2019년의 부품 수가 2018년보다 $270-170=100$개 늘었을 때, 불량품 수는 $70-30=40$개 늘었다. 그러므로 전년 대비 부품 수의 차이와 불량품 수의 차이 사이에는 $5:2$의 비례관계가 성립한다.

2022년 부품 수(A)를 x개, 2020년 불량품 수(B)를 y개라고 하면 2022년의 부품 수가 2021년보다 $(x-620)$개 늘었을 때, 불량품 수는 $310-210=100$개 늘었다.

즉, $(x-620):100=5:2 \rightarrow x-620=250$

$\therefore x=870$

2020년의 부품 수가 2019년보다 $420-270=150$개 늘었을 때, 불량품 수는 $(y-70)$개 늘었다.

즉, $150:(y-70)=5:2 \rightarrow y-70=60$

$\therefore y=130$

따라서 2022년 부품 수는 870개, 2020년 불량품 수는 130개이다.

05
정답 ③

남자가 소설을 대여한 횟수는 60회이고, 여자가 소설을 대여한 횟수는 80회이므로 $\frac{60}{80}\times100=75\%$이므로 옳지 않은 설명이다.

오답분석

① 소설 전체 대여 횟수는 140회, 비소설 전체 대여 횟수는 80회이므로 옳다.

② 40세 미만의 전체 대여 횟수는 120회, 40세 이상의 전체 대여 횟수는 100회이므로 옳다.

④ 40세 미만의 전체 대여 횟수는 120회이고, 그중 비소설 대여 횟수는 30회이므로 $\frac{30}{120}\times100=25\%$이다.

⑤ 40세 이상의 전체 대여 횟수는 100회이고, 그중 소설 대여 횟수는 50회이므로 $\frac{50}{100}\times100=50\%$이다.

06
정답 ④

ㄱ. 자료를 통해 대도시 간 최대 예상 소요시간은 모든 구간에서 주중이 주말보다 적게 걸림을 알 수 있다.

ㄴ. 주중 전국 예상 교통량 중 수도권에서 지방으로 가는 예상 교통량의 비율은 $\frac{4}{40}\times100=10\%$이다.

ㄹ. 서울 - 광주 구간 주중 최대 예상 소요시간과 서울 - 강릉 구간 주말 최대 예상 소요시간은 3시간으로 같다.

오답분석

ㄷ. 지방에서 수도권으로 가는 주말 예상 교통량은 주중 예상 교통량의 $\frac{3}{2}=1.5$배이다.

07
정답 ②

ㄴ. 전년 대비 2021년 대형 자동차 판매량 증감율은 $\frac{150-200}{200}\times100=-25\%$로 판매량은 전년 대비 30% 미만으로 감소하였다.

ㄷ. 2020 ~ 2022년 동안 SUV 자동차의 총판매량은 $300+400+200=900$천 대이고, 대형 자동차의 총판매량은 $200+150+100=450$천 대이다. 따라서 2020 ~ 2022년 동안 SUV 자동차의 총판매량은 대형 자동차 총판매량의 $\frac{900}{450}=2$배이다.

오답분석

ㄱ. 2020 ~ 2022년 동안 판매량이 지속적으로 감소하는 차종은 '대형' 1종류이다.

ㄹ. 2021년 대비 2022년에 판매량이 증가한 차종은 '준중형'과 '중형'이다. 두 차종의 증가율을 비교하면 준중형은 $\frac{180-150}{150}\times100=20\%$, 중형은 $\frac{250-200}{200}\times100=25\%$로 중형 자동차가 더 높은 증가율을 나타낸다.

08
정답 ②

2019 ~ 2022년 동안 기타를 제외한 각 주류의 출고량 순위는 맥주 - 소주 - 탁주 - 청주 - 위스키 순으로 동일하나, 2023년에는 맥주 - 소주 - 탁주 - 위스키 - 청주 순으로 위스키와 청주의 순위가 바뀌었다.

오답분석

① 2019년 맥주 이외의 모든 주류의 출고량을 합한 값은 $684+481+44+30+32=1,271$천kL로, 맥주 출고량이 더 많다.

③ 2019년 대비 2023년에 출고량이 증가한 주류는 맥주, 소주, 청주, 위스키로 각각의 출고량 증가율을 구하면 다음과 같다.

- 맥주 : $\dfrac{1,702-1,571}{1,571}\times100 ≒ 8.3\%$

- 소주 : $\dfrac{770-684}{684}\times100 ≒ 12.6\%$

- 청주 : $\dfrac{47-44}{44}\times100 ≒ 6.8\%$

- 위스키 : $\dfrac{49-30}{30}\times100 ≒ 63.3\%$

따라서 2019년 대비 2023년에 출고량 증가율이 가장 높은 주류는 위스키이다.

④ 2020~2023년 동안 맥주와 청주의 전년 대비 증감추이는 '증가 - 감소 - 증가 - 감소'로 동일하다.

⑤ 2019~2023년 동안의 맥주 출고량의 절반은 785.5천kL, 787천kL, 764.5천kL, 855.5천kL, 851천kL로 매년 소주 출고량보다 많다.

09 정답 ②

- 평균 통화 시간이 6~9분인 여성의 수 : $400\times\dfrac{18}{100}=72$명

- 평균 통화 시간이 12분 초과인 남성의 수 : $600\times\dfrac{10}{100}=60$명

따라서 평균 통화 시간이 6~9분인 여성의 수는 12분 초과인 남성의 수의 $\dfrac{72}{60}=1.2$배이다.

10 정답 ④

- 2023년 총투약 일수가 150일인 경우 상급종합병원의 총약품비 : $2,686\times150=402,900$원
- 2022년 총투약 일수가 120일인 경우 종합병원의 총약품비 : $2,025\times120=243,000$원

따라서 총약품비의 합은 $243,000+402,900=645,900$원이다.

11 정답 ②

2023년 3월에 사고가 가장 많이 발생한 도로의 종류는 특별·광역시도이지만, 사망자 수가 가장 많은 도로의 종류는 시도이다.

오답분석

① 특별·광역시도의 교통사고 발생 건수는 지속적으로 증가한다.
③ 해당 기간 동안 부상자 수가 감소하는 도로는 없다.
④ 사망자 수가 100명을 초과하는 것은 2023년 3월과 4월의 시도가 유일하다.
⑤ 고속국도는 2023년 2월부터 4월까지 부상자 수가 746명, 765명, 859명으로 가장 적다.

12 정답 ⑤

쇼핑몰별 중복할인 여부에 따라 배송비를 포함한 실제 구매 가격을 정리하면 다음과 같다.

구분	할인쿠폰 적용	회원혜택 적용
A쇼핑몰	$129,000\times\left(1-\dfrac{5}{100}\right)+2,000=124,550$원	$129,000-7,000+2,000=124,000$원
B쇼핑몰	$131,000\times\left(1-\dfrac{3}{100}\right)-3,500=123,570$원	
C쇼핑몰	$130,000-5,000+2,500=127,500$원	$130,000\times\left(1-\dfrac{7}{100}\right)+2,500=123,400$원

따라서 배송비를 포함한 무선 이어폰의 최저가를 비교하면 C - B - A 순으로 가격이 낮다.

13
정답 ③

실제 구매 가격이 가장 비싼 A쇼핑몰은 124,000원이고, 가장 싼 C쇼핑몰은 123,400원이므로 가격 차이는 $124,000-123,400=600$원이다.

14
정답 ②

관광객 수가 가장 많은 국가는 B국이며, 가장 적은 국가는 E국이다. 따라서 두 국가의 관광객 수 차이는 $50-20=30$만 명이다.

15
정답 ④

A~E국 중 2022년 동안 관광객 수가 같은 국가는 40만 명으로 C, D국이다. 따라서 두 국가의 관광객들의 평균 여행일수 합은 $4+3=7$일이다.

16
정답 ③

• 2018년 대비 2019년 사고 척수의 증가율 : $\dfrac{2,400-1,500}{1,500}\times100=60\%$

• 2018년 대비 2019년 사고 건수의 증가율 : $\dfrac{2,100-1,400}{1,400}\times100=50\%$

17
정답 ①

연도별 사고 건수당 인명피해의 인원수를 구하면 다음과 같다.

• 2018년 : $\dfrac{700}{1,400}=0.5$명/건

• 2019년 : $\dfrac{420}{2,100}=0.2$명/건

• 2020년 : $\dfrac{460}{2,300}=0.2$명/건

• 2021년 : $\dfrac{750}{2,500}=0.3$명/건

• 2022년 : $\dfrac{260}{2,600}=0.1$명/건

따라서 사고 건수당 인명피해의 인원수가 가장 많은 연도는 2018년이다.

18
정답 ②

연도별 누적 막대그래프로, 각 지역의 적설량이 올바르게 나타나 있다.

오답분석

① 적설량의 단위는 'm'가 아니라 'cm'이다.
③ 수원과 강릉의 2018년, 2019년 적설량 수치가 서로 바뀌었다.
④ 그래프의 가로축을 지역명으로 수정해야 한다.
⑤ 서울과 수원의 그래프 수치가 서로 바뀌었다.

19
정답 ⑤

A제품을 n개 이어 붙일 때 필요한 시간이 a_n분일 때, 제품 $(n+1)$개를 이어 붙이는데 필요한 시간은 $(2a_n+n)$분이다.

A제품 n개를 이어 붙이는 데 필요한 시간은 다음과 같다.

• 6개 : $2\times42+5=89$분
• 7개 : $2\times89+6=184$분
• 8개 : $2\times184+7=375$분

따라서 A제품 8개를 이어 붙이는 데 필요한 시간은 375분이다.

20

정답 ⑤

A규칙은 계차수열로 앞의 항에 +5를 하여 항과 항 사이에 +20, +25, +30, +35, +40, +45 …를 적용하는 수열이고, B규칙은 앞의 항에 +30을 적용하는 수열이다.

따라서 빈칸에 들어갈 a와 b의 총합이 처음으로 800억 원을 넘을 때, a=410, b=420이다.

제2영역 추리

01	02	03	04	05	06	07	08	09	10	11	12	13	14	15	16	17	18	19	20
④	②	④	③	③	⑤	③	⑤	②	③	⑤	②	⑤	④	④	④	③	⑤	④	②
21	22	23	24	25	26	27	28	29	30										
①	⑤	③	④	⑤	④	③	②	④	①										

01

정답 ④

'눈을 자주 깜빡인다.'를 A, '눈이 건조해진다.'를 B, '스마트폰을 이용할 때'를 C라 하면, 전제1과 전제2는 각각 ~A → B, C → ~A이므로 C → ~A → B가 성립한다. 따라서 C → B인 '스마트폰을 이용할 때는 눈이 건조해진다.'가 적절하다.

02

정답 ②

'밤에 잠을 잘 자다.'를 A, '낮에 피곤하다.'를 B, '업무효율이 좋다.'를 C, '성과급을 받는다.'를 D라고 하면, 전제1은 ~A → B, 전제3은 ~C → ~D, 결론은 ~A → ~D이다. 따라서 ~A → B → ~C → ~D가 성립하기 위해서 필요한 전제2는 B → ~C이므로 '낮에 피곤하면 업무효율이 떨어진다.'가 적절하다.

03

정답 ④

'전기가 통하는 물질'을 A, '금속'을 B, '광택이 있는 물질'을 C라고 하면, 전제1에 따라 모든 금속은 전기가 통하므로 B는 A에 포함되며, 전제2에 따라 C는 B의 일부에 포함된다. 이를 벤 다이어그램으로 표현하면 다음과 같다.

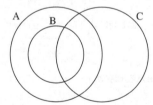

따라서 C에서 A부분을 제외한 부분이 존재하므로 '전기가 통하지 않으면서 광택이 있는 물질이 있다.'가 적절하다.

04

정답 ③

A와 D의 진술이 모순되므로, A의 진술이 참인 경우와 거짓인 경우를 구하면 다음과 같다.

ⅰ) A의 진술이 참인 경우

　A의 진술에 따라 D가 부정행위를 하였으며, 거짓을 말하고 있다. B는 A의 진술이 참이므로 B의 진술도 참이며, B의 진술이 참이므로 C의 진술은 거짓이 되고, E의 진술은 참이 된다. 따라서 부정행위를 한 사람은 C, D이다.

ⅱ) A의 진술이 거짓인 경우

　A의 진술에 따라 D는 참을 말하고 있고, B는 A의 진술이 거짓이므로 B의 진술도 거짓이 된다. B의 진술이 거짓이므로 C의 진술은 참이 되고, E의 진술은 거짓이 된다. 그러면 거짓을 말한 사람은 A, B, E이지만 조건에서 부정행위를 한 사람은 두 명이므로 모순이 되어 옳지 않다.

05

B의 진술에 따르면 A가 참이면 B도 참이므로, A와 B는 모두 참을 말하거나 모두 거짓을 말한다. 또한 C와 E의 진술은 서로 모순되므로 둘 중에 한 명의 진술은 참이고, 다른 한 명의 진술은 거짓이 된다. 만약 A와 B의 진술이 모두 거짓일 경우 A, B, E 3명의 진술이 거짓이 되므로 2명의 학생이 거짓을 말한다는 조건에 맞지 않으므로 A와 B의 진술은 모두 참이다. 따라서 진술이 서로 모순되는 C와 E중에 C의 진술이 참인 A의 진술과 모순되므로 범인은 C이다.

06

A ~ D직원의 말이 거짓인 경우를 구하면 다음과 같다.

ⅰ) A의 말이 거짓인 경우

구분	A(원료 분류)	B(제품 성형)	C(제품 색칠)	D(포장)
실수	○		×	○

실수는 한 곳에서만 발생했으므로 A의 말은 진실이다.

ⅱ) B의 말이 거짓인 경우

구분	A(원료 분류)	B(제품 성형)	C(제품 색칠)	D(포장)
실수	× / ○		×	×

A와 D 두 사람 말이 모두 진실일 때 모순이 발생하므로 B의 말은 진실이다.

ⅲ) C의 말이 거짓인 경우

구분	A(원료 분류)	B(제품 성형)	C(제품 색칠)	D(포장)
실수	× / ○		○	○

A와 D 두 사람 말이 모두 진실일 때 모순이 발생하며 실수는 한 곳에서만 발생했으므로 C의 말은 진실이다.

ⅳ) D의 말이 거짓인 경우

구분	A(원료 분류)	B(제품 성형)	C(제품 색칠)	D(포장)
실수	×		×	○

D가 거짓을 말했을 때 조건이 성립한다.

따라서 거짓을 말한 사람은 D직원이며, 실수가 발생한 단계는 포장 단계이다.

07

B의 발언이 참이라면 C가 범인이고 F도 참이 된다. F는 C 또는 E가 범인이라고 했으므로 C가 범인이라면 E는 범인이 아니고, E의 발언 역시 참이 되어야 한다. 하지만 E의 발언이 참이라면 F가 범인이어야 하므로 모순이다. 따라서 B의 발언이 거짓이며, C 또는 E가 범인이라는 F 역시 범인임을 알 수 있다.

08

다섯 명 중 단 한 명만이 거짓말을 하고 있으므로 C와 D 중 한 명은 반드시 거짓을 말하고 있으므로 C와 D의 진술이 거짓인 경우를 구하면 다음과 같다.

ⅰ) C의 진술이 거짓일 경우

B와 C의 말이 모두 거짓이 되므로 한 명만 거짓말을 하고 있다는 조건이 성립하지 않는다.

ⅱ) D의 진술이 거짓일 경우

구분	A	B	C	D	E
출장지역	잠실		여의도	강남	

이때, B는 상암으로 출장을 가지 않는다는 A의 진술에 따라 상암으로 출장을 가는 사람은 E임을 알 수 있다. 따라서 ⑤는 항상 거짓이 된다.

09

정답 ②

'을'과 '정'이 서로 상반된 이야기를 하고 있으므로 둘 중 1명이 거짓말을 하고 있다. 만일 '을'이 참이고 '정'이 거짓이라면 화분을 깨뜨린 사람은 '병', '정'이 되는데, 화분을 깨뜨린 사람은 1명이어야 하므로 모순이다. 따라서 거짓말을 한 사람은 '을'이다.

10

정답 ③

제시된 조건을 정리하면 다음과 같다.
- 첫 번째 조건 : 삼선짬뽕
- 마지막 조건의 대우 : 삼선짬뽕 → 팔보채
- 다섯 번째 조건의 대우 : 팔보채 → 양장피

세 번째, 네 번째 조건의 경우 자장면에 대한 단서가 없으므로 전건 및 후건의 참과 거짓을 판단할 수 없다. 그러므로 탕수육과 만두도 주문 여부를 알 수 없다. 따라서 반드시 주문할 메뉴는 삼선짬뽕, 팔보채, 양장피이다.

11

정답 ⑤

두 번째 조건에 의해, B는 항상 1과 5 사이에 앉는다. 따라서 E가 4와 5 사이에 앉으면 2와 3 사이에는 A, C, D 중 누구나 앉을 수 있으므로 ⑤는 적절하지 않다.

오답분석
① A가 1과 2 사이에 앉으면 네 번째 조건에 의해, E는 4와 5 사이에 앉는다. 그러면 C와 D는 3 옆에 앉게 되는데 이는 세 번째 조건과 모순이 된다.
② D가 4와 5 사이에 앉으면 네 번째 조건에 의해, E는 1과 2 사이에 앉는다. 그러면 C와 D는 3 옆에 앉게 되는데 이는 세 번째 조건과 모순이 된다.
③ C가 2와 3 사이에 앉으면 세 번째 조건에 의해, D는 1과 2 사이에 앉는다. 또한 네 번째 조건에 의해, E는 3과 4 사이에 앉을 수 없다. 따라서 A는 반드시 3과 4 사이에 앉는다.
④ E가 1과 2 사이에 앉으면 세 번째 조건의 대우에 의해, C는 반드시 4와 5 사이에 앉는다.

12

정답 ②

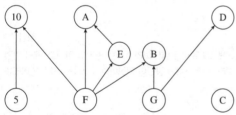

A, B, C를 제외한 빈칸에 적힌 수를 각각 D, E, F, G라고 하자. F는 10의 약수이고 원 안에는 2에서 10까지의 자연수가 적혀있으므로 F는 2이다. 10을 제외한 2의 배수는 4, 6, 8이고, A는 E와 F의 공배수이다. 즉, A는 8, E는 4이고, B는 6이다. 6의 약수는 1, 2, 3, 6이므로 G는 3이고 D는 3의 배수이므로 9이며, 남은 7은 C이다. 따라서 A, B, C에 해당하는 수의 합은 8+6+7=21이다.

13

정답 ⑤

첫 번째와 네 번째 조건에서 여학생 X와 남학생 B가 동점이 아니므로, 여학생 X와 남학생 C가 동점이다. 세 번째 조건에서 여학생 Z와 남학생 A가 동점임을 알 수 있고, 두 번째 조건에서 여학생 Y와 남학생 B가 동점임을 알 수 있다. 따라서 남는 남학생 D는 당연히 여학생 W와 동점임을 알 수 있다.

14

첫 번째 조건에 따라 A는 선택 프로그램에 참가하므로 A는 수·목·금요일 중 하나의 프로그램에 참가한다. A가 목요일 프로그램에 참가하면 E는 A보다 나중에 참가하므로 금요일의 선택3 프로그램에 참가할 수밖에 없다. 따라서 항상 참이 되는 것은 ④이다.

오답분석

① 두 번째 조건에 따라 C는 필수 프로그램에 참가하므로 월·화요일 중 하나의 프로그램에 참가하며, 이때, C가 화요일 프로그램에 참가하면 C보다 나중에 참가하는 D는 선택 프로그램에 참가할 수 있다.

② B는 월·화요일 프로그램에 참가할 수 있으므로 B가 화요일 프로그램에 참가하면 C는 월요일 프로그램에 참가할 수 있다.

③ C가 화요일 프로그램에 참가하면 E는 선택2 또는 선택3 프로그램에 참가할 수 있다.

구분	월(필수1)	화(필수2)	수(선택1)	목(선택2)	금(선택3)
경우1	B	C	A	D	E
경우2	B	C	A	E	D
경우3	B	C	D	A	E

⑤ E는 선택 프로그램에 참가하는 A보다 나중에 참가하므로 목요일 또는 금요일 중 하나의 프로그램에 참가할 수 있다.

15

세 번째 조건에 따라 S는 익산을 반드시 방문하므로 이에 근거하여 논리식을 전개하면 다음과 같다.
- 네 번째 조건의 대우 : 익산 → 대구
- 첫 번째 조건 : 대구 → ~경주
- 다섯 번째 조건 : ~경주 → 대전∧전주
- 두 번째 조건 : 전주 → ~광주

따라서 S는 익산, 대구, 대전, 전주를 방문하고 광주, 경주를 방문하지 않는다.

16

규칙은 가로로 적용된다.
첫 번째 도형을 180° 회전시킨 도형이 두 번째 도형이고, 이를 색 반전시킨 도형이 세 번째 도형이다.

17

규칙은 가로로 적용된다.
첫 번째 도형을 반으로 나눴을 때 왼쪽이 두 번째 도형이고, 첫 번째 도형을 반으로 나눴을 때 오른쪽을 y축 대칭하고 시계 방향으로 90° 회전한 것이 세 번째 도형이다.

18

규칙은 가로로 적용된다.
16칸 안에 있는 도형들이 모두 오른쪽으로 한 칸씩 움직인다.

[19~22]
- ☆ : 각 자릿수 +4, +3, +2, +1
- ♡ : 1234 → 4321
- □ : 1234 → 4231
- △ : 각 자릿수 +1, −1, +1, −1

19

정답 ④

US24 → 4S2U → 8V4V
　　　 □　　　 ☆

20

정답 ②

KB52 → OE73 → 37EO
　　　 ☆　　　 ♡

21

정답 ①

1839 → 2748 → 8472 → 9381
　　　 △　　　 ♡　　　 △

22

정답 ⑤

J7H8 → 87HJ → 96II
　　　 □　　　 △

23

정답 ③

제시문은 2,500년 전 인간과 현대의 인간의 공통점을 언급하며 2,500년 전에 쓰인 『논어』가 현대에서 지니는 가치에 대하여 설명하고 있다. 따라서 (가) 『논어』가 쓰인 2,500년 전 과거와 현대의 차이점 – (마) 2,500년 전의 책인 『논어』가 폐기되지 않고 현대에서도 읽히는 이유에 대한 의문 – (나) 인간이라는 공통점을 지닌 2,500년 전 공자와 우리들 – (다) 2,500년의 시간이 흐르는 동안 인간의 달라진 부분과 달라지지 않은 부분에 대한 설명 – (라) 시대가 흐름에 따라 폐기될 부분을 제외하더라도 여전히 오래된 미래로서의 가치를 지니는 『논어』의 순으로 나열하는 것이 가장 적절하다.

24

정답 ④

다문화정책의 두 가지 핵심을 밝히고 있는 (다)가 가장 처음에 온 뒤 (다)의 내용을 뒷받침하기 위해 프랑스를 사례로 든 (가)를 그 뒤에 배치하는 것이 자연스럽다. 다음으로는 이민자에 대한 지원 촉구 및 다문화정책의 개선 등에 대한 내용이 이어지는 것이 제시문의 흐름상 적절하므로, 이민자에 대한 배려의 필요성을 주장하는 (라), 다문화정책의 패러다임 전환을 주장하는 (나) 순서로 연결되어야 한다. 따라서 (다) – (가) – (라) – (나)의 순으로 나열하는 것이 가장 적절하다.

25

정답 ⑤

면허를 발급하는 것은 면허 발급 방식이며, 보조금을 지급받는 것은 보조금 지급 방식으로 둘 사이의 연관성은 없다. 따라서 ⑤가 거짓이다.

오답분석
① 과거에는 공공서비스가 경합성과 배제성이 모두 약한 사회기반시설 공급을 중심으로 제공되었다. 이런 경우 서비스 제공에 드는 비용은 주로 세금을 비롯한 공적 재원으로 충당을 하였다.
② 공공서비스의 다양화와 양적 확대가 이루어지면서 행정업무의 전문성 및 효율성이 떨어지는 문제점이 나타나기도 하였다.
③ 정부는 위탁 제도를 도입함으로써 정부 조직의 규모를 확대하지 않으면서 서비스의 전문성을 강화할 수 있었다.
④ 경쟁 입찰방식의 경우 정부가 직접 공공서비스를 제공할 때보다 서비스의 생산비용이 절감될 수 있고, 정부의 재정 부담도 경감될 수 있었다.

26
정답 ④

㉠의 '고속도로'는 그래핀이 사용된 선로를 의미하며, ㉢의 '코팅'은 비정질 탄소로 그래핀을 둘러싼 것을 의미한다. ㉠의 그래핀은 전자의 이동속도가 빠른 대신 저항이 높고 전하 농도가 낮다. 연구팀은 이러한 그래핀의 단점을 해결하기 위해, 그래핀에 비정질 탄소를 얇게 덮어 저항을 감소시키고 전하 농도를 증가시키는 방법을 생각해 냈다.

오답분석

① ㉡의 '도로'는 기존 금속 재질의 선로를 의미한다. 연구팀은 기존의 금속 재질(㉡) 대신 그래핀(㉠)을 반도체 회로에 사용하였다.
② 반도체 내에 많은 소자가 집적되면서 금속 재질의 선로(㉡)에 저항이 기하급수적으로 증가하였다.
③ 그래핀(㉠)은 구리보다 전기 전달 능력이 뛰어나고 전자 이동속도가 100배 이상 빠르다.
⑤ ㉠의 '고속도로'는 그래핀, ㉡의 '도로'는 금속 재질, ㉢의 '코팅'은 비정질 탄소를 의미한다.

27
정답 ③

㉠은 '인간에게 반사회성이 없다면 인간의 모든 재능이 꽃피지(발전하지) 못하고 사장될 것'이라는 내용이므로 '사회성만으로도 재능이 계발될 수 있다.'는 ③이 ㉠에 대한 반박으로 가장 적절하다.

28
정답 ②

제시문에서 필자는 3R 원칙을 강조하며 가장 필수적이고 최저한의 동물실험이 필요악임을 주장하고 있다. 특히 '보다 안전한 결과를 도출해 내기 위한 동물실험은 필요악이며, 이러한 필수적인 의약 실험조차 금지하려 한다는 것은 기술 발전 속도를 늦춰 약이 필요한 누군가의 고통을 감수하자는 이기적인 주장'이라는 대목을 통해 약이 필요한 이들을 위한 의약 실험에 초점을 맞추고 있음을 확인할 수 있다. 따라서 ②의 주장처럼 생명과 큰 관련이 없는 동물실험을 비판의 근거로 삼는 것은 적절하지 않다.

29
정답 ④

포지티브 방식은 PR 코팅, 즉 감광액이 빛에 노출되었을 때 현상액에 녹기 쉽게 화학구조가 변하며, 네거티브 방식은 반대로 감광액이 빛에 노출되면 현상액에 녹기 어렵게 변한다. 따라서 바르게 해석한 것은 ②이다.

오답분석

① 포토리소그래피는 PR층이 덮이지 않은 증착 물질을 제거하는 식각 과정 이후 PR층을 마저 제거한다. 이후 일련의 과정을 다시 반복하여 증착 물질을 원하는 형태로 패터닝하는 것이다.
② PR코팅은 노광 과정 이후 현상액에 접촉했을 때 반응하여 사라지거나 남게 된다. 따라서 식각 과정 이전에 자신의 실수를 알아차렸을 것이다.
③ 포지티브방식의 PR 코팅을 사용한 창우의 디스플레이 회로의 PR층과 증착 물질이 모두 사라졌다면, 증착 및 코팅 불량이나 PR 제거 실수와 같은 근본적인 오류를 제외할 경우 노광 과정에서 마스크가 빛을 가리지 못해 PR층 전부가 빛에 노출되었을 가능성이 높다.
⑤ 광수가 원래 의도대로 디스플레이 회로를 완성시키기 위해서는 최소 PR 코팅 이전까지 공정을 되돌릴 필요가 있다.

30
정답 ①

ㄱ·ㄴ. 각각 두 번째 문단과 마지막 문단에서 확인할 수 있다.

오답분석

ㄷ·ㄹ. 네 번째 문단에서 악보로 정리된 시나위를 연주하는 것은 시나위 본래 취지에 어긋난다는 내용과, 두 번째 문단에서 곡의 일정한 틀은 유지한다는 내용을 보면 즉흥성을 잘못 이해한 것을 알 수 있다.

제1회 정답 및 해설

제**1**영역 수리

01	02	03	04	05	06	07	08	09	10	11	12	13	14	15	16	17	18	19	20
④	③	④	⑤	④	②	③	②	⑤	②	⑤	⑤	③	①	⑤	④	①	②	④	⑤

01 정답 ④

작년 남자 사원을 x명, 여자 사원을 y명이라고 하면, 다음과 같은 두 방정식이 성립한다.

$x+y=500$ … ㉠

$0.9x+1.4y=500\times1.08 \rightarrow 0.9x+1.4y=540$ … ㉡

㉠과 ㉡을 연립하면,

$\therefore x=320, \ y=180$

따라서 작년 남자 사원 수는 320명이다.

02 정답 ③

10명이 리그전을 통해 경기한다면 경기 수는 $9+8+7+6+5+4+3+2+1=45$회이다.

토너먼트 방식의 경기 수는 n개의 팀이 참가했을 때, $(n-1)$회의 경기가 진행되므로 경기 횟수는 $10-1=9$번이다.

따라서 두 경기 수의 차이는 $45-9=36$회이다.

03 정답 ④

2022년 충청 지역의 PC 보유율은 전년 대비 감소하였으나 전라 지역의 PC 보유율은 전년 대비 증가하였다.

오답분석

① 대구 지역의 PC 보유율은 81.6% → 81.5% → 81.1% → 76.9% → 76.0%로 계속 감소하였다.

② 광주 지역의 PC 보유율은 84.4% → 85.2% → 82.8% → 83.2% → 80.0%로 증가와 감소가 반복되고 있다.

③ 전 기간 중 가장 낮은 PC 보유율은 2022년 강원 지역의 62.5%이다.

⑤ 2019년 경상 지역의 보유율은 71.7%로, 71.3%인 전라 지역에 이어 두 번째로 낮다.

04 정답 ⑤

2021년 1분기와 2분기의 수출국경기 EBSI는 모두 100 미만이므로, 2020년 4분기부터 2021년 2분기까지 수출국경기가 더욱 악화될 것임을 전망하고 있다.

오답분석

① 2021년 1~4분기의 국제수급상황 EBSI는 모두 100 미만이므로 기업들은 2021년 3분기까지 뿐만 아니라 4분기에도 국제수급상황이 직전 분기 대비 악화될 것으로 생각하고 있다. 따라서 옳지 않은 설명이다.

② 2022년 1분기 자금사정 EBSI는 100 이상이므로 기업들은 자금사정이 개선될 것이라고 생각한다.

③ 수출단가 EBSI는 2021년 2분기에 100을 초과하므로 직전 분기 대비 개선될 것이라는 기대를 반영한다.

④ 2021년 3분기까지는 수출채산성 EBSI가 100 미만과 초과를 반복하며 악화와 개선을 반복할 것이라고 기대되지만, 2021년 4분기 EBSI는 3분기와 마찬가지로 100 미만이다. 이는 4분기에도 3분기에 이어 전분기 대비 수출채산성 여건이 악화될 것으로 전망한다.

05
정답 ④

1인당 GDP가 가장 높은 국가는 노르웨이이며, 노르웨이는 인간개발지수도 0.949로 가장 높다.

오답분석

① 인터넷 사용률이 60% 미만인 나라는 불가리아, 도미니카공화국, 멕시코로 3개국이고, 최근 국회의원 선거 투표율이 50% 이하인 나라는 칠레, 멕시코로 2개국이므로 옳지 않다.

② GDP 대비 공교육비 비율이 가장 낮은 나라는 도미니카공화국이고, 최근 국회의원 선거 투표율이 가장 낮은 나라는 멕시코이므로 옳지 않다.

③ GDP 대비 공교육비 비율 하위 3개국은 도미니카공화국(2.1%), 불가리아(3.5%), 이탈리아(4.1%)이며, 대한민국(4.6%)은 이보다 높다.

⑤ GDP 대비 공교육비 비율에서 1 ~ 3위는 '노르웨이 - 벨기에 - 멕시코' 순서이고, 인터넷 사용률의 경우 1 ~ 3위는 '노르웨이 - 대한민국 - 벨기에' 순서이므로 같지 않다.

06
정답 ②

월간 용돈을 5만 원 미만으로 받는 비율은 중학생 90%, 고등학생 60%로, 중학생이 고등학생보다 높다.

오답분석

① 용돈을 받는 남학생과 여학생의 비율은 각각 83%, 86%로, 여학생의 비율이 남학생의 비율보다 높다.

③ 고등학생 전체 인원을 100명이라고 한다면, 그중에 용돈을 받는 학생은 80명이다. 80명 중에 월간 용돈을 5만 원 이상 받는 학생의 비율은 40%이므로 $80 \times 0.4 = 32$명이다.

④ 전체에서 금전출납부의 기록, 미기록 비율은 각각 30%, 70%로, 기록 안 하는 비율이 기록하는 비율보다 높다.

⑤ 용돈을 받지 않는 중학생과 고등학생의 비율은 각각 12%와 20%로, 고등학생의 비율이 중학생의 비율보다 높다.

07
정답 ③

전년도에 비해 재료비가 감소한 해는 2014년, 2015년, 2018년, 2021년이다.

따라서 4개 연도 중 비용 감소액이 가장 큰 해는 2018년이며, 전년도보다 $20,000 - 17,000 = 3,000$원 감소했다.

08
정답 ②

영국의 2022년 1분기 고용률은 2021년보다 하락했고, 2022년 2분기에는 1분기의 고용률이 유지되었다.

오답분석

①·④ 제시된 자료를 통해 확인할 수 있다.

③ 2023년 1분기 고용률이 가장 높은 국가는 독일이고, 가장 낮은 국가는 프랑스로, 독일의 고용률은 74%이고, 프랑스의 고용률은 64%이다. 따라서 두 국가의 고용률의 차이는 $74 - 64 = 10\%$p이다.

⑤ ・2022년 2분기 OECD 전체 고용률 : 65.0%
　・2023년 2분기 OECD 전체 고용률 : 66.3%

따라서 2023년 2분기 OECD 전체 고용률의 전년 동분기 대비 증가율은 $\dfrac{66.3 - 65}{65} \times 100 = 2\%$이다.

09

건강보험 지출 중 보험급여비가 차지하는 비중은 2018년에 $\frac{37.2}{40.0}\times100=93\%$, 2019년에 $\frac{37.8}{42.0}\times100=90\%$로 모두 95% 미만이다.

오답분석

① 2016년 대비 2023년 건강보험 수입의 증가율은 $\frac{56-32}{32}\times100=75\%$이고, 건강보험 지출의 증가율은 $\frac{56-35}{35}\times100=60\%$이다.

따라서 차이는 $75-60=15\%p$이다.

② 건강보험 수지율이 전년 대비 감소하는 2017년, 2018년, 2019년, 2020년 모두 정부지원 수입이 전년 대비 증가하였다.

③ 2021년 보험료 등이 건강보험 수입에서 차지하는 비율은 $\frac{44}{55}\times100=80\%$이다.

④ 건강보험 수입과 지출은 매년 전년 대비 증가하고 있으므로 전년 대비 증감 추이는 2017년부터 2023년까지 같다.

10

곡류의 수입 물량은 2020년까지 줄어들다가 2021년부터 2023년까지 증가했고, 수입 금액은 2022년까지 늘어나다가 2022~2023년에는 감소하였다.

오답분석

① 2018년 대비 2023년의 농산물 전체 수입 물량은 $\frac{3,430-2,450}{2,450}\times100=40\%$ 증가하였다.

③ 2018년 대비 2023년의 과실류 수입 금액은 $\frac{175-50}{50}\times100=250\%$ 급증하였다.

④ 곡류, 과실류, 채소류의 2018년과 2023년의 수입 물량 차이를 구하면 다음과 같다.
- 곡류 : $1,520-1,350=170$만 톤
- 과실류 : $130-65=65$만 톤
- 채소류 : $110-40=70$만 톤

따라서 곡류가 가장 많이 증가했다.

⑤ 2019~2023년 동안 과실류와 채소류 수입 금액의 전년 대비 증감 추이는 '증가 - 감소 - 증가 - 감소 - 증가'로 같다.

11

ㄱ. 면적이 넓은 유형의 주택일수록 공사 완료 후 미분양된 민간부문 주택이 많은 지역은 인천, 경기 두 곳이다.

ㄴ. 부산의 공사 완료 후 미분양된 민간부문 주택 중 면적이 $60 \sim 85\text{m}^2$에 해당하는 주택이 차지하는 비중은 $\frac{161}{350}\times100=46\%$로, 면적이 85m^2를 초과하는 주택이 차지하는 비중인 $\frac{119}{350}\times100=34\%$보다 10%p 이상 높다.

ㄷ. 면적이 60m^2 미만인 공사 완료 후 미분양된 민간부문 주택 수 대비 면적이 $60 \sim 85\text{m}^2$에 해당하는 공사 완료 후 미분양된 민간부문 주택 수의 비율은 광주는 $\frac{28}{16}\times100=175\%$이고, 울산은 $\frac{54}{36}\times100=150\%$이므로 광주가 울산보다 높다.

12

2023년 서울특별시의 1인 가구 수는 전국의 1인 가구 수의 $\frac{133}{532}\times100=25\%$로, 20% 이상이다.

오답분석

① 1인 가구 수는 전국적으로 2021년 513만 가구, 2022년 528만 가구, 2023년 532만 가구로 해마다 증가하고 있다.

② 부산광역시 1인 가구 수는 2021년에 대전광역시 1인 가구 수의 $\frac{32}{16}=2$배, 2023년에 대전광역시 1인 가구 수의 $\frac{38}{19}=2$배이다.

③ 2023년 서울특별시 전체 가구 수 중에서 1인 가구 수가 차지하는 비중은 $\frac{133}{380}\times100=35\%$로, 30% 이상이다.

④ 연도별로 대전광역시와 울산광역시의 1인 가구 수의 합을 구하면 다음과 같다.
- 2021년 : 16＋10＝26만 가구
- 2022년 : 18＋10＝28만 가구
- 2023년 : 19＋11＝30만 가구

따라서 인천광역시의 1인 가구 수보다 항상 많다.

13

정답 ③

남성이 여성보다 월평균독서량이 많은 국가는 아시아대륙에서는 일본(남성 15권, 여성 5권), 유럽대륙에서는 프랑스(남성 19권, 여성 17권), 아메리카대륙에서는 멕시코(남성 12권, 여성 5권)와 브라질(남성 19권, 여성 16권)로 아메리카대륙에서는 두 곳이다.

오답분석

① 유럽 전체의 월평균독서량은 20권이고, 이보다 많은 월평균독서량은 가진 국가는 러시아와 스페인으로 두 곳이다.
② 아시아, 유럽, 아메리카의 남성 월평균독서량은 각각 13권, 18권, 12권으로, 이는 각각 평균치인 15권, 20권, 14권보다 낮다.
④ 유럽의 응답자 수는 3,300명이고, 여성 응답자 수를 x명이라고 하면 남성 응답자 수는 $(3,300-x)$명이다.

이를 주어진 식에 대입하면 다음과 같다.

$$\frac{18\times(3,300-x)+21\times x}{3,300}=20$$

$$\therefore\ x=2,200$$

따라서 여성 응답자 수는 2,200명, 남성 응답자 수는 1,100명이므로 여성이 남성의 2배이다.
⑤ 남성과 여성의 월평균독서량 차이가 10권 이상인 국가는 일본과 캐나다이고, 각각의 차이는 다음과 같다.
- 일본 : 15－5＝10권
- 캐나다 : 19－5＝14권

따라서 남여의 월평균독서량 차이가 가장 큰 국가는 캐나다이다.

14

정답 ①

제시된 식을 통하여 아시아와 유럽, 아메리카의 남녀 조사 응답자 수를 구하면 다음과 같다.

(단위 : 명)

구분	남성	여성
아시아	2,400	1,600
유럽	1,100	2,200
아메리카	1,800	900

ㄱ. 아시아와 아메리카의 남성 응답자 수가 여성보다 많고, 유럽의 응답자 수는 여성이 더 많은 것을 알 수 있다.
ㄴ. 중국의 월평균독서량은 17권으로 13권인 한국보다 많고, 23권인 인도보다는 적다.
ㄷ. 아메리카 내에서 남성 월평균독서량은 멕시코 12권, 캐나다 5권, 미국 10권, 브라질 19권으로 캐나다가 가장 적지만, 여성 월평균독서량은 멕시코 5권, 캐나다 19권, 미국 18권, 브라질 16권으로 캐나다가 가장 많다.

오답분석

ㄹ. 대륙별로 남성 응답자 수가 많은 순서는 '아시아 – 아메리카 – 유럽' 순서이고, 여성 응답자 수가 많은 순서는 '유럽 – 아시아 – 아메리카'이다. 따라서 반대의 추이를 보이지는 않는다.

15

정답 ⑤

2020년 2분기부터 2021년 1분기까지 차이가 줄어들다가, 2021년 2분기에 차이가 다시 늘어났다.

오답분석

② 2022년 4분기의 한국과 일본, 일본과 중국의 점유율 차이는 각각 10.2%p이다.
③ 한국과 중국의 점유율 차이가 가장 적었던 시기는 2023년 3분기로, 이때 점유율의 차이는 15.6%p이다.
④ 2020년 2분기 중국과 일본의 차이는 25.3%p, 2023년 3분기의 차이는 2.3%p이다.

16

1차 병원 의료종사자의 월평균 급여는 180만 원으로, 이는 2차 병원의 $\frac{180}{240} \times 100 = 75\%$, 3차 병원의 $\frac{180}{300} \times 100 = 60\%$이다.

오답분석

① 3차 병원의 평균 진료과목 수는 12개로 2차 병원 8개의 $\frac{12}{8} = 1.5$배이다.

② 2차 병원의 평균 의사 수는 5.5명으로 3차 병원의 125명에 $\frac{5.5}{125} \times 100 = 4.4\%$에 해당한다.

③ 1차・2차・3차 병원 의료기관의 평균 의사와 간호사 수를 비교하면 다음과 같다.

(단위 : 명)

구분	1차 병원	2차 병원	3차 병원
의사	1.5	5.5	125
간호사	0.9	7.4	350

따라서 1차 병원을 제외한 2차・3차 병원은 간호사 수가 더 많다.

⑤ 병원등급이 올라갈수록 의사의 평균 근무시간은 감소하는 반면, 간호사의 평균 근무시간은 증가하였다.

17

정답 ①

평균 진료과목당 평균 병상 수는 2차 병원이 $\frac{84}{8} = 10.5$개, 3차 병원이 $\frac{750}{12} = 62.5$개로, 그 차는 $62.5 - 10.5 = 52$개이다.

오답분석

ㄴ. 3차 병원의 평균 의료종사자 수는 3,125명이고 평균 의사 수는 125명이다. 따라서 평균 의료종사자수 중 의사가 차지하는 비율은 $\frac{125}{3,125} \times 100 = 4\%$이다.

ㄷ. 3차 병원에서 의료종사자에게 지급되는 월평균 급여는 $3,125 \times 300 = 937,500$만 원이고, 의사와 간호사에게 지급되는 월평균 급여는 $(350 \times 405) + (125 \times 1,650) = 141,750 + 206,250 = 348,000$만 원이다. 따라서 간호사와 의사를 제외한 의료종사자의 급여로 지급되는 비용은 $937,500 - 348,000 = 589,500$만 원으로 58억 원 이상이다.

18

정답 ②

오답분석

① 2018 ~ 2019년 수출액과 수입액의 수치가 표와 다르다.

③ 2015년 수출액 전년 대비 증감률은 40.9%이며 이보다 작다.

④ 2020 ~ 2022년 수출액의 수치가 자료와 다르다.

⑤ 2022 ~ 2023년 수입액 전년 대비 상승률이 표와 다르다.

19

정답 ④

과일 종류별 무게를 가중치로 적용한 네 과일의 가중평균은 42만 원이다.

라 과일의 가격을 a만 원이라 가정하고, 가중평균에 대한 방정식을 구하면 다음과 같다.

$25 \times 0.4 + 40 \times 0.15 + 60 \times 0.25 + a \times 0.2 = 42 \rightarrow 10 + 6 + 15 + 0.2a = 42 \rightarrow 0.2a = 42 - 31 = 11$

$\therefore a = \frac{11}{0.2} = 55$

따라서 라 과일의 가격은 55만 원이다.

20

정답 ⑤

직선에 의해 나누어지는 영역의 수는 2개, 3개, 4개, …씩 증가한다.

따라서 서로 다른 직선 6개에 의해 나누어지는 영역의 수는 $16 + 6 = 22$개이므로 서로 다른 직선 7개에 의해 나누어지는 영역의 수는 $22 + 7 = 29$개이다.

01	02	03	04	05	06	07	08	09	10	11	12	13	14	15	16	17	18	19	20
②	①	③	②	①	②	③	④	④	③	④	①	③	①	④	⑤	②	④	①	③
21	22	23	24	25	26	27	28	29	30										
②	③	③	⑤	⑤	②	①	⑤	⑤	①										

01
정답 ②

'제시간에 퇴근을 한다.'를 A, '오늘의 업무를 끝마친다.'를 B, '저녁에 회사식당에 간다.'를 C라고 하면, 전제1은 A → B, 결론은 ~B → C이다. 전제1의 대우가 ~B → ~A이므로 ~B → ~A → C가 성립하기 위해서 필요한 전제2는 ~A → C나 그 대우인 ~C → A이다. 따라서 빈칸에 들어갈 명제로 가장 적절한 것은 '저녁에 회사식당에 가지 않으면 제시간에 퇴근을 한다.'이다.

02
정답 ①

'회의에 간다.'를 '회', '결론이 난다.'를 '결', '프로젝트를 진행한다.'를 '프'라고 하자.

구분	명제	대우
전제1	회× → 결×	결 → 회
결론	프 → 회	회× → 프×

전제1이 결론의 대우로 연결되려면, 전제2는 결× → 프×가 되어야 한다. 따라서 전제2는 '결론이 나지 않으면 프로젝트를 진행하지 않는다.'인 ①이다.

03
정답 ③

'A업체'를 A, 'B업체 제조물품을 사용하는 단체'를 B, 'B업체 제조물품 사용 반대 시위에 참여하는 단체'를 C라고 하면, 전제1과 전제2를 다음과 같은 벤 다이어그램으로 나타낼 수 있다.

1) 전제1

2) 전제2

이를 정리하면 다음과 같은 벤 다이어그램이 성립한다.

04
정답 ②

세 번째 명제에 의해 한주 – 평주 순서로 존재하였다. 또한 네 번째 명제에 의해 관주 – 금주 순서로 존재하였음을 알 수 있고, 금주가 수도인 나라는 시대 순으로 네 번째에 위치하지 않음을 알 수 있다. 그러므로 네 나라의 수도 순서는 다음과 같다.

• 관주 – 금주 – 한주 – 평주

네 번째, 다섯 번째 명제에 의해, 갑, 병, 정은 첫 번째 나라가 될 수 없다.
따라서 네 나라의 순서는 을 – 병 – 갑 – 정(∵ 마지막 명제)이다.

05
정답 ①

먼저 Q, R이 유죄라고 가정하면 P, S, T가 무죄가 되어야 한다. 하지만 S가 무죄일 때, R이 무죄라는 조건이 성립하지 않아 오류가 발생한다. Q, R이 무죄라고 가정하고 P가 무죄라면 Q, T도 무죄여야 하기 때문에 P, R, Q, T가 무죄라는 오류가 발생한다. 따라서 Q, R이 무죄이고 P가 유죄, S가 무죄일 때 모든 조건을 만족하기 때문에 P, T가 유죄이고 Q, R, S가 무죄임을 알 수 있다.

06
정답 ②

주어진 조건을 고려하면 C − S − A − B 또는 S − C − A − B 순서로 대기하고 있다는 것을 알 수 있다. 그중 S − C − A − B의 경우에는 마지막 조건을 만족시킬 수 없으므로 대기자 5명은 C − S − A − B − D 순서로 대기하고 있다. 따라서 S씨는 두 번째로 진찰을 받을 수 있다.

07
정답 ③

D의 발언에 따라 D가 3등인 경우와 4등인 경우로 나누어 조건을 따져본다.
ⅰ) D가 3등인 경우
    D의 바로 뒤로 들어온 B는 4등, D보다 앞섰다는 C와 E가 1등 또는 2등인데, C가 1등이 아니라고 하였으므로 1등은 E, 2등은 C가 된다. F는 꼴등이 아니라고 했으므로 5등, A는 6등이다.
ⅱ) D가 4등인 경우
    D의 바로 뒤로 들어온 B는 5등, 2등과 3등은 각각 C 또는 F가 되어야 하며, 1등은 E, 6등은 C와 F보다 뒤 순위인 A이다.
주어진 조건을 경우로 정리하면 다음과 같다.

구분	1등	2등	3등	4등	5등	6등
경우 1	E	C	D	B	F	A
경우 2	E	C	F	D	B	A
경우 3	E	F	C	D	B	A

따라서 경우 1, 2에서는 C가 F보다 순위가 높지만, 경우 3에서는 F가 C보다 순위가 높으므로 ③의 설명이 항상 옳은 것은 아니다.

오답분석
① E는 어떠한 경우에나 항상 1등으로 결승선에 들어온다.
② A는 어떠한 경우에나 항상 6등으로 결승선에 들어온다.
④ B는 어떠한 경우에나 C보다 순위가 낮다.
⑤ D가 3등인 경우는 경우 1로, 이 경우에 F는 5등이다.

08
정답 ④

네 번째와 다섯 번째 결과를 통해 실용성 영역과 효율성 영역에서는 모든 제품이 같은 등급을 받지 않았음을 알 수 있으므로 두 번째 결과에 나타난 영역은 내구성 영역이다.

구분	A	B	C	D	E
내구성	3	3	3	3	3
효율성			2	2	
실용성		3			

내구성과 효율성 영역에서 서로 다른 등급을 받은 C, D제품과 내구성 영역에서만 3등급을 받은 A제품, 1개의 영역에서만 2등급을 받은 E제품은 첫 번째 결과에 나타난 제품에 해당하지 않으므로 결국 모든 영역에서 3등급을 받은 제품은 B제품임을 알 수 있다.
다섯 번째 결과에 따르면 효율성 영역에서 2등급을 받은 제품은 C, D제품뿐이므로 E제품은 실용성 영역에서 2등급을 받았음을 알 수 있다. 또한 A제품은 효율성 영역에서 2등급과 3등급을 받을 수 없으므로 1등급을 받았음을 알 수 있다.

구분	A	B	C	D	E
내구성	3	3	3	3	3
효율성	1	3	2	2	
실용성		3			2

이때, A와 C제품이 받은 등급의 총합은 서로 같으므로 결국 A와 C제품은 실용성 영역에서 각각 2등급과 1등급을 받았음을 알 수 있다.

구분	A	B	C	D	E
내구성	3	3	3	3	3
효율성	1	3	2	2	1 또는 3
실용성	2	3	1	1 또는 2	2
총합	6	9	6	6 또는 7	6 또는 8

따라서 D제품은 실용성 영역에서 1등급 또는 2등급을 받을 수 있으므로 반드시 참이 되지 않는 것은 ④이다.

09
정답 ④

지하철에는 D를 포함한 두 사람이 타는데, B가 탈 수 있는 교통수단은 지하철뿐이므로 지하철에는 D와 B가 타며, 둘 중 한 명은 라 회사에 지원했다. 또한, 어떤 교통수단을 선택해도 지원한 회사에 갈 수 있는 E는 버스와 택시로 서로 겹치는 회사인 가 회사를 지원했음을 알 수 있다. 한편, A는 다 회사를 지원했고 버스와 택시를 타야 하는데, 택시를 타면 다 회사에 갈 수 없으므로 A는 버스를 탄다. 따라서 C는 나 또는 마 회사를 지원했음을 알 수 있으며, 택시를 타면 갈 수 있는 회사 중 가 회사를 제외하면 버스로 갈 수 있는 회사와 겹치지 않으므로, C는 택시를 이용한다.

10
정답 ③

주어진 조건에 따라 네 명의 직원이 함께 탄 5인승 택시의 자리는 다음과 같다.

ⅰ) 경우 1

택시 운전기사	• 소속 : 디자인팀 • 직책 : 과장 • 신발 : 노란색	
• 소속 : 연구팀 • 직책 : 대리 • 신발 : 흰색 또는 연두색	• 소속 : 홍보팀 • 직책 : 부장 • 신발 : 검은색	• 소속 : 기획팀 • 직책 : 사원 • 신발 : 흰색 또는 연두색

ⅱ) 경우 2

택시 운전기사	• 소속 : 디자인팀 • 직책 : 과장 • 신발 : 노란색	
• 소속 : 기획팀 • 직책 : 사원 • 신발 : 흰색 또는 연두색	• 소속 : 홍보팀 • 직책 : 부장 • 신발 : 검은색	• 소속 : 연구팀 • 직책 : 대리 • 신발 : 흰색 또는 연두색

따라서 '과장은 노란색 신발을 신었다.'는 ③은 항상 참이 된다.

오답분석

① 택시 운전기사 바로 뒤에는 사원 또는 대리가 앉을 수 있다.
② 부장은 뒷좌석 가운데에 앉는다.
④ 부장 옆에는 대리와 사원이 앉는다.
⑤ 사원은 흰색 또는 연두색 신발을 신었다.

11

- 첫 번째 조건 : 파란공은 가장 가볍거나 두 번째 또는 네 번째로 가볍다.
- 두 번째 조건 : 빨간공은 가장 가볍거나 두 번째 또는 세 번째로 가볍다.
- 세 번째 조건 : 흰공은 가장 가볍거나 네 번째 또는 다섯 번째로 가볍다.
- 네 번째 조건 : 검은공은 파란공과 빨간공보다 가벼우므로 가장 가볍거나 두 번째로 가볍다.
- 다섯 번째 조건 : 노란공은 흰공보다 가벼우므로 세 번째 조건에 의해 흰공이 가장 무겁고, 파란공은 노란공보다 가벼우므로 두 번째로 무거울 수 없다. 즉, 노란공이 두 번째로 무겁고 파란공은 두 번째로 가볍다.

따라서 위 사실을 종합하면 무거운 순서대로 '흰공 – 노란공 – 빨간공 – 파란공 – 검은공'이다.

오답분석

① · ⑤ 빨간공은 두 번째로 무겁지 않다.
② · ③ 검은공은 빨간공과 파란공보다는 가볍다.

12

- 다섯 번째 조건 : 1층에 경영지원실이 위치한다.
- 첫 번째 조건 : 1층에 경영지원실이 위치하므로 4층에 기획조정실이 위치한다.
- 두 번째 조건 : 2층에 보험급여실이 위치한다.
- 세 번째, 네 번째 : 3층에 급여관리실, 5층에 빅데이터운영실이 위치한다.

따라서 1층부터 순서대로 '경영지원실 – 보험급여실 – 급여관리실 – 기획조정실 – 빅데이터운영실'이 위치하므로 5층에 있는 부서는 빅데이터 운영실이다.

13

- 첫 번째 조건 : 대우(B 또는 C가 위촉되지 않으면, A도 위촉되지 않는다)에 의해 A는 위촉되지 않는다.
- 두 번째 조건 : A가 위촉되지 않으므로 D가 위촉된다.
- 다섯 번째 조건 : D가 위촉되므로 F도 위촉된다.
- 세 번째, 네 번째 조건 : D가 위촉되었으므로 C와 E는 동시에 위촉될 수 없다.

따라서 위촉되는 사람은 C 또는 E 중 1명과 D, F로 모두 3명이다.

14

먼저 세 번째 조건에 따라 C주임은 아일랜드로 파견된다. 그러므로 네 번째 조건의 후단이 거짓이 되므로 네 번째 조건이 참이 되기 위해서는 전단이 참이 되어야 한다. 따라서 E주임은 몽골로 파견되고, 첫 번째 조건의 대우에 따라 A대리는 인도네시아로 파견된다. A대리가 인도네시아로 파견되어 다섯 번째 조건의 전단이 거짓이므로 다섯 번째 조건이 참이 되기 위해서는 후단이 참이어야 하므로 B대리는 우즈베키스탄에 파견되지 않는다. 마지막으로 두 번째 조건의 대우에 따라 B대리가 우즈베키스탄에 파견되지 않는다면 D주임 또한 뉴질랜드에 파견되지 않는다. 이를 정리하면 다음과 같다.

- A대리 : 인도네시아 파견 O
- B대리 : 우즈베키스탄 파견 ×
- C주임 : 아일랜드 파견 O
- D주임 : 뉴질랜드 파견 ×
- E주임 : 몽골 파견 O

따라서 보기 중 반드시 참인 것은 ㄱ, ㄴ이며, ㄷ, ㄹ은 반드시 거짓이다.

15

규칙은 세로로 적용된다.
첫 번째 도형을 색 반전한 것이 두 번째 도형이고, 이를 180° 회전한 것이 세 번째 도형이다.

16

정답 ⑤

규칙은 가로로 적용된다.
첫 번째 도형을 시계 방향으로 270° 회전한 것이 두 번째 도형이고, 이를 시계 반대 방향으로 90° 회전한 것이 세 번째 도형이다.

17

정답 ②

규칙은 세로로 적용된다.
첫 번째 도형을 시계 방향으로 45° 회전한 것이 두 번째 도형이고, 이를 180° 회전한 것이 세 번째 도형이다.

[18~21]

- □ : 1234 → 4231
- △ : 각 자릿수 +1, −1, +1, −1
- ☆ : 각 자릿수 −1, −2, −3, −4
- ○ : 각 자릿수 +1, 0, 0, +1

18

정답 ④

LIKE → MIKF → FIKM
      ○   □

19

정답 ①

7288 → 8287 → 7053
      □   ☆

20

정답 ③

MJㅊㅍ → LHㅅㅈ → MHㅅㅊ
      ☆   ○

21

정답 ②

ㅂㄷ53 → 3ㄷ5ㅂ → 4ㄴ6ㅁ
      □   △

22

정답 ③

(나) 입시 준비를 잘하기 위해서는 체력이 관건임 – (가) 좋은 체력을 위해서는 규칙적인 생활 관리와 알맞은 영양공급이 필수적이며 특히 청소년기에는 좋은 영양 상태를 유지하는 것이 중요함 – (다) 그러나 우리나라 학생들의 식습관을 살펴보면 충분한 영양섭취가 이루어지지 못하고 있음 순으로 나열하는 것이 가장 적절하다.

23

정답 ③

정부에서 고창 갯벌을 습지보호지역으로 지정 고시한 사실을 알리는 (나) – 고창 갯벌의 상황을 밝히는 (가) – 습지보호지역으로 지정 고시된 이후에 달라진 내용을 언급하는 (라) – 앞으로의 계획을 밝히는 (다) 순으로 나열하는 것이 가장 적절하다.

24

정답 ⑤

모듈러 공법으로 도시형 생활 주택뿐 아니라 대형 숙박 시설, 소규모 비즈니스호텔, 오피스텔 등도 건축이 가능하다.

오답분석

① 모듈러 주택과 콘크리트 주택의 건설비용의 차이는 제시문에서 알 수 없다.

② 모듈러 주택의 조립과 마감에 걸리는 시간은 30 ~ 40일이다.

③ 모듈러 공법은 주요 자재의 최대 80 ~ 90퍼센트 가량을 재활용할 수 있다는 내용만 있을 뿐 일반 철근콘크리트 주택의 재활용에 대해서는 제시문에서 확인할 수 없다.

④ 모듈러 주택이 처음 한국에 등장한 시기는 해외대비 늦지만, 해외보다 소요되는 비용이 적을 것이라는 것은 알 수 없다.

25

정답 ⑤

'천문학적 세금이 투입되는 사업이라 누구도 선뜻 나서지 못하는 것이 현 상황이다.'라는 내용에 비추어 볼 때, 상대적으로 저소득 국가는 고소득 국가에 비해 하기 힘든 사업임을 예측할 수 있다.

오답분석

① '우주 쓰레기들이 서로 충돌하면서 작은 조각으로 부서지기도 한다.'라는 내용으로 개수는 이전보다 더 많아질 것임을 추측할 수 있다.

② '우주 쓰레기가 지상에 떨어지는 경우가 있어 각국에서는 잇따른 피해가 계속 보고되고 있다.'라는 내용으로 보아 우주 쓰레기는 우주에서만 떠돌 뿐 아니라 지구 내에도 떨어져 지구 내에서도 피해가 발생함을 알 수 있다.

③ 우주 쓰레기 수거 로봇은 스위스에서 개발한 것임으로 유럽에서 개발한 것은 맞으나, 2025년에 우주 쓰레기 수거 로봇을 발사할 계획이라고 했으므로 아직 그 결과를 얻지 못해 성공적이라고 할 수 없다.

④ '2018년 영국에서 작살과 그물을 이용해 우주 쓰레기를 수거하는 실험에 성공한 적이 있다.'라는 내용이 있으므로 옳지 않은 설명이다.

26

정답 ②

甲은 미적 판단 간에 옳고 그름이 존재하기 때문에 동일한 대상에 대한 감상자들 간의 미적 판단 불일치가 나타난다는 입장이며, 乙은 감상자의 다양한 경험, 취미와 감수성의 차이에 따라 미적 판단의 불일치가 나타난다는 입장이다. 따라서 甲과 乙의 주장을 도출할 수 있는 질문으로 ②가 가장 적절하다.

27

정답 ①

제시문의 전통적인 경제학에서는 미시 건전성 정책에 집중하는데 이러한 미시 건전성 정책은 가격이 본질적 가치를 초과하여 폭등하는 버블이 존재하지 않는다는 효율적 시장 가설을 바탕으로 한다. 따라서 제시문에 나타난 주장에 대한 비판으로는 이러한 효율적 시장 가설에 대해 반박하는 ①이 가장 적절하다.

28

정답 ⑤

제시문의 화제는 '과학적 용어'이다. 필자는 '모래언덕'의 높이, '바람'의 세기, '저온'의 온도를 사례로 들어 과학자들은 모호한 것은 싫어하지만 '대화를 통해 그 상황에 적절한 합의를 도출'하는 것으로 문제화하지 않는다고 한다. 따라서 이 글은 과학적 용어가 엄밀하고 보편적인 정의에 의해 객관성이 보장된다는 ⑤의 주장에 대한 비판적 논거이다.

29

제시문은 '탈원전·탈석탄 공약에 맞는 제8차 전력공급기본계획(안) 수립 – 분산형 에너지 생산시스템으로의 정책 방향 전환 – 분산형 에너지 생산시스템에 대한 대통령의 강한 의지 – 중앙집중형 에너지 생산시스템의 문제점 노출 – 중앙집중형 에너지 생산시스템의 비효율성'의 내용으로 전개되고 있다. 따라서 제시문은 일관되게 '에너지 분권의 필요성과 나아갈 방향을 모색해야 한다.'는 점을 말하고 있다는 것을 알 수 있다.

오답분석

①·③ 제시문에서 언급되지 않았다.

② 전력수급기본계획의 수정 방안을 제시하고 있지는 않다.

④ 다양한 사회적 문제점들과 기후, 천재지변 등에 의한 문제점들을 언급하고 있으나, 이는 글의 주제를 뒷받침하기 위한 이슈이므로 글 전체의 주제로 보기는 어렵다.

30

허용형 어머니는 오로지 아이의 욕망에만 관심을 가지는 반면, 방임형 어머니는 아이의 욕망에 무관심하다.

오답분석

ㄴ. 허용형 어머니의 아이는 도덕적 책임 의식이 결여된 경우가 많다고 나와 있으며, 독재형 어머니의 자녀와 비교할 때 상대적으로 도덕적 의식이 높은지에 대해서는 정확히 알 수 없다.

ㄷ. 방임형 어머니의 아이는 어머니의 욕망을 전혀 파악하지 못한다고 나와 있으며, 독재형 어머니의 아이와 비교했을 때 어떠한지 정확히 알 수 없다.

제2회 정답 및 해설

제 1영역 수리

01	02	03	04	05	06	07	08	09	10	11	12	13	14	15	16	17	18	19	20
②	②	⑤	⑤	⑤	③	②	②	⑤	④	③	③	①	②	②	⑤	④	①	④	⑤

01
정답 ②

지난달 A대리의 휴대폰 요금을 x만 원, B과장의 휴대폰 요금을 y만 원이라 하면, 다음과 같은 방정식이 성립한다.

$x+y=14 \cdots \bigcirc$

$0.9x=1.2y \rightarrow 9x=12y \rightarrow 3x-4y=0 \cdots \bigcirc$

$\bigcirc$과 $\bigcirc$을 연립하면 $x=8$, $y=6$이므로 B과장의 지난달 휴대폰 요금은 6만 원이다.

따라서 이번 달 B과장의 휴대폰 요금은 지난달보다 20% 증가했으므로 $1.2 \times 60,000=72,000$원이 된다.

02
정답 ②

P지점에서 Q지점까지 가는 경우의 수와 S지점에서 R지점까지 가는 경우의 수를 곱하면 P지점에서 Q지점과 S지점을 거쳐 R지점으로 가는 방법을 구할 수 있다.

P지점에서 Q지점으로 가는 최단거리 경우는 $\dfrac{5!}{3! \times 2!}=\dfrac{5 \times 4 \times 3 \times 2}{3 \times 2 \times 2}=10$가지이고, S지점에서 R지점까지 가는 경우는 총 $\dfrac{3!}{2!}=3$가지이다.

따라서 P지점에서 Q지점과 S지점을 거쳐 R지점으로 가는 경우의 수는 모두 $10 \times 3=30$가지이다.

03
정답 ⑤

ㄷ. 2019년 대비 2023년 청소년 비만율의 증가율은 $\dfrac{26.1-18}{18} \times 100=45\%$이다.

ㄹ. 2023년과 2021년의 비만율 차이를 구하면 다음과 같다.
- 유아 : $10.2-5.8=4.4\%\text{p}$
- 어린이 : $19.7-14.5=5.2\%\text{p}$
- 청소년 : $26.1-21.5=4.6\%\text{p}$

따라서 2023년과 2021년의 비만율 차이가 가장 큰 아동은 어린이임을 알 수 있다.

오답분석

ㄱ. 유아의 비만율은 전년 대비 감소하고 있고, 어린이와 청소년의 비만율은 전년 대비 증가하고 있다.

ㄴ. 2020년 이후의 어린이 비만율은 유아보다 크고 청소년보다 작지만, 2019년 어린이 비만율은 9.8%로, 유아 비만율인 11%와 청소년 비만율인 18%보다 작다.

04
정답 ⑤

생산이 증가한 해에는 수출과 내수 모두 증가했다.

오답분석

① 표에서 ▽는 감소수치를 나타내고 있으나 2019년 증감률에는 감소수치가 없으므로 옳은 판단이다.
② 내수가 가장 큰 폭으로 증가한 해는 2021년으로 생산과 수출 모두 감소했다.
③ 수출이 증가한 해는 2019, 2022, 2023년으로 내수와 생산 모두 증가했다.
④ 2021년에 내수는 증가했지만, 생산과 수출은 모두 감소했다.

05
정답 ⑤

자녀가 없는 가구 중 상해 / 재해보장보험에 가입한 가구 수와 자녀가 2명인 가구 중 연금보험에 가입한 가구 수는 구체적 수치를 구할 수 없으며, 이 두 항목을 도출하는 데 바탕이 되는 공통요소도 존재하지 않는다. 따라서 옳지 않은 설명이다.

오답분석

① 전체 가구 중 질병보장보험에 가입한 가구 수는 전체의 84%이며, 사망보장보험에 가입한 가구 수는 전체의 21%이다. 기준이 되는 가구 수는 동일하므로 구체적 수치를 알지 못해도 배수 비교는 가능하다. 따라서 전체 가구 중 질병보장보험에 가입한 가구 수는 사망보장보험에 가입한 가구 수의 $\dfrac{84}{21}=4$배이다.

② 자녀 수가 1명인 가구 중 각 보험에 가입한 가구의 비율을 합하면 263%로 200%를 초과한다. 따라서 자녀 수가 1명인 가구 중 3개 이상의 보험에 중복 가입한 가구가 반드시 있음을 알 수 있다.

③ 민영생명보험에 가입한 가구 중 실손의료보험에 가입한 가구의 비율은 56%이고, 민영생명보험에 가입하지 않은 가구 중 실손의료보험에 가입한 가구의 비율은 28%이므로 $\dfrac{56}{28}=2$배이다.

④ 자녀 수가 2명 이상인 가구에는 표에 있는 자녀 수가 2명인 가구와 3명 이상인 가구가 모두 포함된다. 따라서 두 유형의 경우 모두 변액보험 가입가구의 비율이 10%를 초과하므로 옳은 설명이다.

06
정답 ③

여성 조사인구가 매년 500명일 때, 2022년에 '매우 노력함'을 선택한 인원은 $500\times0.16=80$명이고, 2023년에는 $500\times0.2=100$명으로 2022년 대비 20명이 증가하였다. 따라서 15명 이상 증가하였다는 설명인 ③이 가장 적절하다.

오답분석

① 남성과 여성 모두 정확한 조사대상 인원이 나와 있지 않으므로 알 수 없다.
② 2023년에 '노력 안 함'을 선택한 비율이 가장 낮은 연령대는 40대이다.
④ 2023년에 60대 이상에서 '조금 노력함'을 선택한 비율은 전년 대비 $\dfrac{30.0-29.7}{30.0}\times100=1\%$만큼 감소하였다.
⑤ '매우 노력함'을 선택한 비율은 2022년 대비 2023년에 50대와 60대 이상에서 감소하였다.

07
정답 ②

전년 대비 국·영·수의 월 최대 수강자 수가 증가한 해는 2019년과 2023년이고, 증가율은 다음과 같다.

- 2019년 : $\dfrac{385-350}{350}\times100=10\%$
- 2023년 : $\dfrac{378-360}{360}\times100=5\%$

따라서 증가율은 2019년에 가장 높다.

오답분석

ㄱ. 2020년 국·영·수의 월 최대 수강자 수는 전년 대비 감소했지만, 월 평균 수강자 수는 전년 대비 증가하였다.
ㄴ. 2020년 국·영·수의 월 최대 수강자 수는 전년 대비 감소했지만, 월 평균 수업료는 전년 대비 증가하였다.
ㄹ. 2018 ~ 2023년 동안 월 평균 수강자 수가 국·영·수 과목이 최대, 최소인 해는 각각 2020년, 2018년이고, 탐구 과목이 최대, 최소인 해는 2021년, 2019년이다.

08

ㄱ. 영어 관광통역 안내사 자격증 취득자 수는 2022년에 345명으로 전년 대비 감소하였으며, 스페인어 관광통역 안내사 자격증 취득자 수는 2022년에 전년 대비 동일하였고, 2023년에 3명으로 전년 대비 감소하였다.

ㄹ. 2021년 불어 관광통역 안내사 자격증 취득자 수는 전년 대비 동일한 반면, 독어 관광통역 안내사 자격증 취득자 수는 전년 대비 감소하였다.

오답분석

ㄴ. 2023년 중국어 관광통역 안내사 자격증 취득자 수는 일어 관광통역 안내사 자격증 취득자 수의 $\frac{1,350}{150}=9$배이다.

ㄷ. 2020년과 2021년의 태국어 관광통역 안내사 자격증 취득자 수 대비 베트남어 관광통역 안내사 자격증 취득자 수의 비율은 다음과 같다.

- 2020년 : $\frac{4}{8} \times 100 = 50\%$
- 2021년 : $\frac{14}{35} \times 100 = 40\%$

따라서 2020년과 2021년의 차이는 $50-40=10\%$p이다.

09

3호선과 4호선의 7월 승차인원은 같으므로 1 ~ 6월 승차인원을 비교하면 다음과 같다.
- 1월 : $1,692-1,664=28$만 명
- 2월 : $1,497-1,475=22$만 명
- 3월 : $1,899-1,807=92$만 명
- 4월 : $1,828-1,752=76$만 명
- 5월 : $1,886-1,802=84$만 명
- 6월 : $1,751-1,686=65$만 명

따라서 3호선과 4호선의 승차인원 차이는 3월에 가장 컸다.

오답분석

① · ② 제시된 자료를 통해 확인할 수 있다.

③ 8호선 7월 승차인원의 1월 대비 증가율은 $\frac{572-550}{550} \times 100 = 4\%$로, 3% 이상이다.

④ 2 ~ 7월 동안 2호선과 8호선의 전월 대비 증감 추이는 '감소 - 증가 - 감소 - 증가 - 감소 - 증가'로 같다.

10

월별 A국 이민자 수에 대한 B국 이민자 수의 비는 다음과 같다.

- 2022년 12월 : $\frac{2,720}{3,400}=0.8$

- 2023년 1월 : $\frac{2,850}{3,800}=0.75$

- 2023년 2월 : $\frac{2,800}{4,000}=0.7$

따라서 A국 이민자 수에 대한 B국 이민자 수의 비는 2022년 12월이 가장 크다.

오답분석

① $3,400 \times 0.75 = 2,550$명이므로 B국 이민자 수는 A국 이민자 수의 75% 이상이다.

② 월별 두 국가의 이민자 수의 차이는 다음과 같다.
- 2022년 12월 : $3,400-2,720=680$명
- 2023년 1월 : $3,800-2,850=950$명
- 2023년 2월 : $4,000-2,800=1,200$명

따라서 이민자 수 차이는 2023년 2월이 가장 크다.

③ 2023년 2월 두 국가의 이민자 수 평균은 $\dfrac{4,000+2,800}{2}=3,400$명이므로 A국 이민자 수는 평균보다 600명 더 많다.

⑤ 2023년 1월 두 국가의 이민자 수 차이는 $3,800-2,850=950$명이므로 A국 이민자 수의 $\dfrac{950}{3,800}\times100=25\%$로 30% 미만이다.

11

정답 ③

ㄱ. 10개 업종 중 2023년 전년 대비 자영업자 수가 감소한 업종은 교육업, 부동산업, 예술업, 시설업 총 4개 업종이고, 증가한 업종은 나머지 6개 업종이다.

ㄴ. (마)는 2023년 도소매업의 자영업자 수로 '해당연도 자영업자 수' 공식에 대입하여 풀면 $122+52-36=138$천 명이고, 2022년 숙박업의 폐업자 수 (가)는 $79+48-86=41$천 명이다. 따라서 (마)의 수치 138은 (가)의 수치의 3배인 $41\times3=123$보다 크다.

ㄷ. '전년도 폐업자 수=(전년도 자영업자 수)+(전년도 신규사업자 수)-(해당연도 자영업자 수)'이므로 (나), (다), (라)에 알맞은 수치를 구하면 다음과 같다.
- (나) : $27+8-35=0$
- (다) : $72+11-80=3$천 명
- (라) : $61+7-66=2$천 명

따라서 (나)에 들어갈 수치가 가장 적은 인원이다.

오답분석

ㄹ. 2023년 폐업자가 세 번째로 많은 업종은 음식점업이고, 음식점업의 2022년 대비 2023년 자영업자 수의 증가율은 $\dfrac{115-92}{92}\times100=25\%$로, 30% 미만이다.

12

정답 ③

총 유출량이 가장 적은 연도는 2020년이다. 2020년에 기타를 제외한 선박 종류별 사고 건수 대비 유출량을 구하면 다음과 같다.
- 유조선 : $\dfrac{21}{28}=0.75$
- 화물선 : $\dfrac{51}{68}=0.75$
- 어선 : $\dfrac{147}{245}=0.6$

따라서 2020년에 사고 건수 대비 유출량이 가장 적은 선박 종류는 어선이다.

오답분석

① 2020년에 총 사고 건수는 증가하였으나 총 유출량은 감소하였다.

② 2022년에는 전년 대비 총 사고 건수는 감소했지만, 유조선 사고 건수는 증가하였다. 따라서 전년 대비 비율은 증가하였다.

④ 2019 ~ 2023년 동안 기타를 제외한 선박 종류별 전체 유출량을 구하면 다음과 같다.
- 유조선 : $956+21+3+38+1,223=2,241$kL
- 화물선 : $584+51+187+23+66=911$kL
- 어선 : $53+147+181+105+30=516$kL

따라서 2019 ~ 2023년 동안 전체 유출량이 두 번째로 많은 선박 종류는 화물선이다.

⑤ 2023년 총 사고 건수의 전년 대비 증가율은 $\dfrac{480-384}{384}\times100=25\%$로, 20% 이상 증가하였다.

13

정답 ①

네 번째 조건을 이용하기 위해 6개 수종의 인장강도와 압축강도의 차를 구하면 다음과 같다.
- A : $52-50=2\text{N/mm}^2$
- B : $125-60=65\text{N/mm}^2$
- C : $69-63=6\text{N/mm}^2$
- 삼나무 : $45-42=3\text{N/mm}^2$
- D : $27-24=3\text{N/mm}^2$
- E : $59-49=10\text{N/mm}^2$

즉, 인장강도와 압축강도의 차가 두 번째로 큰 수종은 E이므로 E는 전나무이다.

첫 번째 조건을 이용하기 위해 6개 수종의 전단강도 대비 압축강도 비를 구하면 다음과 같다.

- A : $\dfrac{50}{10}=5$
- B : $\dfrac{60}{12}=5$
- C : $\dfrac{63}{9}=7$
- 삼나무 : $\dfrac{42}{7}=6$
- D : $\dfrac{24}{6}=4$
- E : $\dfrac{49}{7}=7$

즉, 전단강도 대비 압축강도 비가 큰 상위 2개 수종은 C와 E이다. E가 전나무이므로 C는 낙엽송이다.

두 번째 조건을 이용하기 위해 6개 수종의 휨강도와 압축강도의 차를 구하면 다음과 같다.

- A : $88-50=38\text{N/mm}^2$
- B : $118-60=58\text{N/mm}^2$
- C : $82-63=19\text{N/mm}^2$
- 삼나무 : $72-42=30\text{N/mm}^2$
- D : $39-24=15\text{N/mm}^2$
- E : $80-49=31\text{N/mm}^2$

즉, 휨강도와 압축강도의 차가 큰 상위 2개 수종은 A와 B이므로 소나무와 참나무는 각각 A와 B 중 하나이다. 그러므로 D는 오동나무이다. 오동나무 기건비중의 2배는 $0.31 \times 2 = 0.62$이며 세 번째 조건에 의하여 참나무의 기건비중은 오동나무 기건비중의 2배 이상이므로 B는 참나무이고, A는 소나무이다.

따라서 A는 소나무, C는 낙엽송이다.

14
정답 ②

20일은 5시부터 8시까지 풍향각이 증감을 반복하나, 24일은 풍향각이 일정하다.

오답분석

① 18일 3시부터 4시 사이에 풍향각은 300deg에서 270deg로 감소하였고, 그 비율은 $\dfrac{30-27}{30} \times 100 = 10\%$이다.

③ 30일 2시 대비 6시의 풍향각 증가율은 $\dfrac{25-4}{4} \times 100 = 525\%$이다.

④ 10시에 풍향각이 가장 컸던 날짜는 340deg를 기록한 21일이다.

⑤ 29일 직전 시간 대비 풍향각의 증감폭이 가장 큰 시간은 60deg가 증가한 8시이다.

15
정답 ②

ㄱ. 24일에 풍향각이 동일하게 가장 오래 유지된 때는 5시부터 8시까지 4시간에 해당한다. 따라서 옳은 설명이다.

ㄹ. 19일 0시의 풍향각의 2배는 $60 \times 2 = 120$deg인데, 11시의 풍향각은 130deg이므로 2배 이상이다.

오답분석

ㄴ. 23일 10시 풍향각의 직전 시간 대비 증가율은 $\dfrac{12-10}{10} \times 100 = 20\%$이고, 23일 11시 풍향각의 직전 시간 대비 증가율은 $\dfrac{15-12}{12} \times 100 = 25\%$이다. 따라서 두 경우 모두 30%를 넘지 않는다.

ㄷ. 31일 6시 풍향각의 직전 시간 대비 감소율은 $\dfrac{10-6}{10} \times 100 = 40\%$이고, 22일 6시 풍향각의 직전 시간 대비 감소율은 $\dfrac{32-20}{32} \times 100 = 37.5\%$이다. 따라서 31일 6시 풍향각의 직전 시간 대비 감소율이 더 크다.

16
정답 ⑤

ㄷ. 2022년 상업영화의 평균 손익분기점 수치는 495억 원으로 이는 평균 제작비 수치인 180억 원의 $495 \div 180 = 2.75$배이다.

ㄹ. 극장·영진위 등 평균 지급비용은 (티켓값)×(평균 손익분기점)−(투자배급사 평균 수익)이고, 투자배급사 평균 수익은 평균 제작비와 같다. 따라서 2021년 극장·영진위 등 평균 지급비용은 $10,000 \times 4,500,000 - 16,000,000,000 = 29,000,000,000$원이다.

오답분석

ㄱ. 2019년 이후 매년 상업영화, 예술영화, 애니메이션의 평균 제작비는 증가했으나 다큐멘터리의 경우 2020년에 3억 원으로 2019년 대비 감소하였다.

ㄴ. 2020년과 2022년의 상업영화의 전년 대비 평균 제작비 상승률은 다음과 같다.

- 2020년 : $\dfrac{138-120}{120} \times 100 = 15\%$

- 2022년 : $\dfrac{180-160}{160} \times 100 = 12.5\%$

따라서 전년 대비 2020년의 평균 제작비 상승률이 2022년보다 $15-12.5=2.5\%$p 더 높다.

17 정답 ④

제시된 자료는 평균치에 대한 자료로, 평균 총 관객 수가 평균 손익분기점을 넘지 못하였어도, 개봉한 예술영화 전체가 손익분기점을 넘지 못하였다는 것을 의미하지는 않는다.

오답분석

① 2021년과 2022년에 상업영화, 예술영화, 다큐멘터리, 애니메이션의 평균 제작비는 모두 전년 대비 증가하였다.

② 2021년 애니메이션 평균 제작비는 96억 원으로 이는 상업영화 평균 제작비인 160억 원의 $\dfrac{96}{160} \times 100 = 60\%$이고, 다큐멘터리 평균 제작비인 3.2억 원의 $\dfrac{96}{3.2} = 30$배이다.

③ 2021년 다큐멘터리의 평균 제작비 3.2억 원으로 이는 상업영화의 평균 제작비인 160억 원의 $\dfrac{3.2}{160} \times 100 = 2\%$이다.

⑤ 2022년 상업영화와 예술영화의 평균 총 관객 수는 각각 660만 명, 115만 명으로 이는 평균 손익분기점인 495만 명, 103.5만 명을 넘었다. 하지만 다큐멘터리와 애니메이션은 각각 평균 총 관객 수가 6만 명, 154만 명으로 평균 손익분기점인 7만 명, 172만 명을 넘지 못하였다.

18 정답 ①

오답분석

② 2023년 성비가 자료와 다르다.

③ 남성과 여성의 자료가 전체적으로 바뀌었다.

④ 자료에 따르면 남성의 경우 진료인원이 계속 증가하는데 그래프는 계속 감소하고 있다.

⑤ 2020~2021년 남성 진료인원과 여성 진료인원의 수가 바뀌었다.

19 정답 ④

(환기시간)=1일 때, (미세먼지)=363이므로 $363 = a \times 1^2 + b$ … (가)

(환기시간)=2일 때, (미세먼지)=192이므로 $192 = a \times 2^2 + \dfrac{b}{2}$ … (나)

(가)와 (나)를 연립하여 '4(가)−(나)'를 하면,

∴ $a=3$, $b=360$

→ (미세먼지)$=3 \times$(환기시간)$^2 + \dfrac{360}{(환기시간)}$

(환기시간)=3일 때, (미세먼지)$=3 \times 3^2 + \dfrac{360}{3} = 147 = \text{㉠}$

(환기시간)=4일 때, (미세먼지)$=3 \times 4^2 + \dfrac{360}{4} = 138 = \text{㉡}$

따라서 ㉠=147, ㉡=138이다.

20 정답 ⑤

매월 신규 가입자 수는 전월 신규 가입자 수의 2배이므로 신규 가입자 수는 2023년 12월에 $384 \times 2 = 768$명이고 2024년 1월에 $768 \times 2 = 1,536$명이다.

따라서 2024년 2월의 가입자 수는 $1,536 \times 2 = 3,072$명이다.

01	02	03	04	05	06	07	08	09	10	11	12	13	14	15	16	17	18	19	20
⑤	④	②	④	①	①	⑤	⑤	①	③	④	⑤	②	④	③	②	③	③	④	①
21	22	23	24	25	26	27	28	29	30										
③	④	④	②	②	④	①	③	②	④										

01
정답 ⑤

'아침에 커피를 마신다.'를 A, '회사에서 회의를 한다.'를 B라고 하면 전제1은 '수∨목 → A'이고, 전제1의 대우는 '~A → ~(수∧목)'이다. 즉, 결론 '~A → B'가 성립하기 위해서는 '~(수∧목) → B'나 '~B → 수∨목'인 전제2가 필요하다. 따라서 빈칸에 들어갈 내용으로 적절한 것은 '회사에서 회의를 하지 않으면 수요일이나 목요일이다.'이다.

02
정답 ④

스나크를 '스', 앨리스를 '앨', 부점을 '부'라고 하자.

구분	명제	대우
전제1	스× → 앨	앨× → 스
결론	앨× → 부	부× → 앨

전제1의 대우가 결론으로 연결되려면, 전제2는 스 → 부가 들어가야 한다. 따라서 전제2는 '스나크이면 부점이다.'의 대우인 ④가 답이다.

03
정답 ②

'금값이 오른다.'를 A, 'X매물을 매도하는 사람'을 B, 'Y매물을 매수하는 사람'을 C라고 하면, 전제1과 전제2를 다음과 같은 벤 다이어그램으로 나타낼 수 있다.

1) 전제1

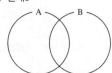

2) 전제2

이를 정리하면 다음과 같은 벤 다이어그램이 성립한다.

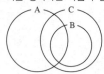

따라서 '금값이 오르면 어떤 사람은 Y매물을 매수한다.'라는 결론이 도출된다.

04
정답 ④

세 번째 조건에서 C>D가 성립하고, 네 번째와 다섯 번째 조건에 의해 C=E>B=D가 성립한다. 즉, 점수가 높은 순서대로 나열하면, C·E>B·D가 되고, 두 번째 조건에 의해 A와 B는 같이 합격하거나 같이 불합격한다고 하였으므로 둘 다 불합격한다. 따라서 합격한 사람은 C와 E이다.

05

첫 번째 조건과 두 번째 조건을 고려하면 E – B – A 또는 E – A – B 순임을 알 수 있다.
여기서 세 번째 조건을 고려하면 D과장이 A사원보다 앞에 있는 경우는 다음 4가지이다.
E – D – B – A, E – D – A – B, D – E – B – A, D – E – A – B
네 번째 조건을 고려하면 E부장과 B사원 사이에 2명이 있어야 하므로 가능한 순서는 5가지 경우로 다음과 같다.
E – D – C – B – A, E – C – D – B – A, E – D – A – B – C, C – E – D – A – B, D – E – C – A – B
마지막으로 다섯 번째 조건을 고려하면 C대리와 A사원 사이에 2명이 있는 순서는 E – C – D – B – A와 C – E – D – A – B이다.
따라서 C대리는 첫 번째 또는 두 번째로 검진을 받을 수 있다.

06

B와 D는 동일하게 A보다 낮은 표를 얻고 C보다는 높은 표를 얻었으나, B와 D를 서로 비교할 수 없으므로 득표수가 높은 순서대로 나열하면
'A – B – D – C – E' 또는 'A – D – B – C – E'가 된다. 따라서 어느 경우라도 A의 득표수가 가장 높으므로 A가 학급 대표로 선출된다.

07

먼저 첫 번째 결과에 따라 A과장은 네 지역으로 모두 출장을 가므로 E사원과 함께 광주광역시로 출장을 가는 직원은 A과장임을 알 수 있다. 다음으로 두 번째 결과에 따라 모든 특별시에는 A과장과 B대리가 출장을 가므로 C대리와 D대리는 특별시로 함께 출장을 갈 수 없다. 결국 세 번째 결과에서의 C대리와 D대리가 함께 출장을 가는 지역은 인천광역시임을 알 수 있다. 또한 마지막 결과에 따라 한 지역으로만 출장을 가는 사람은 E사원뿐이므로 C대리와 D대리는 세종특별시 또는 서울특별시 중 한 곳으로 더 출장을 가야 한다.
따라서 출장 지역에 따른 팀원을 정리하면 다음과 같다.

구분	세종특별시	서울특별시	인천광역시	광주광역시
경우 1	A과장, B대리, C대리	A과장, B대리, D대리	A과장, C대리, D대리	A과장, E사원
경우 2	A과장, B대리, D대리	A과장, B대리, C대리	A과장, C대리, D대리	A과장, E사원

그러므로 항상 참이 되는 것은 'D대리는 E사원과 함께 출장을 가지 않는다.'의 ⑤이다.

08

주어진 조건을 정리하면 다음과 같다.

구분	중국	러시아	일본
봄		홍보팀 D차장	
여름	영업팀 C대리 (디자인팀 E사원)		
가을			재무팀 A과장 개발팀 B부장
겨울	디자인팀 E사원 (영업팀 C대리)		

조건에 따르면 중국에는 총 2명이 출장을 갈 수 있고, 각각 여름 혹은 겨울에 간다. 그러므로 중국에 갈 수 있는 C대리와 E사원 두 사람은 한 사람이 여름에 가면 다른 한 사람이 겨울에 가게 된다. 따라서 주어진 조건에 따라 항상 옳은 결과는 '영업팀 C대리가 여름에 중국 출장을 가면, 디자인팀 E사원은 겨울에 중국 출장을 간다.'인 ⑤이다.

오답분석
①·④ 홍보팀 D차장은 혼자서 러시아로 출장을 간다.
②·③ 함께 일본으로 출장을 가는 두 사람은 재무팀 A과장과 개발팀 B부장이다.

09

B는 피자 2조각을 먹은 A보다 적게 먹었으므로 피자 1조각을 먹었다. 또한 4명의 사람 중 B가 가장 적게 먹었으므로 D는 반드시 2조각 이상 먹어야 한다. 따라서 A는 2조각, B는 1조각, C는 3조각, D는 2조각의 피자를 먹었다.

10

제시된 결과를 정리하면 'A대리 > B사원 > C과장 > D사원', 'G사원 > F대리 > B사원 / E부장', 'E부장은 가장 낮은 점수를 받지 않았다' 는 것이다. 첫 번째와 두 번째 정리에 따르면 B사원보다 높은 사람은 A대리, G사원, F대리 3명이고, B사원보다 낮은 사람은 C과장, D사원 2명이므로, B사원을 4등과 5등에 두면 다음과 같은 경우가 나온다.

ⅰ) B사원이 4등일 때(6가지 경우)

1등	2등	3등	4등	5등	6등	7등
G사원	F대리	A대리	B사원	C과장	E부장	D사원
G사원	F대리	A대리	B사원	E부장	C과장	D사원
G사원	A대리	F대리	B사원	E부장	C과장	D사원
G사원	A대리	F대리	B사원	C과장	E부장	D사원
A대리	G사원	F대리	B사원	E부장	C과장	D사원
A대리	G사원	F대리	B사원	C과장	E부장	D사원

ⅱ) B사원이 5등일 때(4가지 경우)

1등	2등	3등	4등	5등	6등	7등
G사원	F대리	E부장	A대리	B사원	C과장	D사원
G사원	F대리	A대리	E부장	B사원	C과장	D사원
G사원	A대리	F대리	E부장	B사원	C과장	D사원
A대리	G사원	F대리	E부장	B사원	C과장	D사원

따라서 C과장이 5등일 때, B사원이 4등이다.

오답분석

① B사원이 4등이면 G사원은 2등도 될 수 있다.
② 자신의 등수를 확실히 알 수 있는 사람은 7등인 D사원 1명이다.
④ B사원이 4등일 때, E부장은 5등 또는 6등이 될 수도 있다.
⑤ F대리가 3등일 때, A대리는 1등 또는 2등이 될 수 있다.

11

먼저 C는 첫 번째, 세 번째 결과에 따라 A 바로 전 또는 바로 뒤의 순서로 출근한 E보다 먼저 출근하였으므로 A보다도 먼저 출근한 것을 알 수 있다. 마찬가지로 D 역시 두 번째, 다섯 번째 결과에 따라 F 바로 뒤에 출근한 B보다 먼저 출근하였으므로 F보다도 먼저 출근한 것을 알 수 있다.

또한 E는 네 번째 결과에 따라 F보다 늦게 출근하였으므로 결국 C, D, B보다도 늦게 출근하였음을 알 수 있다. 그러므로 E가 다섯 번째 또는 마지막 순서로 출근하였음을 알 수 있으나, 꼴찌에는 해당하지 않으므로 결국 E는 다섯 번째로 출근하였고, A가 마지막 여섯 번째로 출근하였음을 알 수 있다.

이때 주어진 결과만으로는 C와 D의 순서를 비교할 수 없으므로 A ~ F의 출근 순서는 다음과 같이 나타낼 수 있다.

구분	첫 번째	두 번째	세 번째	네 번째	다섯 번째	여섯 번째
경우 1	D	F	B	C	E	A
경우 2	D	C	F	B	E	A
경우 3	C	D	F	B	E	A

따라서 D가 C보다 먼저 출근했다면, D는 반드시 첫 번째로 출근하므로 자신을 포함한 A ~ F의 출근 순서를 알 수 있다.

① A는 항상 마지막에 출근하므로 B의 출근 시각을 알 수 없다.
② 경우 2와 경우 3에서 B가 C보다 나중에 출근하므로 C의 출근 시각을 알 수 없다.
③ 경우 1에서 C는 자신과 E, A의 출근 순서를 알 수 있으나, D, F, B의 출근 순서는 알 수 없다.
⑤ F는 반드시 D보다 늦게 출근하므로 앞서 출근한 D의 출근 시각을 알 수 없다.

12

두 번째 조건과 세 번째 조건을 통해 김팀장의 오른쪽에 정차장이 앉고, 양사원은 한대리의 왼쪽에 앉는다. 이때, 오과장은 정차장과 나란히 앉지 않으므로 오과장은 김팀장의 왼쪽에 앉아야 한다. 따라서 김팀장을 기준으로 시계 방향으로 '김팀장 – 오과장 – 한대리 – 양사원 – 정차장' 순서로 앉는다.

13

두 번째 조건에서 D는 A의 바로 왼쪽 자리에 앉으며, 마지막 조건에서 B는 E의 바로 오른쪽 자리에 앉으므로 'D – A', 'E – B'를 각각 한 묶음으로 생각할 수 있다. 또한 두 번째와 세 번째 조건에 따라 C는 세 번째 자리에 앉아야 하며, 네 번째 조건에 의해 'D – A'는 각각 첫 번째, 두 번째 자리에 앉아야 한다. 이를 정리하면 다음과 같다.

첫 번째	두 번째	세 번째	네 번째	다섯 번째
D	A	C	E	B

따라서 'E는 네 번째 자리에 앉을 수 있다.'는 옳은 내용이다.

① D는 첫 번째 자리에 앉는다.
③ C는 세 번째 자리에 앉는다.
④ C는 E의 왼쪽 자리에 앉는다.
⑤ B는 다섯 번째 자리에 앉는다.

14

세 번째 조건에 따라 최부장이 회의에 참석하면 이대리도 회의에 참석한다. 이대리가 회의에 참석하면 두 번째 조건의 대우인 '이대리가 회의에 참석하면 조대리는 참석하지 않는다.'에 따라 조대리는 회의에 참석하지 않는다.
또한 최부장이 회의에 참석하면 네 번째 조건의 대우인 '최부장이 회의에 참석하면 박사원도 회의에 참석한다.'에 따라 박사원도 회의에 참석하게 된다. 박사원이 회의에 참석하면 첫 번째 조건의 대우인 '박사원이 회의에 참석하면 한사원도 회의에 참석한다.'에 따라 한사원도 회의에 참석하게 된다.
따라서 최부장이 회의에 참석하면 이대리, 박사원, 한사원은 반드시 참석하므로 총 4명은 회의에 반드시 참석하나 김과장의 참석 여부는 주어진 조건만으로는 알 수 없다.

15

규칙은 가로로 적용된다.
첫 번째 도형을 x축 기준으로 대칭 이동한 것이 두 번째 도형이고, 이를 y축 기준으로 대칭 이동한 것이 세 번째 도형이다.

16

규칙은 가로로 적용된다.
첫 번째 도형을 180° 회전한 것이 두 번째 도형이고, 이를 y축 기준으로 대칭 이동한 것이 세 번째 도형이다.

17

정답 ③

규칙은 세로로 적용된다.

첫 번째 도형을 시계 방향으로 $60°$ 회전한 것이 두 번째 도형이고, 이를 x축 기준으로 대칭 이동한 것이 세 번째 도형이다.

[18~21]

- □ : 각 자릿수 $+2, -2, +2, -2$
- ▨ : $1234 \rightarrow 1243$
- ▣ : $1234 \rightarrow 3412$
- ■ : 각 자릿수 $+3, +2, +1, +0$

18

정답 ③

VEN8 → N8VE → N8EV
     ▣   ▨

19

정답 ④

OK15 → RM25 → TK43
     ■   □

20

정답 ①

BS37 → DQ55 → 55DQ
     □   ▣

21

정답 ③

KZEM → MXGK → PZHK
     □   ■

22

정답 ④

제시문은 1920년대 영화의 소리에 대한 부정적인 견해가 있었음을 이야기하며 화두를 꺼내고 있다. 이후 현대에는 소리와 영상을 분리해서 생각할 수 없음을 이야기하고 영화에서의 소리가 어떤 역할을 하는지에 대해 설명하면서 현대 영화에서의 소리의 의의에 대해 서술하고 있다. 따라서 (라) 1920년대 영화의 소리에 대한 부정적인 견해 – (가) 현대 영화에서 분리해서 생각할 수 없는 소리와 영상 – (다) 영화 속 소리의 역할 – (나) 현대 영화에서의 소리의 의의 순으로 나열하는 것이 가장 적절하다.

23

정답 ④

제시문은 나전칠기의 개념을 제시하고 우리나라 나전칠기의 특징, 제작방법 그리고 더 나아가 국내 나전칠기 특산지에 대해 설명하고 있다. 따라서 (라) 나전칠기의 개념 – (가) 우리나라 나전칠기의 특징 – (다) 나전칠기의 제작방법 – (나) 나전칠기 특산지 소개 순으로 나열하는 것이 가장 적절하다.

24

제시문은 제4차 산업혁명으로 인한 노동 수요 감소로 인해 나타날 수 있는 문제점으로 대공황에 대한 위험을 설명하면서 긍정적인 시각으로 노동 수요 감소를 통해 인간적인 삶 향유가 이루어질 수 있다고 말한다. 따라서 제4차 산업혁명의 밝은 미래와 어두운 미래를 나타내는 ②가 제목으로 적절하다.

25

정답 ②

선택근무제는 시차출퇴근제와 달리 1일 8시간이라는 근로시간에 구애받지 않고 주당 40시간의 범위 내에서 1일 근무시간을 자율적으로 조정할 수 있으므로 주당 40시간의 근무시간만 충족한다면 주5일 근무가 아닌 형태의 근무도 가능하다.

오답분석

① 시차출퇴근제는 주5일, 1일 8시간, 주당 40시간이라는 기존의 소정근로시간을 준수해야 하므로 반드시 하루 8시간의 근무 형태로 운영되어야 한다.
③ 재량근무제 적용이 가능한 업무는 법으로 규정되어 있으므로 규정된 업무 외에는 근로자와 합의하여도 재량근무제를 실시할 수 없다.
④ 원격근무제는 재량근무제와 달리 적용 가능한 직무의 제한을 두지 않으므로 현장 업무를 신속하게 처리할 수 있다는 이동형 원격근무제의 장점에 따라 이동형 원격근무제를 운영할 수 있다.
⑤ 일주일 중 일부만 재택근무를 하는 수시형 재택근무에 해당한다.

26

정답 ④

'전기사고를 방지하기 위한 안전장치가 필요한데 그중에 하나가 접지이다.'라는 제시문의 내용에서 접지 이외에도 방법이 있음을 알 수 있다.

오답분석

① '정전기 발생을 사전에 예방하기 위해 접지를 해줘야 한다.'에서 알 수 있듯이 접지를 하게 되면 정전기 발생을 막을 순 있지만, 접지를 하지 않는다고 정전기가 무조건 발생하는 것은 아니다.
② '전류는 전위차가 있을 때에만 흐르므로'라고 했으므로 전위차가 없으면 전류가 흐르지 않는다.
③ '위험성이 높을수록 이러한 안전장치의 필요성 높아진다.'라고 언급은 되어있지만 위험성이 낮다고 안정장치가 필요치 않다고는 볼 수 없다.
⑤ 저항 또는 임피던스의 크기가 작으면 통신선에 유도장애가 커지고, 크면 평상시 대지 전압이 높아지는 등의 결과가 나타나지만, 저항 크기와 임피던스의 크기에 대한 상관관계는 글에서 확인할 수 없다.

27

정답 ①

제시문의 내용은 청나라에 맞서 싸우자는 척화론이다. 척화론과 동일한 주장을 하고 있는 ①은 비판 내용으로 적절하지 않다.

28

정답 ③

제시문에서 헤겔은 국가를 사회 문제를 해결하고 공적 질서를 확립할 최종 주체로 설정했고, 뒤르켐은 사익을 조정하고 공익과 공동체적 연대를 실현할 도덕적 개인주의의 규범에 주목하면서, 이를 수행할 주체로서 직업 단체의 역할을 강조하였다. 즉, 직업 단체가 정치적 중간 집단으로서 구성원의 이해관계를 국가에 전달하는 한편 국가를 견제해야 한다고 본 ③이 비판할 수 있는 주장이다.

오답분석

① 뒤르켐이 주장하는 직업 단체는 정치적 중간집단의 역할로 빈곤과 계급 갈등의 해결을 수행할 주체이다.
② 뒤르켐은 복지행정조직에 대한 언급이 없었다.
④ 국가를 최종 주체로 강조하는 것은 헤겔의 주장이다.
⑤ 헤겔 역시 공리주의는 시민 사회 내에서 개인들의 무한한 사익 추구가 일으키는 빈부 격차나 계급 갈등을 해결할 수는 없다고 보았다.

29
정답 ②

세 번째 문단의 첫 문장에서 전자 감시는 파놉티콘의 감시 능력을 전 사회로 확장했다고 말하고 있으므로, 정보 파놉티콘은 발전된 감시 체계라고 할 수 있다. 따라서 종국에는 감시 체계 자체를 소멸시킬 것이라는 추론은 적절하지 않다.

30
정답 ④

인간의 후각은 기억과 밀접한 관련이 있다. 따라서 실험이 진행될수록 높은 정답률을 보여준다.

오답분석

① 인간 역시 동물과 마찬가지로 취기재 분자 하나에도 민감하게 반응하나, 동물만큼 예민하지는 않다.
② 인간의 후각 수용기는 1천만 개에 불과하다.
③ 냄새를 탐지할 수 있는 최저 농도를 '탐지 역치'라 한다. 이보다 낮은 농도의 냄새는 탐지가 어렵다.
⑤ 취기재의 정체를 인식하려면 취기재의 농도가 탐지 역치보다 3배 가량은 높아야 하므로 이미 취기재의 농도는 탐지 역치보다 3배 높은 상태이다.

제3회 모의고사 정답 및 해설

제1영역 수리

01	02	03	04	05	06	07	08	09	10	11	12	13	14	15	16	17	18	19	20
③	①	④	②	①	②	④	④	①	③	③	③	④	⑤	③	③	⑤	①	⑤	①

01
정답 ③

제품 a, b 둘 다 선호하는 사람의 수를 x명이라 하면,

(제품 a, b 둘 다 선호하는 사람의 수)=x ⋯ ㉠

(제품 a, b 둘 다 선호하지 않는 사람의 수)=$2x-3$ ⋯ ㉡

(제품 a만 선호하는 사람의 수)=$41-x$ ⋯ ㉢

(제품 b만 선호하는 사람의 수)=$57-x$ ⋯ ㉣

㉠ ~ ㉣ 모두 더하면 총 응답자의 수가 되므로

∴ (응답자의 수)=$95+x$

따라서 $400 \times 0.25 = 95+x$이므로 제품 a, b 둘 다 선호하는 사람의 수(x)는 5명이고, ㉡ 식에 의해 제품 a, b 둘 다 선호하지 않는 사람은 7명이다.

02
정답 ①

• 10명 중 팀장 2명을 뽑는 경우의 수 : $_{10}C_2 = \dfrac{10 \times 9}{2 \times 1} = 45$가지

• 여자 5명 중 팀장 2명을 뽑는 경우의 수 : $_5C_2 = \dfrac{5 \times 4}{2 \times 1} = 10$가지

따라서 2명의 팀장을 뽑을 때 모두 여자로만 구성될 확률은 $\dfrac{10}{45} = \dfrac{2}{9}$이다.

03
정답 ④

현재기온이 가장 높은 지역은 수원으로, 이슬점 온도는 가장 높지만 습도는 65%로 가장 높지 않다.

오답분석

① 파주의 시정은 20km로 가장 좋다.

② 수원이 이슬점 온도와 불쾌지수 모두 가장 높다.

③ 불쾌지수 70을 초과한 지역은 수원, 동두천 2곳이다.

⑤ 시정이 0.4km로 가장 좋지 않은 백령도의 경우 풍속이 4.4m/s로 가장 강하다.

04

매출액 규모가 클수록 업종 전환 이유에 대해 영업이익 감소를 선택한 비율이 높다.

오답분석

① 프랜차이즈 형태로 운영하는 경우(1.3%), 그렇지 않은 경우(2.3%)보다 업종 전환 의향에 대한 긍정적 응답 비율이 낮다.
③ 매출액 규모가 1억 원 미만인 경우, 업종 전환 이유에 대해 구인의 어려움을 선택한 응답자 비율이 0이므로 옳지 않다.
④ 비(非)프랜차이즈 형태로 운영하는 경우, 업종 전환의 가장 큰 이유는 57.9%가 응답한 영업이익 감소이다.
⑤ 매출액이 5억 원 이상인 경우, 업종 전환의 가장 큰 이유는 61.4%가 응답한 영업이익 감소이다.

05

메달 및 상별 점수는 다음과 같다.

구분	금메달	은메달	동메달	최우수상	우수상	장려상
총 개수(개)	40	31	15	41	26	56
개당 점수(점)	$\dfrac{3,200}{40}=80$	$\dfrac{2,170}{31}=70$	$\dfrac{900}{15}=60$	$\dfrac{1,640}{41}=40$	$\dfrac{780}{26}=30$	$\dfrac{1,120}{56}=20$

따라서 금메달은 80점, 은메달은 70점, 동메달은 60점임을 알 수 있다.

오답분석

② 경상도가 획득한 메달 및 상의 총 개수는 4+8+12=24개이며, 가장 많은 지역은 13+1+22=36개인 경기도이다.
③ 표를 참고하면 전국기능경기대회 결과표에서 동메달이 아닌 장려상이 56개로 가장 많다.
④ 울산에서 획득한 메달 및 상의 총점은 (3×80)+(7×30)+(18×20)=810점이다.
⑤ 장려상을 획득한 지역은 대구, 울산, 경기도이며, 세 지역 중 금·은·동메달 총 개수가 가장 적은 지역은 금메달만 2개인 대구이다.

06

ㄱ. 서울과 경기의 인구수 차이는 2017년에 10,463−10,173=290천 명, 2023년에 11,787−10,312=1,475천 명으로 2017년에 비해 2023년에 차이가 더 커졌다.
ㄷ. 광주는 2023년에 22천 명이 증가하여 가장 많이 증가하였다.

오답분석

ㄴ. 2017년과 비교하여 2023년의 인구가 감소한 지역은 부산, 대구이다.
ㄹ. 대구는 2018년부터 전년 대비 인구가 꾸준히 감소하다가 2023년에 다시 증가하였다.

07

서비스 품질 5가지 항목의 점수와 서비스 쇼핑 체험 점수를 비교해보면, 모든 대형마트에서 서비스 쇼핑 체험 점수가 가장 낮다는 것을 확인할 수 있다. 따라서 서비스 쇼핑 체험 부문의 만족도는 서비스 품질 부문들보다 낮으며 서비스 쇼핑 체험 점수의 평균은 $\dfrac{3.48+3.37+3.45+3.30}{4}=3.4$점이다.

오답분석

① 주어진 자료에서 단위를 살펴보면 5점 만점으로 조사되었음을 알 수 있으며, 종합만족도의 평균은 $\dfrac{3.72+3.53+3.64+3.51}{4}=3.6$점이다. 또한 업체별로는 A마트 → C마트 → B마트 → D마트 순서로 종합만족도가 낮아짐을 알 수 있다.
② 대형마트 인터넷/모바일쇼핑 소비자 만족도 자료에서 마트별 인터넷·모바일쇼핑 만족도의 차를 구해보면 A마트 0.07점, B마트·C마트 0.03점, D마트 0.05점으로 A마트가 가장 크다.
③ 평균적으로 고객접점직원 서비스보다는 고객관리 서비스가 더 낮게 평가되었다.
⑤ 모바일쇼핑 만족도는 평균 $\dfrac{3.95+3.83+3.91+3.69}{4}=3.845$점이며, 인터넷쇼핑은 평균 $\dfrac{3.88+3.80+3.88+3.64}{4}=3.8$점이다. 따라서 모바일쇼핑이 인터넷쇼핑보다 평균 0.045점 더 높게 평가되었다.

08

ㄴ. 2023년 11월 운수업과 숙박 및 음식점업의 국내카드 승인액의 합은 150+1,050=1,200억 원으로, 도매 및 소매업의 국내카드 승인액의 40%인 3,250×0.4=1,300억 원보다 작다.

ㄹ. 2023년 9월 협회 및 단체, 수리 및 기타 개인 서비스업의 국내카드 승인액은 보건 및 사회복지 서비스업 국내카드 승인액의 $\frac{153}{340}×100=$ 45%로, 40% 이상이다.

오답분석

ㄱ. 교육 서비스업의 2024년 1월 국내카드 승인액의 전월 대비 감소율은 $\frac{150-123}{150}×100=18\%$로, 20% 미만이다.

ㄷ. 2023년 10월부터 2024년 1월까지 사업시설관리 및 사업지원 서비스업의 국내카드 승인액의 전월 대비 증감 추이는 '증가 – 감소 – 증가 – 증가'이고, 예술, 스포츠 및 여가관련 서비스업은 '증가 – 감소 – 감소 – 감소'로 같지 않다.

09

전체 질문 중 '보통이다' 비율이 가장 높은 질문은 37%인 네 번째 질문이며, '매우 그렇다' 비율이 가장 높은 질문은 21%인 두 번째 질문이다.

오답분석

② 두 번째 질문에 '매우 그렇다'를 선택한 직원 수는 1,600×0.21=336명이고, '보통이다'를 선택한 직원 수는 1,600×0.35=560명이다. 따라서 '매우 그렇다'를 선택한 직원 수는 '보통이다'를 선택한 직원 수보다 560−336=224명 적다.

③ 전체 질문에서 '그렇다'를 선택한 평균 비율은 $\frac{75}{5}=15\%$이고, '매우 그렇지 않다'를 선택한 평균 비율은 $\frac{95}{5}=19\%$이므로 '매우 그렇지 않다'를 선택한 평균 비율이 19−15=4%p 높다.

④ 다섯 번째 질문에서 '매우 그렇지 않다'를 선택한 직원 수는 1,600×0.19=304명이고, '그렇지 않다'를 선택한 직원 수는 1,600×0.09= 144명이다. 따라서 직원 수의 차이는 304−144=160명으로 150명 이상이다.

⑤ 전체 질문 중 세 번째 '지방이전 후 출·퇴근 교통에 만족합니까?' 질문에 '그렇지 않다'와 '매우 그렇지 않다'의 비율 합이 가장 높다.

10

주어진 자료를 바탕으로 지점 수를 정리하면 다음과 같다. 증감표의 부호를 반대로 하여 2022년 지점 수에 대입하면 쉽게 계산이 가능하다.

(단위 : 개)

지역	2019년 지점 수	2020년 지점 수	2021년 지점 수	2022년 지점 수
서울	15	17	19	17
경기	13	15	16	14
인천	14	13	15	10
부산	13	11	7	10

따라서 2019년에 지점 수가 두 번째로 많은 지역은 인천이며, 지점 수는 14개이다.

11

ㄴ. 경징계 총 건수는 3+174+170+160+6=513건이고, 중징계 총 건수는 25+48+53+40+5=171건으로 전체 징계 건수는 513+ 171=684건이다. 따라서 전체 징계 건수 중 경징계 총 건수의 비율은 $\frac{513}{684}×100=75\%$로, 70% 이상이다.

ㄷ. 징계 사유 D로 인한 징계 건수 중 중징계 건수의 비율은 $\frac{40}{160+40}×100=20\%$이다.

오답분석

ㄱ. 경징계 총 건수는 3+174+170+160+6=513건이고, 중징계 총 건수는 25+48+53+40+5=171건으로 경징계 총 건수는 중징계 총 건수의 $\frac{513}{171}=3$배이다.

ㄹ. 전체 징계 사유 중 C가 총 170+53=223건으로 가장 많다.

12

곡물별 2021년과 2022년의 소비량 변화는 다음과 같다.

- 소맥 : | 680−697 | ＝17백만 톤
- 옥수수 : | 860−880 | ＝20백만 톤
- 대두 : | 240−237 | ＝3백만 톤

따라서 소비량의 변화가 가장 작은 곡물은 대두이다.

오답분석

① 제시된 자료를 통해 확인할 수 있다.

② 제시된 자료를 통해 2023년에 모든 곡물의 생산량과 소비량이 다른 해에 비해 많았음을 알 수 있다.

④ • 2021년 전체 곡물 생산량 : 695＋885＋240＝1,820백만 톤
  • 2023년 전체 곡물 생산량 : 750＋950＋260＝1,960백만 톤

  따라서 2021년과 2023년의 전체 곡물 생산량의 차이는 1,960−1,820＝140백만 톤이다.

⑤ 2023년의 곡물별 생산량 대비 소비량의 비중을 구하면 다음과 같다.

- 소맥 : $\dfrac{735}{750} \times 100 = 98\%$
- 옥수수 : $\dfrac{912}{950} \times 100 = 96\%$
- 대두 : $\dfrac{247}{260} \times 100 = 95\%$

따라서 2023년에 생산량 대비 소비량의 비중이 가장 낮았던 곡물은 대두이다.

13

제시된 자료의 원자력 소비량 수치를 보면 증감을 반복하고 있는 것을 확인할 수 있다.

오답분석

① 2014년 석유 소비량을 제외한 나머지 에너지 소비량의 합을 구하면 54.8＋30.4＋36.7＋5.3＝127.2백만 TOE이다. 즉, 석유 소비량인 101.5백만 TOE보다 크다. 2014 ~ 2023년 역시 석유 소비량을 제외한 나머지 에너지 소비량의 합을 구해 석유 소비량과 비교하면, 석유 소비량이 나머지 에너지 소비량의 합보다 적음을 알 수 있다.

② 석탄 소비량은 2014 ~ 2020년까지 지속적으로 상승하다가 2021년 감소한 뒤 2022년부터 다시 상승세를 보이고 있다.

③ 제시된 자료를 보면 기타 에너지 소비량은 지속적으로 증가하고 있다.

⑤ 2018년에는 LNG 소비량이 감소했으므로 증가 추세가 심화되었다고 볼 수 없다.

14

ㄴ. 2023년, 2022년 정부지원금 모두 G기업이 1위이므로 2021년 또한 1위라면, 3개년 연속 1위이다.

ㄷ. F기업과 H기업은 2022년에 비해 2023년 정부지원금이 감소하였다.

ㄹ. 2023년 상위 7개 기업의 총 정부지원금은 454,943만 원으로, 2022년 총 정부지원금 420,850만 원에 비해 454,943−420,850＝34,093만 원 증가하였다.

오답분석

ㄱ. 정부지원금이 동일한 기업은 없다.

15

2022년을 기준으로 1위와 2위가 바뀌었다고 했으므로 2021년에는 1위가 D기업, 2위가 G기업이다. E기업은 매년 한 순위씩 상승했고, 2022년에 4위였으므로 2021년에는 5위이다. 2021년부터 3년간인 2023년까지 5위 안에 드는 기업이 동일하다 했으므로, 5위 안에 드는 기업은 C, D, E, G, H기업이고, H기업은 2022년까지 매년 3위를 유지했으므로 2021년에도 3위이다.

따라서 1위는 D기업, 2위는 G기업, 3위는 H기업, 4위는 C기업, 5위는 E기업이다.

16

이륜자동차의 5년간 총 사고건수는 $12,400+12,900+12,000+11,500+11,200=60,000$건이고, 2019년과 2020년의 사고건수의 합은 $12,900+12,000=24,900$건이므로 전체 사고건수의 $\frac{24,900}{60,000}\times100=41.5\%$이다.

오답분석

① 2019년부터 2022년까지 전년 대비 사고건수 비율을 구해보면 다음과 같다.

- 2019년(12건)은 전년(8건) 대비 $\frac{12}{8}=1.5$배

- 2020년(54건)은 전년(12건) 대비 $\frac{54}{12}=4.5$배

- 2021년(81건)은 전년(54건) 대비 $\frac{81}{54}=1.5$배

- 2022년(162건)은 전년(81건) 대비 $\frac{162}{81}=2$배

따라서 가상 높은 해는 2020년이다.

② 원동기장치자전거의 사고건수는 2020년까지 증가하다가, 2021년(7,110건)에는 전년(7,480건) 대비 감소하였다.

④ 택시의 2018년 대비 2022년 사고건수는 $\frac{177,856-158,800}{158,800}\times100=12\%$ 증가하였고, 버스는 2018년 대비 2022년 사고건수는 $\frac{227,256-222,800}{222,800}\times100=2\%$ 증가하였다. 따라서 택시의 증가율이 높다.

⑤ 이륜자동차를 제외하고 2018년부터 2022년까지 교통수단별 사고건수가 가장 많은 해를 구하면 전동킥보드는 2022년(162건), 원동기장치자전거는 2022년(8,250건), 택시는 2022년(177,856건)이지만, 버스는 2020년(235,580건)이 가장 높다.

17

ㄱ. 5가지 교통수단 중 전동킥보드만 사고건수가 매년 증가하고 있으며 대책이 필요하다.

ㄷ. 2018년 이륜자동차에 면허에 대한 법률이 개정되었고, 2019년부터 시행되었으며, 2020년부터 2022년까지 전년 대비 이륜자동차의 사고건수가 매년 줄어들고 있으므로 옳은 판단이다.

ㄹ. 택시의 2019년도부터 2022년까지의 전년 대비 사고건수는 '증가 – 감소 – 증가 – 증가'하였으나, 버스는 '감소 – 증가 – 감소 – 감소'하였다.

오답분석

ㄴ. 원동기장치자전거의 사고건수가 가장 적은 해는 2018년(5,450건)이지만, 이륜자동차의 사고건수가 가장 많은 해는 2019년(12,900건)이다.

18

3월과 4월의 총 합수가 서로 바뀌었다.

(단위 : 건)

구분	합계	1월	2월	3월	1분기	4월	5월	6월	7월	8월	9월	3분기	10월	11월	12월
합계	8,608	374	230	303	–	809	2,134	1,519	626	388	346	–	596	599	684
2018년	2,247	94	55	67	216	224	588	389	142	112	82	336	156	148	190
2019년	1,884	85	55	62	202	161	475	353	110	80	74	264	131	149	149
2020년	1,629	78	37	61	176	161	363	273	123	67	69	259	95	137	165
2021년	1,561	57	43	69	169	151	376	287	148	63	70	281	135	86	76
2022년	1,287	60	40	44	144	112	332	217	103	66	51	220	79	79	104

19

정답 ⑤

제1차 시험 대비 제2차 시험 합격률의 증가율은 다음과 같다.

$$\frac{\text{제2차 시험 합격률}-\text{제1차 시험 합격률}}{\text{제1차 시험 합격률}}\times100$$

$$=\frac{\left(\frac{17,325}{75,000}\times100\right)-\left(\frac{32,550}{155,000}\times100\right)}{\left(\frac{32,550}{155,000}\times100\right)}\times100$$

$$=\frac{23.1-21}{21}\times100\ \rightarrow\ \frac{2.1}{21}\times100$$

$$=10\%$$

따라서 제1차 시험 대비 제2차 시험 합격률은 10%이다.

20

정답 ①

A광물의 채굴량은 매년 4ton씩 감소하고 있다.

따라서 A광물의 채굴량은 2024년일 때 33−4=29ton, 2025년일 때 29−4=25ton, 2026년일 때 25−4=21ton, 2027년일 때 21−4 =17ton, 2028년일 때 17−4=13ton, 2029년일 때 13−4=9ton이므로 A광물의 채굴량이 처음으로 10ton 미만이 되는 해는 2029년이다.

제2영역 추리

01	02	03	04	05	06	07	08	09	10	11	12	13	14	15	16	17	18	19	20
④	④	④	⑤	③	④	④	①	⑤	①	③	③	④	③	②	②	⑤	①	③	④
21	22	23	24	25	26	27	28	29	30										
④	④	④	⑤	③	③	②	①	③	③										

01

정답 ④

'도서관에 간 날'을 A, '공부를 충분히 한 날'을 B, '집에 늦게 돌아온 날'을 C라고 하면, 전제1은 A → B, 결론은 C → B이므로 C → A → B가 성립하기 위해서 필요한 전제2는 C → A나 그 대우인 ~A → ~C이다. 따라서 빈칸에 들어갈 내용으로 적절한 것은 '도서관에 가지 않은 날은 집에 늦게 돌아온 날이 아니다.'이다.

02

정답 ④

'선생님에게 혼이 난다.'를 '선', '떠들었다.'를 '떠', '벌을 서다.'를 '벌'이라고 하자.

구분	명제	대우
전제1	선× → 떠×	떠 → 선
결론	벌× → 떠×	떠 → 벌

전제1이 결론으로 연결되려면, 전제2는 벌× → 선×가 되어야 한다. 따라서 전제2는 '벌을 서지 않은 사람은 선생님에게 혼나지 않는다.'의 대우인 ④이다.

03

정답 ④

'A프로젝트에 참여한다.'를 A, 'B프로젝트에 참여한다.'를 B, 'C프로젝트에 참여한다.'를 C라고 하면, 전제1과 결론을 다음과 같은 벤 다이어 그램으로 나타낼 수 있다.

1) 전제1

2) 결론

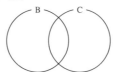

결론이 참이 되기 위해서는 B와 공통되는 부분의 A와 C가 연결되어야 한다. 즉, 다음과 같은 벤 다이어그램이 성립할 때 결론이 참이 될 수 있으므로 전제2에 들어갈 명제는 'A프로젝트에 참여하는 어떤 사람은 C프로젝트에 참여한다.'의 ④이다.

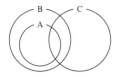

04

정답 ⑤

한 사람의 말이 거짓이므로 서로 상반된 주장을 하고 있는 박과장과 이부장을 비교해본다.

ⅰ) 박과장의 말이 거짓일 경우 : 김대리와 이부장의 말은 참이므로 이부장의 차는 가장 왼쪽에, 김대리의 차는 가장 오른쪽에 위치하게 된다. 이 경우 김대리의 차가 자신의 차 옆에 있다는 박과장의 주장이 참이 되므로 모순이 된다.

ⅱ) 이부장의 말이 거짓일 경우 : 김대리와 박과장의 말은 참이므로 이부장의 차는 가장 왼쪽에 위치하고, 이부장의 말은 거짓이므로 김대리의 차는 가운데, 박과장의 차는 가장 오른쪽에 위치하게 된다. 이 경우 이부장 차 옆에 주차하지 않았으며 김대리 차 옆에 주차했다는 박과장의 주장과도 일치한다.

따라서 주차장에 주차된 차의 순서는 이부장 – 김대리 – 박과장 순서가 된다.

05

정답 ③

직원은 모두 9명이고, 자리는 11개 이므로 빈자리는 두 곳이다. 두 번째 조건에서 사원 양옆과 앞자리는 비어있을 수 없다고 했으므로 B, C, E, F, G를 제외한 A, D자리는 빈자리가 된다. 또한 세 번째 조건에서 부장 앞자리에 오상무 또는 최차장이 앉으며, 첫 번째 조건을 보면 같은 직급은 옆자리로 배정할 수 없다. 주어진 조건을 정리하면 다음과 같다.

부장	빈자리	B	성대리	C	빈자리
최차장 또는 오상무	김사원	F	이사원	G

따라서 F와 G에 과장 2명이 앉으면 성대리 양옆 중 한 자리에 '한대리'가 앉아야 하므로 ③이 적절하지 않다.

오답분석

① 차장 앞자리 A는 빈자리이다.
② A와 D는 빈자리이다.
④ B, C, F, G자리 중 한 곳을 최차장이 앉으면, E에는 오상무가 앉게 된다.
⑤ 한대리가 앉을 수 있는 자리는 F 또는 G이다.

06

정답 ④

세 번째 조건에 따라, 빨간색 모자를 쓴 사람은 5명, 파란색 모자를 쓴 사람은 7명이다.

첫 번째 조건에 따라, 파란색 하의를 입은 사람은 5명, 빨간색 하의를 입은 사람은 7명이다.

두 번째 조건에 따라, 파란색 상의와 하의를 입은 사람의 수를 x명이라 하면, 빨간색 상의와 하의를 입은 사람의 수는 $6-x$명이다. 또한 파란색 상의와 빨간색 하의를 입은 사람의 수는 $7-(6-x)=x+1$명이고, 빨간색 상의와 파란색 하의를 입은 사람의 수는 $5-x$명이다.

네 번째 조건에 따라, $x+(x+1)=7$이고 $x=3$이다.

따라서 하의만 빨간색인 사람은 4명이다.

07

첫 번째 조건에 따라 A는 선택 프로그램에 참가하므로 수·목·금요일 중 하나의 프로그램에 참가한다. A가 목요일 프로그램에 참가하면 E는 A보다 나중에 참가하므로 금요일의 선택3 프로그램에 참가할 수밖에 없다. 주어진 조건을 정리하면 다음과 같다.

구분	월(필수1)	화(필수2)	수(선택1)	목(선택2)	금(선택3)
경우 1	B	C	A	D	E
경우 2	B	C	A	E	D
경우 3	B	C	D	A	E

따라서 항상 참이 되는 것은 ④이다.

오답분석

① 두 번째 조건에 따라 C는 필수 프로그램에 참가하므로 월·화요일 중 하나의 프로그램에 참가하며, 이때 C가 화요일 프로그램에 참가하면 C보다 나중에 참가하는 D는 선택 프로그램에 참가할 수 있다.
② B는 월·화요일 프로그램에 참가할 수 있으므로 B가 화요일 프로그램에 참가하면 C는 월요일 프로그램에 참가할 수 있다.
③ C가 화요일 프로그램에 참가하면 E는 선택2 또는 선택3 프로그램에 참가할 수 있다.
⑤ E는 선택 프로그램에 참가하는 A보다 나중에 참가하므로 목요일 또는 금요일 중 하나의 프로그램에 참가할 수 있다.

08

B사원은 2층에 묵는 A사원보다 높은 층에 묵지만, C사원보다는 낮은 층에 묵으므로 3층 또는 4층에 묵을 수 있다. 그러나 D사원이 C사원 바로 아래층에 묵는다고 하였으므로 D사원이 4층, B사원이 3층에 묵는 것을 알 수 있다. 따라서 A~D를 높은 층에 묵는 순서대로 나열하면 'C-D-B-A'가 되며, E는 남은 1층에 묵는 것을 알 수 있다.

09

월요일부터 토요일까지 각 팀의 회의 진행 횟수가 같으므로 6일 동안 6개 팀은 각각 두 번씩 회의를 진행해야 한다. 주어진 조건에 따라 A~F팀의 회의 진행 요일을 정리하면 다음과 같다.

월	화	수	목	금	토
C, B	D, B	C, E	A, F	A, F	D, E
		D, E			C, E

따라서 F팀은 목요일과 금요일에 회의를 진행한다.

오답분석

① E팀은 수요일과 토요일 모두 회의를 진행한다.
② 화요일에 회의를 진행한 팀은 B팀과 D팀이다.
③ C팀과 E팀은 수요일과 토요일 중 하루를 함께 회의를 진행한다.
④ C팀은 월요일에 한 번 회의를 진행하였고, 수요일 또는 토요일 중 하루만 회의를 진행한다.

10

D의 진술에 대한 A와 C의 진술이 상반되므로 2명 중 1명이 거짓을 말하고 있음을 알 수 있다.
ⅰ) C의 진술이 거짓인 경우 : C와 D 2명의 진술이 거짓이 되므로 성립하지 않는다.
ⅱ) A의 진술이 거짓인 경우 : B, C, D, E의 진술이 모두 참이 되며, 사탕을 먹은 사람은 A이다.
따라서 거짓을 말하는 사람은 A이다.

11

먼저 세 번째 ~ 여섯 번째 조건을 기호화하면 다음과 같다.

• A or B → D, A and B → D
• C → ~E and ~F
• D → G
• G → E

세 번째 조건의 대우 ~D → ~A and ~B에 따라 D사원이 출장을 가지 않으면 A사원과 B사원 모두 출장을 가지 않는 것을 알 수 있다. 결국 D사원이 출장을 가지 않으면 C사원과 대리인 E, F, G대리가 모두 출장을 가야 한다. 그러나 이는 대리 중 적어도 한 사람은 출장을 가지 않는다는 두 번째 조건과 모순되므로 성립하지 않는다. 그러므로 D사원은 반드시 출장을 가야 한다. 또한 D사원이 출장을 가면 다섯 번째, 여섯 번째 조건을 통해 D → G → E가 성립하므로 G대리와 E대리도 출장을 가는 것을 알 수 있다. 이때, 네 번째 조건의 대우에 따라 E대리와 F대리 중 적어도 한 사람이 출장을 가면 C사원은 출장을 갈 수 없으며, 두 번째 조건에 따라 E, F, G대리는 모두 함께 출장을 갈 수 없다. 결국 D사원, G대리, E대리와 함께 출장을 갈 수 있는 사람은 A사원 또는 B사원이다.

따라서 항상 참이 되는 것은 'C사원은 출장을 가지 않는다.'의 ③이다.

12

먼저 B업체가 선정되지 않으면 세 번째 조건에 따라 C업체가 선정된다. 또한 첫 번째 조건의 대우인 'B업체가 선정되지 않으면, A업체도 선정되지 않는다.'에 따라 A업체는 선정되지 않는다. A업체가 선정되지 않으면 두 번째 조건에 따라 D업체가 선정된다. D업체가 선정되면 마지막 조건에 따라 F업체도 선정된다.

따라서 B업체가 선정되지 않을 경우 C, D, F업체가 시공업체로 선정된다.

13

주어진 조건으로부터 콩쥐는 빨간색 치마, 팥쥐는 검은색 고무신을 배정받고, 나머지 조건으로부터 네 사람의 물품을 배정하면 다음과 같다.

• 팥쥐 : 이미 검은색 고무신을 배정받았기 때문에 검은색 치마를 배정받을 수 없고, 콩쥐가 빨간색 치마를 배정받았기 때문에 노란색을 싫어하는 팥쥐는 파란색 치마를 배정받는다. 또한, 노란색을 싫어하므로 빨간색 족두리를 배정받는다.
• 콩쥐 : 파란색 고무신을 싫어하고 검은색 고무신은 이미 팥쥐에게 배정되었으므로 빨간색과 노란색 고무신을 배정받을 수 있는데, 콩쥐는 이미 빨간색 치마를 배정받았으므로 노란색 고무신을 배정받는다.
• 향단 : 빨간색과 파란색 치마가 이미 팥쥐와 콩쥐에게 각각 배정되었으므로 검은색 치마를 싫어하는 향단이는 노란색 치마를 배정받고, 춘향이가 검은색 치마를 배정받는다. 춘향이가 빨간색을 싫어하므로 향단이는 빨간색 고무신을, 춘향이는 파란색 고무신을 배정받는다.
• 춘향 : 검은색 치마와 파란색 고무신을 배정받았으므로 빨간색을 싫어하는 춘향이는 노란색 족두리를 배정받는다. 그러므로 콩쥐와 향단이는 각각 파란색 또는 검은색 족두리를 배정받게 된다.

주어진 조건을 표로 정리하면 다음과 같다.

구분	족두리	치마	고무신
콩쥐	파란색 / 검은색	빨간색	노란색
팥쥐	빨간색	파란색	검은색
향단	검은색 / 파란색	노란색	빨간색
춘향	노란색	검은색	파란색

따라서 춘향이는 항상 검은색 치마를 배정받아 착용한다.

오답분석

① · ⑤ 콩쥐와 향단이가 파란색과 검은색 족두리 중 어느 것을 배정받을지는 알 수 없다.
② 팥쥐는 빨간색 족두리를 착용한다.
③ 향단이는 빨간색 고무신을 착용한다.

14

조건에 따르면 최소한 수학자 1명, 논리학자 1명, 과학자 2명이 선정되어야 하고, 그 외 나머지 2명을 선정해야 한다.
예를 들어 물리학, 생명과학, 화학, 천문학을 전공한 과학자 총 4명을 선정하면 천문학 전공자는 기하학 전공자와 함께 선정되고, 논리학자는 비형식논리 전공자를 선정하면 가능하다.

오답분석

① 형식논리 전공자가 1명 선정되면 비형식논리 전공자도 1명 선정된다. 따라서 논리학자는 2명 선정된다. 그러나 형식논리 전공자가 먼저 선정된 것이 아니라면 그렇지 않다.
② 같은 전공을 가진 수학자가 2명 선정될 수 있다. 예를 들어, 다음과 같이 선정될 수 있다.
  논리학자 1명 – 비형식논리 전공자
  수학자 2명 – 기하학 전공자, 기하학 전공자
  과학자 3명 – 물리학 전공자, 생명과학 전공자, 천문학 전공자
④ 통계학 전공자를 포함하면 수학자는 3명이 선정될 수 있다. 예를 들어, 다음과 같이 선정될 수 있다.
  논리학자 1명 – 비형식논리 전공자
  수학자 3명 – 통계학 전공자, 대수학 전공자, 기하학 전공자
  과학자 2명 – 천문학 전공자, 기계공학 전공자
⑤ 논리학자는 3명이 선정될 수 있다. 예를 들어, 다음과 같이 선정될 수 있다.
  논리학자 3명 – 형식논리 전공자 1명, 비형식논리 전공자 2명
  수학자 1명 – 기하학 전공자
  과학자 2명 – 천문학 전공자, 물리학 전공자

15
정답 ②

규칙은 가로로 적용된다.
첫 번째 도형을 색 반전한 것이 두 번째 도형이고, 이를 시계 반대 방향으로 72° 회전한 것이 세 번째 도형이다.

16
정답 ②

규칙은 가로로 적용된다.
첫 번째 도형을 색 반전한 것이 두 번째 도형이고, 이를 시계 반대 방향으로 45° 회전한 것이 세 번째 도형이다.

17
정답 ⑤

규칙은 가로로 적용된다.
첫 번째 도형을 색 반전한 것이 두 번째 도형이고, 이를 y축 기준으로 대칭 이동한 것이 세 번째 도형이다.

[18~21]
- ◨ : 각 자릿수에서 차례대로 $+1$, -1, -2, $+2$
- ◫ : $1234 \rightarrow 2134$
- ▲ : $1234 \rightarrow 4231$

18
정답 ①

$652P \rightarrow 562P \rightarrow P625$
      ◫   ▲

19

정답 ③

AT3C　→　CT3A　→　DS1C

　　　▲　　　　◘

20

정답 ④

S4F3　→　34FS　→　43DU　→　34DU

　　　▲　　　◘　　　▣

21

정답 ④

1EB7　→　E1B7　→　F0Z9　→　0FZ9

　　　▣　　　◘　　　▣

22

정답 ④

제시문은 동양과 서양에서 서로 다른 의미를 부여하고 있는 달에 대해 설명하고 있는 글이다. 따라서 (나) 동양에서 나타나는 해와 달의 의미 – (라) 동양과 상반되는 서양에서의 해와 달의 의미 – (다) 최근까지 지속되고 있는 달에 대한 서양의 부정적 의미 – (가) 동양에서의 변화된 달의 이미지의 순으로 나열하는 것이 가장 적절하다.

23

정답 ④

최근 대두되고 있는 '초연결사회'에 대해 언급하는 (나) 문단이 가장 먼저 오는 것이 적절하며, 그다음으로는 초연결사회에 대해 설명하는 (가) 문단이 적절하다. 그 뒤를 이어 초연결 네트워크를 통해 긴밀히 연결되는 초연결사회의 (라) 문단이, 마지막으로는 이러한 초연결사회가 가져올 변화에 대한 전망의 (다) 문단 순으로 나열하는 것이 가장 적절하다.

24

정답 ⑤

제시문에 따르면 현대는 텔레비전이나 만화책을 보는 문화가 신문이나 두꺼운 책을 읽는 문화를 대체하고 있다. 이처럼 휴식이 따라오는 보는 놀이는 사람들의 머리를 비게 하여 생각 없는 사회로 치닫게 한다. 즉, 사람들은 텔레비전을 보는 동안 휴식을 취하며 생각을 하지 않으므로 텔레비전을 많이 볼수록 생각하는 시간이 적어짐을 추론할 수 있다.

25

정답 ③

제시문에서는 '주차 공간에 차가 있는지 여부를 감지하는 센서를 설치한 스마트 주차'라고 했으므로 주차를 해준다기보다는 주차공간이 있는지의 여부를 알 수 있는 기능이다.

오답분석

① '각국 경제 및 발전 수준, 도시 상황과 여건에 따라 매우 다양하게 정의 및 활용되고, 접근 전략에도 차이가 있다.'라고 했으므로 참인 내용이다.
② 두 번째 문단 중 '이 스마트 가로등은 … 인구 밀집도까지 파악할 수 있다.'라고 했으므로 참인 내용이다.
④ 세 번째 문단에서 항저우를 비롯한 중국의 여러 도시들은 알리바바의 알리페이를 통해 항저우 택시의 98%, 편의점의 95% 정도에서 모바일 결제가 가능하고, 부 업무, 차량, 의료 등 60여 종에 달하는 서비스이용이 가능하다고 하였으므로 지갑을 가지고 다니지 않아도 일부 서비스를 이용할 수 있다.
⑤ 마지막 문단 중 '세종에서는 … 개인 맞춤형 의료 서비스 등을 받을 수 있다.'라는 내용을 통해 알 수 있다.

26
정답 ③

제시문에 따르면 부모의 학력이 자녀의 소득에 영향을 미치는 것은 환경적 요인에 의한 결정이다. 이러한 현상이 심화될 경우 빈부격차의 대물림 현상이 심해질 것으로 바라보고 있다.

오답분석

① 노력뿐만 아니라 환경적 요인, 운 등 다양한 요소에 의해 결정된다.
② 분배정의론 관점은 환경적 요인에 의해 나타난 불리함에 대해서 개인에게 책임을 묻는 것이 정당하지 않다고 주장하고 있다.
④ 사회민주주의 국가는 조세 정책을 통해 기회균등화 효과를 거두고 있다.
⑤ 세율을 낮추면 이전지출이 줄어든다. 따라서 이전지출을 줄이는 것보다 세율을 높이고 이전지출을 늘리는 것이 재분배에 효과적이다.

27
정답 ②

제시문은 재즈가 어떻게 생겨났고 재즈가 어떠한 것들을 표현해내는 음악인지에 대해 설명하고 있으므로 제목으로는 ②가 가장 적절하다.

28
정답 ①

제시문에서는 인간의 생각과 말은 깊은 관계를 가지고 있으며, 생각이 말보다 범위가 넓고 큰 것은 맞지만 그것을 말로 표현하지 않으면 그 생각이 다른 사람에게 전달되지 않는다고 주장한다. 즉, 생각은 말을 통해서만 다른 사람에게 전달될 수 있다는 것이다. 따라서 이러한 주장에 대한 반박으로 ①이 가장 적절하다.

29
정답 ③

제시문에서 E. H. Carr는 '역사적 사실'은 넓은 바다의 물고기로 비유하였고, '역사가'는 '어떤 물고기를 잡을 것인가, 어떤 도구로 건져 올리는가.'를 판단하는 존재로 비유하였다. 따라서 E. H. Carr가 주장한 역사에 대해 바르게 이해한 것은 ③이다.

오답분석

①・② 과거의 모든 사실이 역사가 되는 것이 아니며, 역사가에 의해 건져 올려진 것들이 역사가 된다. 이 과정에서 건져 올려진 사실은 역사가의 주관이 개입되고 그러한 예로 일본의 역사 왜곡을 들었다.
④・⑤ 과거의 모든 사실이 역사가 되는 것이 아니고, 역사가의 주관이 개입될 수 있다.

30
정답 ③

누진적소득세는 재정정책 중 자동안정화장치의 하나로 내부시차가 없어 경제 상황에 신속하게 대응할 수 있다.

오답분석

① 누진적소득세는 재정정책의 하나이며 화폐 공급량은 통화정책을 통해 조절된다.
② 자동안정화장치는 별도의 동의 절차 없이 적용된다.
④ 재량적 재정정책에 대한 설명으로 누진적소득세와 같은 자동안정화장치는 내부시차가 없다.
⑤ 누진적소득세는 재량적 재정정책과 마찬가지로 외부시차가 짧다.

제4회 모의고사 정답 및 해설

제 1 영역 수리

01	02	03	04	05	06	07	08	09	10	11	12	13	14	15	16	17	18	19	20
②	③	①	④	⑤	⑤	④	①	④	④	②	③	③	②	③	③	③	④	②	⑤

01
정답 ②

전체 요리의 양을 1, 지윤이와 혜인이가 같이 요리하는 시간은 x시간이라고 하면, 영미, 지윤, 혜인이가 1시간 동안 할 수 있는 요리의 양은 각각 $\frac{1}{5}$, $\frac{1}{2}$, $\frac{1}{7}$이다.

$$\frac{1}{5}\times2+\left(\frac{1}{2}+\frac{1}{7}\right)\times x=1 \rightarrow \frac{9}{14}x=\frac{3}{5}$$

$$\therefore x=\frac{14}{15}$$

따라서 지윤이와 혜인이가 같이 요리하는 시간은 $\frac{14}{15}$시간이다.

02
정답 ③

A~D를 한 줄로 세우는 경우의 수는 $4\times3\times2\times1=24$가지인데, A가 맨 앞에 서는 경우의 수는 A는 맨 앞에 고정되어 있기 때문에 나머지 3명을 한 줄로 세우는 경우의 수를 구하면 되므로 $3\times2\times1=6$가지이다.

따라서 A가 맨 앞에 서게 될 확률은 $\frac{6}{24}=\frac{1}{4}$이다.

03
정답 ①

ㄱ. 연령대별 '매우 불만족'이라고 응답한 비율은 10대가 19%, 20대가 17%, 30대가 10%, 40대가 8%, 50대가 3%로 연령대가 높아질수록 그 비율은 낮아진다.

ㄷ. 연령대별 부정적인 답변을 구하면 다음과 같다.
- 10대 : 28+19=47%
- 20대 : 28+17=45%
- 30대 : 39+10=49%
- 40대 : 16+8=24%
- 50대 : 23+3=26%

따라서 모든 연령대에서 부정적인 답변이 50% 미만이므로 긍정적인 답변은 50% 이상이다.

오답분석

ㄴ. '매우 만족'과 '만족'이라고 응답한 비율은 다음과 같다.
- 10대 : 8+11=19%
- 20대 : 3+13=16%
- 30대 : 5+10=15%
- 40대 : 11+17=28%
- 50대 : 14+18=32%

따라서 가장 낮은 연령대는 30대(15%)이다.

ㄹ. • 50대에서 '불만족' 또는 '매우 불만족'이라고 응답한 비율 : 23+3=26%
　　• 50대에서 '만족' 또는 '매우 만족'이라고 응답한 비율 : 14+18=32%

따라서 $\frac{26}{32} \times 100 = 81.25\%$로 80% 이상이다.

04

2018년과 2022년에는 출생아 수와 사망자 수의 차이가 20만 명이 되지 않으므로 옳지 않은 설명이다.

오답분석

② 기대수명은 제시된 기간 동안 전년 대비 증가하고 있다.
③ 남자와 여자의 수명은 제시된 기간 동안 5년 이상의 차이를 보이고 있다.

구분	2016년	2017년	2018년	2019년	2020년	2021년	2022년
남자와 여자의 수명 차이	6.95	6.84	6.75	6.62	6.6	6.75	6.78

따라서 남자와 여자의 수명 차이는 매년 6년 이상이므로 옳은 설명이다.
⑤ 여자의 수명과 기대수명의 차이는 다음과 같다.

구분	2016년	2017년	2018년	2019년	2020년	2021년	2022년
여자의 수명과 기대수명의 차이	3.37	3.31	3.26	3.18	3.17	3.21	3.22

05

정답 ⑤

2018년부터 2022년까지 매년 생산량은 두류가 잡곡보다 많으므로 옳은 설명이다.

오답분석

① 잡곡의 생산량이 가장 적은 해는 2019년이고, 재배면적이 가장 적은 해는 2022년이다.
② 2022년의 경우 잡곡의 재배면적은 208ha이며, 서류 재배면적의 2배인 138×2=276ha보다 작다.
③ 두류의 생산량이 가장 많은 해는 2017년이고, 같은 해에 재배면적이 가장 큰 곡물은 미곡이다.
④ 2020년부터 2022년까지 미곡의 전년 대비 생산량 증감추이는 '감소 - 증가 - 증가'이고, 두류의 경우 계속 증가하였다.

06

정답 ⑤

면세유류는 1990년부터 사용량이 계속 증가하였고, 2020년에는 가장 높은 비율을 차지하였으므로 옳은 설명이다.

오답분석

① 일반자재는 2010년까지 증가한 이후 2020년에 감소하였다.
② 2000년에는 배합사료, 2020년에는 면세유류가 가장 높은 비율을 차지하였다.
③ 배합사료는 증가와 감소를 반복하였으나, 농기계는 1970 ~ 1990년까지 비율이 증가한 이후 증가와 감소를 반복하였다.
④ 제시된 표만 보고 2020년 이후의 상황은 알 수 없다.

07

정답 ④

사망자가 30명 이상인 사고를 제외한 나머지 사고는 A, C, D, F이다. 사고 A, C, D, F를 화재 규모와 복구 비용이 큰 순서로 각각 나열하면 다음과 같다.
• 화재 규모 : A - D - C - F
• 복구 비용 : A - D - C - F
따라서 ④는 옳은 설명이다.

오답분석

① 터널 길이가 긴 순서로, 사망자가 많은 순서로 사고를 각각 나열하면 다음과 같다.
　　• 터널 길이 : A - D - B - C - F - E
　　• 사망자 수 : E - B - C - D - A - F
　　따라서 터널 길이와 사망자 수는 관계가 없다.

② 화재 규모가 큰 순서로, 복구 기간이 긴 순서로 사고를 각각 나열하면 다음과 같다.
- 화재 규모 : A － D － C － E － B － F
- 복구 기간 : B － E － F － A － C － D

따라서 화재 규모와 복구 기간의 길이는 관계가 없다.

③ 사고 A를 제외하고 복구 기간이 긴 순서로, 복구 비용이 큰 순서로 사고를 나열하면 다음과 같다.
- 복구 기간 : B － E － F － C － D
- 복구 비용 : B － E － D － C － F

따라서 옳지 않은 설명이다.

⑤ 사고 A ~ F의 사고 비용을 구하면 다음과 같다.
- 사고 A : 4,200＋1×5＝4,205억 원
- 사고 B : 3,276＋39×5＝3,471억 원
- 사고 C : 72＋12×5＝132억 원
- 사고 D : 312＋11×5＝367억 원
- 사고 E : 570＋192×5＝1,530억 원
- 사고 F : 18＋0×5＝18억 원

따라서 사고 A의 사고 비용이 가장 크므로 옳지 않은 설명이다.

08
정답 ①

2021년 인구 천 명당 지방자치단체 공무원 수의 전년 대비 증가율은 충청북도가 충청남도보다 더 높다. 전년도 수치는 동일하므로, 2021년 수치가 더 높은 충청북도가 당연히 증가율이 더 높음을 계산 없이 알 수 있다. 따라서 옳은 설명이다.

오답분석

② 2020년과 2021년에 인천광역시는 전년 대비 증가하지만 제주특별자치도는 감소세가 지속되었다.

③ 경상북도는 2018년, 경상남도는 2019년이므로 옳지 않은 설명이다.

④ 강원도의 인구 천 명당 지방자치단체 공무원 수는 2022년에 10.8명으로, 2017년의 110%인 10×110%＝11명보다 작으므로 옳지 않은 설명이다.

⑤ 제시된 자료는 '인구 천 명당' 공무원 수이다. 따라서 이 표만으로 시 · 도별 인구수를 알 수 없으므로 판단이 불가능하다.

09
정답 ④

- 장원 : 매출액 대비 수출액 비중이 50% 이상 80% 미만인 열처리 업체의 수는 60×15%＝9개로, 매출액 대비 수출액 비중이 10% 이상 20% 미만인 용접 업체의 수인 600×14%＝84개보다 적다.

- 도원 : 금형 업체 중 매출액 대비 수출액 비중이 5% 이상 10% 미만인 업체 수는 840×10%＝84개이므로, 주조 업체 중 매출액 대비 수출액 비중이 5% 미만인 업체의 수인 125×24%＝30개보다 더 많다.

오답분석

- 은하 : 주조 업체 중 매출액 대비 수출액 비중이 5% 이상 10% 미만인 업체가 25%로 가장 많다.

- 인석 : 매출액 대비 수출액 비중이 20% 이상 50% 미만인 금형 업체의 수는 840×35%＝294개, 주조 업체의 수는 125×20%＝25개로 주조 업체가 차지하는 비중이 가장 크다는 설명은 옳지 않다.

10
정답 ④

구간 '육식률 80% 이상'과 '육식률 50% 이상 80% 미만'에서의 사망률 1위 암은 위암으로 동일하나, '육식률 30% 이상 50% 미만'에서의 사망률 1위 암은 대장암이다. 따라서 옳지 않은 설명이다.

오답분석

① '육식률 80% 이상'에서의 위암 사망률(85%)과 '채식률 100%'에서 위암 사망률(4%) 차이는 81%로 유일하게 80%가 넘게 차이난다.

② ・'육식률 80% 이상'에서의 사망률이 50% 미만인 암 : 전립선암(42%), 폐암(48%), 난소암(44%)
　・'육식률 50% 이상 80% 미만'에서의 사망률이 50% 이상인 암 : 대장암(64%), 방광암(52%), 위암(76%)
　따라서 각각 3개로 동일하다.

③ 전립선암은 '채식률 100%'에서 사망률 8%로, '육식률 30% 미만' 구간의 사망률 5%보다 높다.

⑤ '채식률 100%'에서 사망률이 10%를 초과하는 암은 폐암(11%)뿐이다.

11

정답 ②

일반회사직 종사자는 '1시간 이상 3시간 미만'이라고 응답한 비율이 45%로 가장 높지만, 자영업자 종사자는 '1시간 미만'이라고 응답한 비율이 36%로 가장 높다. 따라서 옳지 않다.

오답분석

① 교육에 종사하는 사람은 공교육직과 사교육직을 합쳐 총 2,800+2,500=5,300명으로 전체 20,000명 중 $\frac{5,300}{20,000}\times100=26.5\%$에 해당한다.

③ 공교육직 종사자와 교육 외 공무직 종사자의 응답 비율을 높은 순서부터 나열하면 다음과 같다.
- 공교육직 : 5시간 이상 – 3시간 이상 5시간 미만 – 1시간 이상 3시간 미만 – 1시간 미만
- 교육 외 공무직 : 1시간 미만 – 1시간 이상 3시간 미만 – 3시간 이상 5시간 미만 – 5시간 이상

따라서 둘의 추이는 반대이다.

④ 연구직 종사자와 의료직 종사자의 응답 비율의 차는 다음과 같다.
- 1시간 미만 : 69−52=17%p
- 1시간 이상 3시간 미만 : 5−1=4%p
- 3시간 이상 5시간 미만 : 7−2=5%p
- 5시간 이상 : 41−23=18%p

따라서 차이가 가장 크게 나는 응답 시간은 '5시간 이상'이다.

⑤ 제시된 자료를 통해 알 수 있다.

12

정답 ③

'5시간 이상'이라고 응답한 교육 외 공무직 종사자의 응답비율은 18%로 연구직 종사자의 응답비율인 23%보다 낮다. 그러나 응답자 수는 교육 외 공무직 종사자의 응답자 수가 3,800×0.18=684명, 연구직 종사자의 응답자 수가 2,700×0.23=621명으로 교육 외 공무직 종사자의 응답자 수가 더 많으므로 옳은 설명이다.

오답분석

ㄱ. 전체 응답자 중 공교육직 종사자 2,800명이 차지하는 비율은 $\frac{2,800}{20,000}\times100=14\%$이고, 연구직 종사자 2,700명이 차지하는 비율은 $\frac{2,700}{20,000}\times100=13.5\%$이다. 따라서 14−13.5=0.5%p 더 높다.

ㄴ. 공교육직 종사자의 응답비율이 가장 높은 구간은 '5시간 이상'으로 그 응답자 수는 2,800×0.45=1,260명이고, 사교육직 종사자의 응답비율이 가장 높은 구간은 '1시간 미만'으로 그 수는 2,500×0.36=900명으로 $\frac{1,260}{900}=1.4$배이다.

13

정답 ③

주말 오전 장년층(30 · 40대)의 단순 평균 TV시청 시간을 구하면 $\frac{1.8+3.2}{2}=2.5$시간이고, 중년층(50 · 60대)의 단순 평균 TV시청 시간을 구하면 $\frac{2.5+2.7}{2}=2.6$시간이다. 따라서 옳은 설명이다.

오답분석

① 10대 미만의 평일 오전 평균 TV시청 시간은 2.2시간, 오후 평균 TV시청 시간은 3.8시간이다. 따라서 평균 TV시청 시간의 차는 3.8−2.2=1.6시간으로 60×1.6=96분, 즉 1시간 36분이다.

② 30대 이후 평일 오후 평균 TV시청 시간은 각각 1.5시간, 2.5시간, 3.8시간, 4.4시간, 5.2시간, 5.4시간으로 연령대가 높아질수록 평균 TV시청 시간은 증가하고 있다. 주말 역시 2.2시간, 4.5시간, 4.6시간, 4.7시간, 5.2시간, 5.5시간으로 증가하고 있다.

④ 청년층(20대)의 주말 단순 평균 TV시청 시간을 구하면 $\frac{2.2+3.2}{2}=2.7$시간이고, 평일의 단순 평균 TV시청 시간을 구하면 $\frac{0.9+1.8}{2}=1.35$시간이다. 따라서 주말이 평일의 $\frac{2.7}{1.35}=2$배이다.

⑤ 전 연령대에서 평일과 주말 모두 오후의 평균 TV시청 시간이 길었다.

14

ㄱ. 10대 미만의 평일 오전 평균 TV시청 시간은 2.2시간으로, 주말 오전 평균 TV시청 시간인 2.5시간의 $\frac{2.2}{2.5} \times 100 = 88\%$이다.

ㄹ. 장년층·중년층·노년층의 평일 오전과 오후의 단순 평균 TV시청 시간을 구하면 다음과 같다.

구분	오전	오후
장년층	$\frac{0.3+1.1}{2} = 0.7$시간	$\frac{1.5+2.5}{2} = 2$시간
중년층	$\frac{1.4+2.6}{2} = 2$시간	$\frac{3.8+4.4}{2} = 4.1$시간
노년층	$\frac{2.4+2.5}{2} = 2.45$시간	$\frac{5.2+5.3}{2} = 5.25$시간

따라서 장년층이 $2-0.7=1.3$시간, 중년층이 $4.1-2=2.1$시간, 노년층이 $5.25-2.45=2.8$시간으로 노년층의 차가 가장 크다.

오답분석

ㄴ. 10대와 20대의 평일 오후 평균 TV시청 시간은 각각 1.7시간, 1.8시간이다. 따라서 둘의 시간차는 $1.8-1.7=0.1$시간이므로 $60 \times 0.1 = 6$분이다.

ㄷ. 평일 오전 평균 TV시청 시간이 가장 많은 연령대는 2.6시간으로 60대이다. 따라서 60대의 주말 단순 평균 TV시청 시간을 구하면 $\frac{2.7+4.7}{2} = 3.7$시간으로 4시간 미만이다.

15

우편물을 가장 적게 보냈던 2021년의 1인당 우편 이용 물량은 96통 정도이므로 $365 \div 96 = 3.80$이다. 즉, 3.80일에 1통은 보냈다는 뜻이므로 4일에 한 통 이상은 보냈다고 볼 수 있으므로 옳은 설명이다.

오답분석

① 1인당 우편 이용 물량은 증가와 감소를 반복한다.
② 1인당 우편 이용 물량이 2013년에 가장 높았던 것은 맞으나, 2021년에 가장 낮았다. 꺾은선 그래프와 혼동하지 않도록 유의해야 한다.
④ 접수 우편 물량은 2020~2021년 사이에 증가했다.
⑤ 접수 우편 물량이 가장 많은 해는 약 5,500백만 통인 2013년이고, 가장 적은 해는 약 4,750백만 통인 2016년이다. 따라서 그 차이는 약 750백만 통 정도이다.

16

재판 관련 경험이 없는 사람 중 SNS를 이용하여 법 관련 정보를 얻는 사람의 수는 $2,970 \times 0.2 = 594$명으로 550명 이상이므로 옳은 설명이다.

오답분석

① 중졸 이하 학력의 응답인원 중 TV/라디오를 통해 법 관련 정보를 얻는 사람의 수는 $550 \times 0.9 = 495$명으로 500명 미만이다.
② 법 관련 정보를 얻는 곳이 따로 없다고 응답한 사람의 수는 보수 성향의 경우 $950 \times 0.02 = 19$명, 중도 성향은 $1,400 \times 0.01 = 14$명으로 보수 성향에서 더 많다.
④ 신문/잡지를 이용해 법 관련 정보를 얻는 사람의 수는 대졸 이상의 학력에서 그렇다고 응답한 경우가 $1,450 \times 0.24 = 348$명으로, 중도 성향에서 그렇다고 응답한 $1,400 \times 0.2 = 280$명보다 많다.
⑤ 전체 응답인원은 동일하다고 하였으므로, 전체 응답인원은 $1,710+1,740=3,450$명이다. 전체 응답인원 3,450명 중 사무직 응답인원 690명의 비율은 $\frac{690}{3,450} \times 100 = 20\%$로, 30% 미만이다.

17

ㄱ. 재판 관련 경험이 있다고 응답한 인원 중 법원 인터넷 시스템을 통해 법 관련 정보를 얻는 인원은 $480 \times 0.4 = 192$명으로, 200명을 넘지 않는다.

ㄴ. 학생 중 포털사이트를 이용해 법 관련 정보를 얻는다고 응답한 사람 수는 145명의 80%, $145 \times 0.8 = 116$명으로, 주부 중 SNS를 이용하여 법 관련 정보를 얻는다고 응답한 사람 수인 660명의 10%, $660 \times 0.1 = 66$명보다 많다.

오답분석

ㄷ. 응답인원에 대한 구분 기준 중 하나인 성별을 기준으로 볼 때, 남자의 경우와 여자의 경우 모두 포털사이트를 통해 법 관련 정보를 얻는다고 응답한 사람 수의 비율이 주위 사람을 통해 법 관련 정보를 얻는다고 응답한 사람 수의 비율보다 높다. 따라서 전체 응답인원에서 비교를 하여도 포털사이트를 통해 법 관련 정보를 얻는다고 응답한 사람 수가 주위 사람을 통해 법 관련 정보를 얻는다고 응답한 사람 수보다 많을 것임을 알 수 있다.

18

네 번째 문단에 제시된 영업용으로 등록된 특수차의 수에 따라 2019 ~ 2022년 전년 대비 증가량 중 2019년과 2022년의 전년 대비 증가량이 자료보다 높다. 따라서 ④는 옳지 않은 그래프이다.

구분	2019년	2020년	2021년	2022년
증가량	$59,281 - 57,277 = 2,004$대	$60,902 - 59,281 = 1,621$대	$62,554 - 60,902 = 1,652$대	$62,946 - 62,554 = 392$대

오답분석

① 두 번째 문단에서 자가용으로 등록된 특수차의 연도별 수를 계산하면 2018년 2만 대, 2019년 2.4만 대, 2020년 2.8만 대이며, 2021년 3만 대, 2022년 3.07만 대가 된다.
② 두 번째 문단에서 자가용으로 등록된 연도별 승용차 수와 일치한다.
③ 네 번째 문단에서 영업용으로 등록된 연도별 특수차 수와 일치한다.
⑤ 세 번째 문단에서 관용차로 등록된 연도별 승합차 수와 일치한다.

19

발사이즈와 평균 키의 단위가 다르므로 mm로 통일하여 계산한다.
(발사이즈)=230일 때, (평균 키)=1,510이므로 $1,510 = a \times 230 - b \cdots$ (가)
(발사이즈)=240일 때, (평균 키)=1,580이므로 $1,580 = a \times 240 - b \cdots$ (나)

(가)와 (나)를 연립하여 '$\frac{240}{230}$(가)−(나)'를 하면,

$\therefore a = 7, \ b = 100$
→ (평균 키)=$7 \times$(발사이즈)-100
(발사이즈)=235일 때, (평균 키)=$7 \times 235 - 100 = 1,545$ → ㉠=154.5
(발사이즈)=245일 때, (평균 키)=$7 \times 245 - 100 = 1,615$ → ㉡=161.5
따라서 ㉠=154.5, ㉡=161.5이다.

20

잔류 세균 수는 1시간 지날 때마다 직전 시간 잔류 세균 수의 $\frac{1}{3}$이 된다.

따라서 잔류 세균 수는 6시간 후 $4,050 \times \frac{1}{3} = 1,350$마리, 7시간 후 $1,350 \times \frac{1}{3} = 450$마리, 8시간 후 $450 \times \frac{1}{3} = 150$마리, 9시간 후 $150 \times$

$\frac{1}{3} = 50$마리이다.

따라서 잔류 세균 수가 처음으로 100마리 이하가 되는 때는 9시간 후이다.

01	02	03	04	05	06	07	08	09	10	11	12	13	14	15	16	17	18	19	20
①	④	④	③	④	②	③	④	①	③	⑤	③	③	⑤	①	③	①	②	①	④
21	22	23	24	25	26	27	28	29	30										
⑤	①	③	③	②	⑤	①	⑤	④	④										

01
정답 ①

'아침에 운동을 한다.'를 A, '건강한 하루를 시작한 것'을 B, '일찍 일어났다.'를 C라고 하면, 전제1은 A → B, 결론은 ~B → ~C이다.
전제1의 대우가 ~B → ~A이므로 ~B → ~A → ~C가 성립하기 위한 전제2는 ~A → ~C나 C → A이다. 따라서 빈칸에 들어갈 내용으로
적절한 것은 '일찍 일어나면 아침에 운동을 한다.'의 ①이다.

02
정답 ④

'낡은 것을 버리다.'를 p, '새로운 것을 채우다.'를 q, '더 많은 세계를 경험하다.'를 r이라고 하면, 전제1은 $p → q$이며, 마지막 명제는
$~q → ~r$이다. 이때 전제1의 대우는 $~q → ~p$이므로 결론이 참이 되기 위해서는 $~p → ~r$이 필요하다. 따라서 빈칸에 들어갈 내용으로
적절한 것은 $~p → ~r$의 ④이다.

03
정답 ④

'탁구를 잘 하는 사람'을 A, '테니스를 잘하는 사람'을 B, '집중력이 좋은 사람'을 C라고 하면, 전제1과 결론은 다음과 같은 벤 다이어그램으로
나타낼 수 있다.

1) 전제1

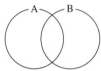

2) 결론

결론이 참이 되기 위해서는 B와 공통되는 부분의 A와 C가 연결되어야 하므로 A를 C에 모두 포함시켜야 한다. 즉, 다음과 같은 벤 다이어그램
이 성립할 때 결론이 참이 될 수 있으므로 전제2에 들어갈 명제는 '탁구를 잘 하는 사람은 모두 집중력이 좋다.'의 ④이다.

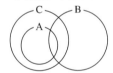

오답분석

① 다음과 같은 경우 성립하지 않는다.

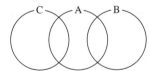

③ 다음과 같은 경우 성립하지 않는다.

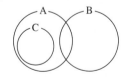

04

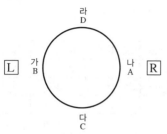

첫 번째 조건과 다섯 번째 조건에 의하여 다직원의 위치는 시계 6시 방향이고, 9시 방향과 12시 방향은 각각 B인턴과 D인턴을 맡은 직원이 앉게 된다.

두 번째 조건에 의하여 A인턴을 맡은 직원은 3시 방향에 앉고, 세 번째 조건에 의하여 라직원은 12시 방향에 앉아 있으므로 D인턴을 맡은 직원은 라직원이다.

네 번째 조건에 의하여 나직원은 3시 방향에, 가직원은 9시 방향에 앉아 있게 되므로 A인턴을 맡은 직원은 나직원, B인턴을 맡은 직원은 가직원이다. 즉, 남은 C인턴은 다직원이 맡는다.

따라서 바르게 짝지어진 한 쌍은 다직원과 C인턴이다.

05

두 번째, 네 번째 조건에 의해, B는 치통에 사용되는 약이고, A는 세 번째, 네 번째 조건에 의해 몸살에 사용되는 약이므로 A – 몸살, B – 치통, C – 배탈, D – 피부병이고, 두 번째, 다섯 번째 조건에 의해, 은정이의 처방전은 B, 희경이의 처방전은 C에 해당된다. 그러므로 소미의 처방전은 마지막 조건에 의해 D에 해당되고, A – 정선, B – 은정, C – 희경, D – 소미이다.

따라서 조건이 참일 때 옳은 것은 ④이다.

06

첫 번째, 두 번째 조건에 따라 로봇은 '3번 – 1번 – 2번 – 4번' 또는 '3번 – 2번 – 1번 – 4번' 순서로 전시되어 있으며, 사용 언어는 세 번째, 네 번째, 다섯 번째 조건에 따라 '중국어 – 영어 – 한국어 – 일본어' 또는 '일본어 – 중국어 – 영어 – 한국어' 순서이다. 제시된 조건에 의해 3번 로봇의 자리가 정해지게 되는데, 3번 로봇은 일본어를 사용하지 않는다고 하였으므로, 사용 언어별 순서는 '중국어 – 영어 – 한국어 – 일본어' 순이다. 또한, 2번 로봇은 한국어를 사용하지 않는다고 하였으므로, '3번 – 2번 – 1번 – 4번' 순서이다. 따라서 조건을 만족할 때 옳은 것은 ②이다.

오답분석

① 1번 로봇은 한국어를 사용한다.

③ 4번 로봇은 일본어를 사용한다.

④ 중국어를 사용하는 3번 로봇은 영어를 사용하는 2번 로봇의 옆에 위치해 있다.

⑤ 영어를 사용하는 로봇은 한국어를 사용하는 로봇의 왼쪽에 위치해 있다.

07

첫 번째 조건에 따라 주거복지기획부가 반드시 참석해야 하므로 네 번째 조건의 대우에 의해 산업경제사업부는 참석하지 않는다. 다섯 번째 조건에 따라 두 경우로 나타내면 다음과 같다.

ⅰ) 노사협력부가 참석하는 경우

세 번째 조건의 대우에 따라 인재관리부는 참석하지 않으며, 다섯 번째 조건에 따라 공유재산관리부도 불참하고, 공유재산개발부는 참석할 수도 있고 참석하지 않을 수도 있다.

즉, 주거복지기획부, 노사협력부, 공유재산개발부가 주간 회의에 참석할 수 있다.

ⅱ) 공유재산관리부가 참석하는 경우

두 번째 조건에 따라 공유재산개발부도 참석하며, 다섯 번째 조건에 따라 노사협력부는 참석하지 않고, 인재관리부는 참석할 수도 있고 참석하지 않을 수도 있다.

즉, 주거복지기획부, 공유재산관리부, 공유재산개발부, 인재관리부가 주간 회의에 참석할 수 있다.

따라서 이번 주 주간 회의에 참석할 부서의 최대 수는 4개이다.

08

먼저 A씨가 월요일부터 토요일까지 운동 스케줄을 등록할 때, 토요일에는 리포머 수업만 진행되므로 A씨는 토요일에 리포머 수업을 선택해야 한다.

금요일에는 체어 수업에 참여하므로 네 번째 조건에 따라 목요일에는 바렐 또는 리포머 수업만 선택할 수 있다. 그런데 A씨가 화요일에 바렐 수업을 선택한다면, 목요일에는 리포머 수업만 선택할 수 있다. 따라서 수요일에는 리포머 수업을 선택할 수 없으며, 반드시 체어 수업을 선택해야 한다.

월	화	수	목	금	토
리포머	바렐	체어	리포머	체어	리포머

오답분석

A씨가 등록할 수 있는 월~토요일까지의 운동 스케줄은 다음과 같다.

구분	월	화	수	목	금	토
경우 1	리포머	바렐	체어	리포머	체어	리포머
경우 2	리포머	체어	바렐	리포머	제어	리포머
경우 3	리포머	체어	리포머	바렐	체어	리포머
경우 4	체어	리포머	바렐	리포머	체어	리포머
경우 5	바렐	리포머	체어	리포머	체어	리포머

① 경우 2와 경우 3에 따라 옳은 내용이다.
② 경우 4에 따라 옳은 내용이다.
③ 경우 2에 따라 옳은 내용이다.
⑤ 경우 3에 따라 옳은 내용이다.

09

조건을 토대로 20~40대 남녀 자리 배치는 다음과 같다.

ⅰ) 경우 1

40대 여성	40대 남성	20대 여성	30대 여성	20대 남성	30대 남성

ⅱ) 경우 2

40대 여성	40대 남성	20대 남성	30대 여성	20대 여성	30대 남성

오른쪽 끝자리에는 30대 남성이, 왼쪽에서 두 번째 자리에는 40대 남성이 앉으므로 세 번째와 네 번째 조건에 따라 30대 여성은 왼쪽에서 네 번째 자리에 앉아야 한다. 이때, 40대 여성은 네 번째 조건에 따라 왼쪽에서 첫 번째 자리에 앉아야 하므로 남은 자리에 20대 남녀가 앉을 수 있다.

따라서 항상 옳은 것은 ①이다.

10

거짓을 말하는 사람이 1명이기 때문에 서로 모순되는 말을 하는 B와 C 중 1명이 거짓을 말하고 있다.

ⅰ) B가 거짓말을 할 경우 : A는 진실을 말하고 있다. A는 C가 범인이라고 했고, E는 A가 범인이라고 했으므로 A와 C가 범인이다.
ⅱ) C가 거짓말을 할 경우 : B는 진실을 말하므로 A도 거짓말을 하고 있다. 이는 1명만 거짓을 말하고 있다는 조건에 모순된다.

따라서 거짓을 말하는 사람은 B이고, 범인은 A와 C이다.

11

먼저 첫 번째 조건에 따라 감염대책위원장과 백신수급위원장은 함께 뽑힐 수 없으므로 감염대책위원장이 뽑히는 경우와 백신수급위원장이 뽑히는 경우로 나누어 볼 수 있다.

ⅰ) 감염대책위원장이 뽑히는 경우

첫 번째 조건에 따라 백신수급위원장은 뽑히지 않으며, 두 번째 조건에 따라 위생관리위원장 2명이 모두 뽑힌다. 이때, 위원회는 총 4명으로 구성되므로 나머지 후보 중 생활방역위원장 1명이 뽑힌다.

ⅱ) 백신수급위원장이 뽑히는 경우

첫 번째 조건에 따라 감염대책위원장은 뽑히지 않으며, 세 번째 조건에 따라 생활방역위원장은 3명 이상이 뽑힐 수 없으므로 1명 또는 2명이 뽑힐 수 있다. 따라서 생활방역위원장 2명이 뽑히면 위생관리위원장은 1명이 뽑히고, 생활방역위원장 1명이 뽑히면 위생관리위원장은 2명이 뽑힌다.

이를 표로 정리하면 다음과 같다.

구분	감염병관리위원회 구성원
경우 1	감염대책위원장 1명, 위생관리위원장 2명, 생활방역위원장 1명
경우 2	백신수급위원장 1명, 위생관리위원장 1명, 생활방역위원장 2명
경우 3	백신수급위원장 1명, 위생관리위원장 2명, 생활방역위원장 1명

따라서 항상 참이 되는 것은 '생활방역위원장이 뽑히면 위생관리위원장도 뽑힌다.'인 ⑤이다.

오답분석

① 경우 3에서는 위생관리위원장 2명이 뽑힌다.
② 경우 2에서는 생활방역위원장 2명이 뽑힌다.
③ 어떤 경우에도 감염대책위원장과 백신수급위원장은 함께 뽑히지 않는다.
④ 감염대책위원장이 뽑히면 생활방역위원장은 1명이 뽑힌다.

12

다음의 논리 순서를 따라 주어진 조건을 정리하면 쉽게 접근할 수 있다.

- 첫 번째 조건 : B부장의 자리는 출입문과 가장 먼 10번 자리에 배치된다.
- 두 번째 조건 : C대리와 D과장은 마주봐야 하므로 2・7번 또는 4・9번 자리에 앉을 수 있다.
- 세 번째 조건 : E차장은 B부장과 마주보거나 옆자리이므로 5번과 9번에 배치될 수 있지만, 다섯 번째 조건에 따라 옆자리가 비어있어야 하므로 5번 자리에 배치된다.
- 다섯 번째 조건 : E차장 옆자리는 공석이므로 4번 자리는 아무도 앉을 수가 없어 C대리는 7번 자리에 앉고, D과장은 2번 자리에 앉아야 한다.
- 일곱 번째 조건 : 과장끼리 마주보거나 나란히 앉을 수 없으므로 G과장은 3번 자리에 앉을 수 없고, 6번과 9번에 앉을 수 있다.
- 여섯 번째 조건 : F대리는 마주보는 자리에 아무도 앉지 않아야 하므로 9번 자리에 배치되어야 하고 G과장은 6번 자리에 앉아야 한다.

주어진 조건에 맞게 자리배치를 정리하면 다음과 같다.

출입문				
1 – 신입사원	2 – D과장	×	×	5 – E차장
6 – G과장	7 – C대리	8 – A사원	9 – F대리	10 – B부장

따라서 배치된 자리와 직원이 바르게 연결된 것은 ③이다.

13

선택지별 부품 구성에 따른 총 가격 및 총 소요 시간을 계산하면 다음과 같으며, 총 소요 시간에서 30초는 0.5분으로 환산한다.

구분	부품	총 가격	총 소요 시간
①	A, B, E	$(20\times3)+(35\times5)+(80\times1)=315$원	$6+7+8.5=21.5$분
②	A, C, D	$(20\times3)+(33\times2)+(50\times2)=226$원	$6+5.5+11.5=23$분
③	B, C, E	$(35\times5)+(33\times2)+(80\times1)=321$원	$7+5.5+8.5=21$분
④	B, D, F	$(35\times5)+(50\times2)+(90\times2)=455$원	$7+11.5+10=28.5$분
⑤	C, D, E	$(33\times2)+(50\times2)+(80\times1)=246$원	$5.5+11.5+8.5=25.5$분

세 번째 조건에 따라 ④·⑤의 부품 구성은 총 소요 시간이 25분 이상이므로 제외된다. 마지막 조건에 따라 ①·②·③의 부품 구성의 총 가격 차액이 서로 100원 미만 차이가 나므로 총 소요 시간이 가장 짧은 것을 택한다. 따라서 총 소요 시간이 21분으로 가장 짧은 B, C, E부품으로 마우스를 조립한다.

14

플라잉 요가의 강좌 1회당 수강료는 플라잉 요가가 $\frac{330,000}{20}=16,500$원이고, 가방 공방은 $\frac{360,000}{12}=30,000$원이다. 따라서 플라잉 요가는 가방 공방보다 강좌 1회당 수강료가 $30,000-16,500=13,500$원 저렴하다.

오답분석

① 운동 프로그램인 3개의 강좌는 모두 오전 시간에 신청할 수 있으며, 공방 프로그램의 강좌 시간은 모두 오후 1시 이후에 시작하므로 가능하다.
② 가방 공방의 강좌 시간은 2시간 30분이며, 액세서리 공방은 2시간이므로 가방 공방 강좌 시간이 30분 더 길다.
③ 공방 중 1개를 수강하는 경우 오후 1시 이전에 수강이 가능한 필라테스와 플라잉 요가를 모두 들을 수 있으므로 최대 2개의 프로그램을 들을 수 있다.
④ 프로그램을 최대로 수강할 경우는 필라테스와 플라잉 요가를 오전에 수강하고, 오후에는 액세서리 공방, 가방 공방, 복싱 중 1개의 강좌를 듣는 것이다. 따라서 3개의 강좌 중 가장 비싼 수강료는 가방 공방이므로 총 수강료가 가장 비쌀 경우는 가방 공방을 수강하는 것이다.

15

규칙은 세로로 적용된다.
첫 번째 도형을 시계 방향으로 90° 회전하면 두 번째 도형이고, 이를 색 반전하면 세 번째 도형이다.

16

규칙은 세로로 적용된다.
첫 번째 도형을 x축 기준으로 대칭 이동한 것이 두 번째 도형이고, 이를 y축 기준으로 대칭 이동한 것이 세 번째 도형이다.

17

규칙은 가로로 적용된다.
첫 번째 도형을 시계 반대 방향으로 90° 회전한 것이 두 번째 도형이고, 이를 x축 기준으로 대칭 이동한 것이 세 번째 도형이다.

[18~21]

- ◖ : 각 자릿수 $+4, -3, +2, -1$
- ◆ : $1234 \rightarrow 4123$
- 目 : $1234 \rightarrow 4321$
- ♧ : 각 자릿수 -1

18

E73ㅎ → ㅎE73 → ㅍD62
　　　◆　　　　♣

19

정답 ①

5ㅅㄱ9 → 9ㄱㅅ5 → 59ㄱㅅ
　　　▤　　　　◆

20

정답 ④

2○7M → 1ㅅ6L → 5ㄹ8K → K8ㄹ5
　　♣　　　　◑　　　　▤

21

정답 ⑤

4JR5 → 54JR → 91LQ → 80KP
　　◆　　　◑　　　♣

22

정답 ①

제시문은 아리스토텔레스의 목적론에 대한 논쟁에 대한 설명으로, (가) 근대에 등장한 아리스토텔레스의 목적론에 대한 비판 – (나) 근대 사상가들의 구체적인 비판 – (라) 근대 사상가들의 비판에 대한 반박 – (다) 근대 사상가들의 비판에 대한 현대 학자들의 비판 순으로 나열하는 것이 가장 적절하다.

23

정답 ③

제시문은 환율과 관련된 경제 현상을 설명한 것으로, 환율은 기초경제 여건을 반영하여 수렴된다는 (가) 문단이 먼저 오는 것이 적절하며, '그러나' 환율이 예상과 다르게 움직이는 경우가 있다는 (라) 문단이 그 뒤에 오는 것이 적절하다. 다음으로 이러한 경우를 오버슈팅으로 정의하는 (나) 문단이, 그 뒤를 이어 오버슈팅이 발생하는 원인인 (다) 문단 순으로 나열하는 것이 가장 적절하다.

24

정답 ③

역전층 현상이 발생하면 대류권에서는 위쪽으로 갈수록 기온이 높아지므로 ③은 적절하지 않다.

오답분석

① 따뜻한 공기가 더 가볍기 때문에 더 무거운 차가운 공기는 아래로, 따뜻한 공기는 위로 이동하는 대류운동이 일어난다.
② 겨울철 방에서 난방을 하면 방바닥의 따뜻한 공기는 위로 올라가는 대류현상이 일어난다.
④ 공기층이 안정된다는 것은 역전층 현상이 나타난 것이므로, 안개가 발생하고 이에 따라 스모그 현상이 발생한다.
⑤ 태양의 복사열로 지표가 데워지면 역전층 현상이 사라질 것이다.

25

제시문에 따르면 사물인터넷(IoT)의 발달로 센서의 사용 또한 크게 늘고 있다.

오답분석

① 인체의 작은 움직임(주파수 2~5Hz)도 스마트폰이나 웨어러블(안경, 시계, 의복 등과 같이 신체에 작용하는 제품) 기기들의 전기에너지 원으로 사용될 수 있다.

③ 교체 및 충전식 전기화학 배터리는 수명이 짧다는 특징을 갖고 있다.

④ 기계적 진동원은 움직이는 인체, 자동차, 진동 구조물, 물이나 공기의 흐름에 의한 진동 등 모두를 포함한다.

⑤ 전자기력 기반은 패러데이의 유도 법칙을 이용하여 전기를 생산하며, 낮은 주파수의 기계적에너지를 전기에너지로 변환하는 매우 효율적인 방법이다.

26

오염수를 희석을 시키더라도 시간이 지나면 오염물질이 다시 모여들 수 있다는 것은 엔트루피 증가의 법칙을 무시한 주장이다.

오답분석

① 방사성 오염물질은 초미세먼지(2.5마이크로미터)의 1만 분의 1 정도의 크기이다.

② 방사성 오염물질은 독립된 원자 상태로 존재하기도 하나, 대부분은 다른 원소들과 화학적으로 결합한 분자 상태로 존재한다.

③ 전기적으로 중성인 경우도 있고, 양전하나 음전하를 가진 이온의 상태로 존재하기도 한다.

④ 당초 섭씨 1,000도 이상으로 뜨거웠던 건 맞지만 오랜 기간에 걸쳐 천천히 식은 상태다.

27

제시문의 첫 번째 문단에서는 '사회적자본'이 늘어나면 정치참여도가 높아진다는 주장을 하였고, 두 번째 문단에서는 '사회적자본'의 개념을 사이버공동체에 도입하였으나 현실과 잘 맞지 않는다고 하면서 '사회적자본'의 한계를 서술했다. 그리고 마지막 문단에서는 이 같은 사회적자본만으로는 정치참여가 늘어나기 어렵고 이른바 '정치적자본'의 매개를 통해서만이 가능하다는 주장을 하고 있다. 따라서 ①이 글의 주제로 가장 적절하다.

28

제시문에서는 탑을 복원할 경우 탑에 담긴 역사적 의미와 함께 탑과 주변 공간의 조화가 사라지고, 정확한 자료 없이 탑을 복원한다면 탑을 온전하게 되살릴 수 없다는 점을 들어 탑을 복원하기보다는 보존해야 한다고 주장한다. 따라서 이러한 근거들과 관련이 없는 ⑤는 글의 주장에 대한 반박으로 적절하지 않다.

29

0.3MHz 이하의 초장파, 장파 등은 매우 먼 거리까지 전달될 수 있으며, 낮은 주파수일수록 정보의 원거리 전달에 용이하다. 그러나 모바일 무선 통신에서는 초장파, 장파 등에 비해 단시간에 더 많은 정보를 전달할 수 있는 800MHz~3GHz 대역을 사용한다. 즉, 거리보다 전달할 수 있는 정보의 양을 더 중요하게 생각함을 알 수 있다. 따라서 초기 모바일 무선통신 시대보다 오늘날 4세대 스마트폰 시대의 황금주파수가 더 높은 대역으로 변한 것 역시 전달해야 하는 정보의 양이 중요해졌기 때문임을 알 수 있으므로 ④는 적절하지 않다.

오답분석

① 첫 번째 문장을 통해 낮은 주파수가 높은 주파수보다 정보를 더 멀리 전달할 수 있음을 추론할 수 있다.

② 0.3~800MHz 대역에 비해 800MHz~3GHz 대역의 극초단파가 단시간에 더 많은 정보를 전송할 수 있다는 내용을 통해 인공위성의 높은 주파수 사용은 정보의 양과 관련이 있음을 추론할 수 있다.

③ 높은 주파수일수록 초당 더 많은 정보를 전송하므로 FM 라디오의 0.3~800MHz 대역의 주파수보다 모바일 무선통신의 800MHz~3GHz 대역의 주파수가 초당 더 많은 정보를 전송함을 알 수 있다.

⑤ 높은 주파수를 사용하면서 작은 길이의 안테나로 효율적인 전파의 송수신이 가능해졌다는 내용을 통해 낮은 주파수를 사용하는 해상 통신 기기의 안테나 길이가 모바일 무선통신 기기보다 더 길어야 함을 추론할 수 있다.

30

삽입정렬을 사용하여 정렬할 경우 527을 564와 비교하여 앞으로 삽입하고, 89를 564와 비교하여 527의 앞으로 삽입하고, 다시 527과 비교하여 527의 앞으로 삽입한다. 72도 이와 같은 방법으로 비교하여 정렬하면 시간 복잡도는 총 $1+2+3+4=10$번이 된다.

기수정렬은 원소들 중 자릿수가 가장 큰 원소의 자릿수만큼 원소들의 자릿수의 숫자를 확인하는 과정이 반복되므로 모듈로 연산은 3회가 되고 시간복잡도는 총 $5+5+5=15$번이 된다. 따라서 A씨가 삽입정렬이나 기수정렬 중 하나를 사용하여 정렬하더라도 시간복잡도는 모두 10번 이상이 된다.

오답분석

① 삽입정렬을 사용하여 정렬하면 시간복잡도는 10번이 된다.

② 기수정렬을 사용하여 정렬하면 시간복잡도는 15번이 된다.

③ 기수정렬(15번)보다 삽입정렬(10번)을 사용하는 것이 더 효율적이다.

⑤ 삽입정렬의 시간복잡도는 10번, 기수정렬의 시간복잡도는 15번이므로 서로 동일하지 않다.

www.sdedu.co.kr

온라인 GSAT
문제풀이 용지

삼성 온라인 GSAT		
영역	문항 수	제한시간
수리	20문항	30분
추리	30문항	30분

※ 본 문제풀이 용지는 도서에서 제공되는 모의고사와 함께 사용할 수 있도록 총 4회분을 제공하였습니다.

※ 여분의 문제풀이 용지는 시대에듀 홈페이지에서 다운받을 수 있습니다.

〈문제풀이 용지 다운받는 방법〉
▶ 시대에듀 도서 홈페이지 접속(www.sdedu.co.kr/book)
▶ 상단 카테고리 「도서업데이트」 클릭
▶ 「삼성 문제풀이 용지」 검색 후 다운로드

삼성 온라인 GSAT 수리 문제풀이 용지

성명 :

수험번호 :

①

②

③

④

수리

⑤

※ 본 문제풀이 용지는 온라인 GSAT 수검용으로 온라인 모의고사 응시 시 활용하기 바랍니다.

삼성 온라인 GSAT 수리 문제풀이 용지

성명 :   수험번호 :

⑥

⑦

⑧

⑨

수리

⑩

삼성 온라인 GSAT 수리 문제풀이 용지

성명 :   수험번호 :

⑪

⑫

⑬

⑭

수리

⑮

삼성 온라인 GSAT 수리 문제풀이 용지

성명 :   수험번호 :

⑯

⑰

⑱

⑲

수리

⑳

삼성 온라인 GSAT 추리 문제풀이 용지

성명 :   수험번호 :

①

②

③

④

추리

⑤

⑥

삼성 온라인 GSAT 추리 문제풀이 용지

성명 :   수험번호 :

⑦

⑧

⑨

⑩

추리

⑪

⑫

삼성 온라인 GSAT 추리 문제풀이 용지

성명 :   수험번호 :

⑬

⑭

⑮

⑯

추리

⑰

⑱

삼성 온라인 GSAT 추리 문제풀이 용지

성명 :   수험번호 :

⑲

⑳

㉑

추리

㉒

㉓

㉔

삼성 온라인 GSAT 추리 문제풀이 용지

성명 :   수험번호 :

㉕

㉖

㉗

㉘

추리

㉙

㉚

AI분석 맞춤형 온라인 모의고사

합격시대

www.sdedu.co.kr/pass_sidae_new

삼성 온라인 GSAT 수리 문제풀이 용지

성명 :   수험번호 :

①

②

③

④

수리

⑤

※ 본 문제풀이 용지는 온라인 GSAT 수검용으로 온라인 모의고사 응시 시 활용하기 바랍니다.

삼성 온라인 GSAT 수리 문제풀이 용지

성명 :　　　　　　　　　　　　　　　수험번호 :

⑥

⑦

⑧

⑨

수리

⑩

삼성 온라인 GSAT 수리 문제풀이 용지

성명 :   수험번호 :

⑪

⑫

⑬

⑭

수리

⑮

삼성 온라인 GSAT 수리 문제풀이 용지

성명 :   수험번호 :

⑯

⑰

⑱

⑲

수리

⑳

삼성 온라인 GSAT 추리 문제풀이 용지

성명 :   수험번호 :

①

②

③

④

추리

⑤

⑥

삼성 온라인 GSAT 추리 문제풀이 용지

성명 :   **수험번호 :**

⑦

⑧

⑨

⑩

추리

⑪

⑫

삼성 온라인 GSAT 추리 문제풀이 용지

성명 :   수험번호 :

⑬

⑭

⑮

⑯

추리

⑰

⑱

삼성 온라인 GSAT 추리 문제풀이 용지

성명 :   수험번호 :

⑲

⑳

㉑

㉒

추리

㉓

㉔

삼성 온라인 GSAT 추리 문제풀이 용지

성명 :   수험번호 :

㉕

㉖

㉗

㉘

추리

㉙

㉚

AI분석 맞춤형 온라인 모의고사

합격시대

www.sdedu.co.kr/pass_sidae_new

삼성 온라인 GSAT 수리 문제풀이 용지

성명 :   수험번호 :

①

②

③

④

⑤

수리

삼성 온라인 GSAT 수리 문제풀이 용지

성명 :   수험번호 :

⑥

⑦

⑧

⑨

수리

⑩

삼성 온라인 GSAT 수리 문제풀이 용지

성명 :   수험번호 :

⑪

⑫

⑬

⑭

⑮

삼성 온라인 GSAT 수리 문제풀이 용지

성명 :   수험번호 :

⑯

⑰

⑱

⑲

⑳

삼성 온라인 GSAT 추리 문제풀이 용지

성명 :   수험번호 :

①

②

③

④

추리

⑤

⑥

삼성 온라인 GSAT 추리 문제풀이 용지

성명 :   수험번호 :

⑦

⑧

⑨

⑩

⑪

⑫

※ 본 문제풀이 용지는 온라인 GSAT 수검용으로 온라인 모의고사 응시 시 활용하기 바랍니다.

삼성 온라인 GSAT 추리 문제풀이 용지

성명 :   수험번호 :

⑬

⑭

⑮

⑯

추리

⑰

⑱

삼성 온라인 GSAT 추리 문제풀이 용지

성명 :   수험번호 :

⑲

⑳

㉑

㉒

추리

㉓

㉔

삼성 온라인 GSAT 추리 문제풀이 용지

성명 :   수험번호 :

㉕

㉖

㉗

㉘

추리

㉙

㉚

삼성 온라인 GSAT 수리 문제풀이 용지

성명 :   수험번호 :

①

②

③

④

수리

⑤

※ 본 문제풀이 용지는 온라인 GSAT 수검용으로 온라인 모의고사 응시 시 활용하기 바랍니다.

삼성 온라인 GSAT 수리 문제풀이 용지

성명 :

수험번호 :

⑥

⑦

⑧

⑨

수리

⑩

삼성 온라인 GSAT 수리 문제풀이 용지

성명 :   수험번호 :

⑪

⑫

⑬

⑭

⑮

삼성 온라인 GSAT 수리 문제풀이 용지

성명 :   수험번호 :

⑯

⑰

⑱

⑲

수리

⑳

삼성 온라인 GSAT 추리 문제풀이 용지

성명 :   수험번호 :

①

②

③

④

추리

⑤

⑥

삼성 온라인 GSAT 추리 문제풀이 용지

성명 :

수험번호 :

⑦

⑧

⑨

⑩

추리

⑪

⑫

삼성 온라인 GSAT 추리 문제풀이 용지

성명 :   수험번호 :

⑬

⑭

⑮

⑯

⑰

⑱

삼성 온라인 GSAT 추리 문제풀이 용지

성명 :　　　　　　　　　　　　　　　　수험번호 :

⑲

⑳

㉑

추리

㉒

㉓

㉔

삼성 온라인 GSAT 추리 문제풀이 용지

성명 :   수험번호 :

㉕

㉖

㉗

㉘

추리

㉙

㉚

AI분석 맞춤형 온라인 모의고사

합격시대

www.sdedu.co.kr/pass_sidae_new

AI분석 맞춤형 온라인 모의고사

합격시대

www.sdedu.co.kr/pass_sidae_new